캐나다 록키 마을에서 기독교 세계관 관점으로 바라본
신앙, 독서, 행복, 여행, 미디어

세상 속의 그리스도인

타협할 것인가? 세상의 흐름을 거스를 것인가?
명목상의 신자인가? 진짜가 될 것인가

이진종 지음

KINEMA iN Books

목차

세션1. 세상속의 그리스도인((Christian in the World)
　　(신앙, 교회, 선교, 이슈, 미래이야기)

23 ····· 욥의 고난 (Job's Sufferings)
28 ····· 와나깜, 나마스떼 (Vanakkam and Namaste)
31 ····· 출애굽기 (Exodus)
36 ····· 미투운동을 보면서 (Me Too Movement)
41 ····· 유리천장 지수 (Glass Ceiling Index)
45 ····· 설 자리를 잃고 있는 기독교 (Christianity Losing Ground)
49 ····· 몰리 마을을 찾아서 (Finding Morley, the Native Town)
54 ····· 무엇을 심을 것인가? (What to Plant?)
58 ····· 김영란법 3510 (Kim Young-ran Law 3510)
61 ····· 리더와 보스 (Leader and Boss)
66 ····· 마틴 루터킹 목사와 말콤 엑스 (Martin Luther King & Malcolm)

세션2. 묵상하는 그리스도인(A Meditating Christian)
　　(책과 함께)

72 ····· 독서의 이유 (A Reason to Read)
77 ····· 미움받을 용기 (The Courage to be Imperfect)
81 ····· 곰스크로 가는 기차 (Train to Gomsk) by Fritz Ohrtmann
86 ····· 자네 정말 그 길을 가려나 (Do you really want to go that way?)
91 ····· 톨스토이와 도스토예프스키 (Tolstoy and Dostoevsky)

98 ····· 단테의 신곡 (Divine Comedy) by Dante
103 ····· 마지막 잎새 (Last Leaf) by O Henry
107 ····· 빈센트 반고흐의 삶 (The Life of Vincent Van Gogh)
113 ····· 사람은 무엇으로 사는가 (What Men Live By)
117 ····· 선물 (Present) by O Henry
122 ····· 소유와 존재 (To Have or To Be) by Erich Fromm
127 ····· 영화 미션과 총균쇠 (The Mission and Guns, Germs and Steel) by Jared Diamond
132 ····· 시인 윤동주의 삶 (Yoon dong Ju's Life as a National Poet)
137 ····· 인간의 굴레 (Of Human Bondage) by Somerset Maugham
140 ····· 인생의 다섯 가지 감옥 (Five Prisons) by George Elliott
143 ····· 주홍글씨(A) (The Scarlet Letter) by Nathaniel Hawthorne
148 ····· 생각하는 사람(The Thinker) by Rodin
152 ····· 오셀로 증후군 (Othello Syndrome)
157 ····· 노인과 바다 (The Old Man and the Sea) by Ernest Hemingway
160 ····· 어린 왕자와 꽃 (The Little Prince and Flower)
163 ····· 누가 내 교회를 훔쳐갔나? (Who Stole My Church) by Gordon Mcdonald
168 ····· 다섯가지 사랑의 언어 (The Five Love Languages) by Gary Chapman
173 ····· 무덤파는 기독교인 (The Grave Digging Christian)
177 ····· 하나님이 쓰시는 사람 (The Person God Uses) by Hong Sung-gun

세션3, 행복한 그리스도인(Happy Christian)
　　　(부부, 가족, 공동체이야기)

185 ····· 멋지게 사는 법 (A Guide to Living a Wonderful Life)
189 ····· 사랑의 감정탱크 (The Emotional Tank of Love)
193 ····· 만지히 농부와 인허쩐 (Farmer Manjihi and Inazhen)
198 ····· 플라시보 효과 (Placebo Effect)

202 ···· 비교는 암이다 (Comparison is Like Cancer)
206 ···· 진주, 아름다운 보석 (Pearl, a Beautiful Jewel)
211 ···· 어머니 (Mom)
215 ···· 정리의 힘 (The Power of Organizing)
219 ···· 지랄총용량의 법칙(The Value of the Total Capacity Madness)
223 ···· 행복의 비밀 (The Secret to Happiness)
228 ···· 중년의 위기 (Middle-age Crisis)
236 ···· 하얀 코끼리 선물 (White Elephant Gift/Gift Steal)
239 ···· 로또와 같은 존재(Lotto-like Existence)

세션4. 순례하는 그리스도인 (A Pilgrim)
(성지순례, 여행이야기)

248 ···· 아, 갑파도기아 방문(터키) (Oh, Cappadocia)
253 ···· 소아시아 7대 교회(1) (Seven Churches in Asia Minor 1)
256 ···· 소아시아 7대 교회(2) (Seven Churches in Asia Minor 2)
260 ···· 소아시아 7대 교회(3) (Seven Churches in Asia Minor 3)
265 ···· 밧모섬에서의 하루 (Pamos Island)
269 ···· 괴테의 파우스트(프랑크푸르트) (Faust by Goethe)
273 ···· 하이델베르크 논쟁(보름스) (Heidelberg Controversy and Worms)
278 ···· 장 칼뱅의 종교개혁(제네바)The Reformation by Jean Calvin (in Geneva)
283 ···· 쯔빙글리와 블링거(취리히) (Zwingli and Bulinger)
287 ···· 다하우 수용소(뮌헨) (Dachau Concentration Camp)
292 ···· 위클리프와 얀후스(영국, 체코) (John Wycliffe and Jan Hus)
297 ···· 모라비안 공동체(드레스덴) (Moravian Community)
300 ···· 마틴루터의 현장(비텐부르크) (Martin Luther)
304 ···· 제로 그라운드(뉴욕) (Zero Ground)

308 ···· 홀로코스트 메모리얼 박물관(워싱톤) (Holocaust Museum)

313 ···· 토론토 선교기념관 (Vision Fellowship Museum)

317 ···· 소록도 이야기(1) (Sorokdo Story 1)

322 ···· 게티 센터를 다녀와서(엘에이) (Getty Centre)

세션5, 분별하는 그리스도인(A Discerning Christian)
  (미디어, 영화이야기)

328 ···· 미디어 다스리기 (Managing the Media)

333 ···· 킹덤오브헤븐 (Kingdom of Heaven)

338 ···· 신과 함께: 죄와 벌 (Along with the God)

343 ···· 사일런스(침묵) (Silence)

348 ···· 더 원헌드레드(100) (The One Hundred)

352 ···· 택시 드라이버 (Taxi Driver)

357 ···· 터널 (After Tunnel)

361 ···· 핵소고지 (Hacksaw Ridge)

366 ···· 귀향 (Spirit's Homecoming)

371 ···· 앤트맨 (Hero, Antman)

저자의 말

　인류 역사상 가장 바람직한 제도는 무엇일까? 자본주의, 민주주의, 사회주의, 공산주의 등 인간이 만든 모든 제도는 단점이 있다. 아무리 과학이 발달하고 인간의 지혜가 뛰어나도 해도 76억의 지구가 가진 난제를 풀기는 버거워 보인다. 한마디로 미래의 전망은 암울하다. 온난화, 재앙, 환경오염, 인구팽창, 핵무장화, 자원부족 등. 의학의 발달로 인간의 수명이 다소 늘어나기는 해도 죽음을 막을 수는 없다. 종교 역시 한계가 있다. 가정과 교회 역시 다르지 않다.

　히브리대 교수인 유발 하라리는 그의 저서 〈사피엔스〉에서 말한다. 밑바닥에 있는 사람이 복권에 당첨이 되면 행복이 오래 가겠지만 고소득자의 경우 승진을 한다든지 복권에 당첨이 돼도 행복지수가 그리 높지 않은 편이다. 책 말미에, '인간을 가장 위험한 동물'로 표현했다. 인간이 상상력 하나로 만물의 영장이 되었지만 별다른 업적도 없고 환경 및 생태계를 파괴하고 자기 하고 싶은 해버리는 마치 "신이 된 동물"로 묘사했다. 여기에서 이문열의 소설 〈우리들의 일그러진 영웅〉이 오버랩된다. '독재자와 폭력성'이란 화두처럼 오늘날도 힘만 있으면 자기 마음대로 해버리는 시대 아닌가?

　유대교에서 카톨릭, 이슬람, 동방정교, 개신교(프로테스탄트)로 분화되어 내려 온 종교 시스템 역시 완전하지 않다. 젊은 세대가 기성세대가 되면 안주하고 변질되듯 종교개혁을 통한 새로운 시도 역시 오래가지 못했다. 사사기에서 "자기 소견에 옳은 대로 행하였더라."라는 말처럼 인간의 욕심은 끝이 없다. '처음과 끝이 달라진다.'는 의미에서 볼 때 인간은 모두 이단아 가능성이 있다. 역설적으로 볼 때, '기독교는 핍박이 많을수록 생명력이 강했다.' 콘스탄티누스 황제에 의해 기독교가 공인된 이후 중병에 들어있는 상태다. 헤겔의 〈정반합〉이론처럼 인간은 끊임없이 고난 속에서 성장하고 인류문화 역시 발전을 해왔다.

　마틴 로이드 존스 목사는 거룩함의 회복이 없는 한, '현대 교회는 소망이 없고, 힘이 없고, 도움이 되지 않는다'고 질타했다. 더불어 그의 저서 〈복음의 핵심〉에서 "그리스도인으로서 우리들이 주장해야 하고, 또한 알아야 하며, 체험해야 하는 것은 어떤 일들을 하고 안 하는 것들에 대한 일반적인 아이디어나 행위들이 아닙니다. 오직 하나님을 아는 것만이 우리들의 목표이어야 합니다. 그 이외의 것은 모두 그리스도인의 목표 미달입니다."라고 강조했다. 우리가 기억해야 할 중요한 포인트는 십자가의 죽음과 화해다. 예수 그리스도가 이 땅에 온 목적은 죽는 것이었다. 하나님과 인간 사이에서 중재자(브릿지) 로 오셨다. 그래서 죽어야 한다. 죽어야 많은 열매를 맺는다. 공동체에서 불협화음이 나는 것은 내 자아가 죽지 않았기 때문이다.

〈서른 잔치〉라는 소설 제목처럼 한국 교회의 잔치도 끝나가는 상황일까? 스펄전 목사는, 기독교인들의 삶이 흔들리는 것을 보고 〈내리막〉이라고 표현했다. 정부 통계에서도 이를 증명해 준다. 천만 명의 기독교 인구를 자랑하는 것이 부끄러울 정도다. 세계에서 가장 큰 교회 열 개 중 다섯 개를 보유하고 있는 대한민국이지만 이미 교인들의 숫자는 더 이상 증가하지 않는다. 주일학교 아이들이 점점 줄어들고 있다. 이른바 수평이동으로 철새교인들만 늘어날 뿐이다. 당연히 십일조가 감소한다. 남아있는 교인들 역시 명목상의 그리스도인으로 전락하고 있다. 언제든지 교회를 떠날 수 있는 잠재적 이탈자로 분류된다. 안타까운 것은 일의 심각성 조차 모르고 있다는 것이다.

가정에 어른이 없으면 기강이 무너진다. 기독교계에 어른이 없다. 솔선수범하고 존경을 받아야 할 영적 지도자들이 없다. 한기총이나 한교연이니 여러 단체가 있지만 영향력이 예전같지 않다. 이러니 개교회 현실은 더하다. 교단헌법에 명시된 "세습금지법"을 나보란 듯이 어기면서 하나님의 뜻을 왜곡해 버린다. '남의 일에 상관하지 말라'는 듯이 합리화 한다. 안타까운 일이다.

오스 기니스는 〈저항〉에서 현대화, 급진주의적 세속주의와 무슬림의 확장을 경계한다. 국가와 교회나 답합하고 부패한 결과 종교개혁이 일어났지만 작금의 교회의 현실은 "산사태"처럼 기반이 침식되고 붕괴되어 가고 있을 뿐이다. 아무도 고양이 목에 방울을 매달려는 사람이 없다. 전통적인 가치관이 무너지고 다원화와 분화로 인해 기독교의 가치관 역시 쇠퇴하고 있다. 지그먼트 바우언은 이를 "용해(녹아 사람짐, melting)"으로 표현하며 '오늘날 액체시대에 살고 있는 우리들의 삶'을 단면적으로 묘사하고 있다. 고정된 삶에서 액체의 삶으로 이동하면서 모든 것이 끊임없이 변화하며 절대 한 상태에 머물러 있지 않는다. 삶, 사랑 그리고 종교적 가치관도 변한다. 나라마다 차별법이 제정되고 동성애를 수용하려는 흐름이 심화되고 있는게 방증이다. 어찌 하오리요!

미래학자 최윤식 박사는 그의 저서 〈2030 대담한 미래〉에서 이렇게 경고한다. 미국이 세계를 주도하고 있는 것처럼 보이지만 이도 오래가지 못한다. 역사의 흐름이 이를 증명해 준다. 알렉산더, 징기스칸, 히틀러의 예처럼 말이다. 미국은 금리조정과 달러 환율로 장난을 치고 돈도 벌고 세계를 지배한다. 삼성의 경우, 이제 반도체 산업도 하향세이고 철강 자동차 전자 등 이미 중국에 뒤처지고 있다. 이러한 변화의 시기에 인식의 대전환을 갖지 않고 안주하면 망할 수도 있다. 문제는 교회다. 교회 지도자들의 타락상이 중세시대의 부패상 못지 않게 표면 위로 드러나고 있다. 점점 전도의 문이 막히고 있다. 누구의 책임일까? 아무런 영향도 미치지 못하는 교회, 답답한 현실, 정말 해답은 없을까?

미국 L.A 코너스톤 처치의 이종용 목사는 '그리스도인들이 복음의 본질을 회복해야 한다. 그 회복은 말씀묵상에서 시작된다'고 강조한다. 그렇다. 기독교 지도자들은 너무도 바쁘다. 세상 일에 마음을 빼앗겨 영적 지도력을 상실해 버렸다. 늦지 않았다. 말씀 묵상과 깊은 성찰을 통해 다시 회복해야 한다. 세상 일을 줄여야 한다. 희생을 치르더라도 수술을 해야 한다.

메스를 대지 않으면 한국 교회는 죽는다. 세상의 흐름에 타협하거나 유혹 당하지 말고 분별해야 한다. 분별하지 않으면 죽는다. 각성과 자정을 통해 가정이 살아나고 교회가 회복되어야 한다.

세속주의와 인본주의 흐름 속에서 그리스도인들은 어떻게 살아야 할까? 다니엘과 같이 "그리 아니하실지라도"라는 믿음으로 일어서고, 에스더처럼 "죽으면 죽으리라"는 용기로 맞서야 한다. 롯의 아내처럼 세상의 유혹에 미련을 버리지 못하고, '여기가 좋사오니' 하다가는 끝이다. 혹시 동태 눈을 보았는가? 살아있으나 죽은 것과 다름없는 상태. 그것이 바로 우리의 현실이다. 악은 어떤 모양이라도 버려야 한다. 미련한 다섯처녀 처럼 깨어있지 못하고 (성령의)등불을 준비하지 못하면 울며 후회하게 된다.

모자이크 교회의 박종근 목사는, '모든 죄를 은혜로 덮지 말자, 은혜도 좋지만 죄에 대하여 방관하지도 침묵하지도 말자.'고 했다. 요즘 미투운동을 보면서 너무도 가슴이 아프다. 죄에 대하여 비느하스처럼 분연히 일어서고 다윗처럼 골리앗에 맞서는 의기가 있어야 한다. 그리스도인은 물살을 거슬러 올라가는 연어와 같이 거친 세상에 맞설 수 있는 담대한 믿음과 분별력을 가져야 할 것이다. 그리고 무엇보다 거룩성을 회복해야 한다. 세상속의 그리스도인은 달라야 한다. 먼저 주님의 음성을 들어야 한다. 그리고 분별해야 한다.

세상속의 그리스도인은 세상을 떠나서 존재하지 않는다. 세상과 교회를 이분적으로 나누자는 것이 아니다. 그리스도인은 양쪽 모두 포기해서는 아니된다. 그리스도인은 세상속으로 들어가 살아야 한다. 중세 시대의 수도원처럼 현실과 격리되어 은둔자의 모습으로 수련하는 것도 나쁘지 않지만 한계가 있다. 그리스도인은 세상속에 살되 세상을 본받지도 말고 세상사람들과는 다른 차원의 삶을 살아내야 한다.

이종용 목사는 그의 저서 "난 참 바보처럼 살았군요"에서 성도의 삶은 4W라고 했다. 그것은 Worship(예배), Word(말), Witness(증거), Work(일)이다. 세상속의 그리스도인은 자신의 삶이 예배가 되어야 하고 정결한 언어를 사용해야 하고 주님의 증인으로 살아가야 하고 일터에서도 모델이 되어야 한다. 그러나 많은 교인들이 적당히 안주하며 살아간다. 척하며 살아간다. 십일조는 물론 봉사활동에도 열심히 참석하며 이른바 믿음 좋은 척, 거룩한 성도인척 살아간다. 세상에 물든 그리스도인이다.

우리는 영적 전쟁 시대에 살고 있다. 우리는 분별하는 그리스도인이 되어야 한다. 똥인지 된장인지 구별하지 못하고 살아간다면 뒤죽박죽 무질서한 인생을 살 수 밖에 없다. 조우드 박사는 "이 세상은 놀이터가 아니라 전쟁터"라고 말했다. 전시에는 영적으로 무장하여 있지 않으면 전쟁에서 패퇴할 수 밖에 없다. 우리의 적은 하늘에 있는 악한 영들이다. 영적 전쟁의 무기는 하나님의 말씀과 기도다.

크로아티아 선교사인 로실린드 주키치는 〈원수가 당신에게 원하는 네 가지〉를 조언한다. 첫째, 기도하고 싶은 열망 둘째, 하나님 말씀에 대한 열망 셋째, 교회에 출석하고 싶은 열망 넷째, 간증하고 싶은 용기. 이 네 가지를 우리에게서 빼앗아 가려고 한다. 그러므로 그리스도인은 나태하거나 낙심하지 말아야 한다. 영적 전쟁에서 승리하기 위해서 끊임없이 영적무기를 점검하고 무장해야 한다. 하나님은 내 편에 서 있다. 그러므로 우리의 전쟁은 이미 승리한 것이나 다름없다.

2차세계대전 시 독일의 나치친위대 책임자로 중령이었던 아히히만은 유태인 600만명 학살과 관련 아르헨티나에 숨어 지내다 이스라엘 정보부에 체포되어 재판을 받았다. 그는 "자신은 공무원 신분으로 상부에서 지시하는 것을 따랐을 뿐 아무런 책임도 없다"고 항변했다. 정치철학자인 한나 아렌트는 그의 저서 〈예루살렘의 아히히만- 악의 평범성에 대한 보고서〉에서 그에 대해 "적극적인 옹호는 하지 않았다." "그의 행동은 괴물같을지라도 악마적이지 않았다." "맥베드나 리처드 3세처럼 악인은 아니었다." 고 말했다.

하지만 한나 아렌트는 "사유하지 못한 자체가 악"이라고 규정했다. 물론 나중에 아히히만이 홀로코스트의 적극적인 동조자로 밝혀졌다. 한나 아렌트은, 아히히만이 그의 말대로 자신이 실무 책임자가 아니었고 명령에 복종한 하급공무원이었다 할지라도 악에 대해 침묵하고 방조했다는 자체도 유죄라고 결론을 내렸다. 아히히만은 "최종해결(학살에 대한 행정용어)"의 책임에서 벗어날 수 없었다. 많은 사람들이 비슷한 상황에 처하게 되면 모른체 하는 경향이 있다. 책임을 회피하려 하는 의도다. 그러나 아무 것도 하지 않는 것도 죄다. 성경에도 "선을 알고도 행치 아니하면 죄"라고 했다.

세상속의 그리스도인이라면 세상의 악에 대하여 침묵을 해도 죄다. 묵인하고 방관한 것도 죄다. 분별하지 못하고 생각하지 못한 자체도 죄다. 생각하고 주님의 자녀답게 말과 행동이 본이 되는 삶을 살아가는 세상속의 그리스도인이 되어야 한다. 윤동주의 〈서시〉처럼 부끄러움이 없는 삶을 살아가야 한다. 그렇게 되길 소망한다. 4월인데도 폭설이 내리고 언제 봄이 올는지도 모른다. 그래도 창밖을 바라보며 기대해본다. 따뜻한 봄을!

2018년 4월 록키마운틴 자락에서
작가 이진종

추천사

예수님께서는 제자들을 세상으로 파송하셨다. 제자 파송 시 예수님께서 하신 말씀이 마태복음 10장 16절이다. "보라 내가 너희를 보냄이 양을 이리 가운데 보냄과 같도다 그러므로 너희는 뱀 같이 지혜롭고 비둘기 같이 순결하라" 이 말씀에서 비둘기같이 순결하라는 것은 죄악 된 세상 속에서도 하나님 나라 백성으로서의 정체성을 잃지 말라는 것이다. 이를 위해서 필요한 것이 뱀같이 지혜로운 것이다. 세상의 유혹과 문제에 속지 않도록 지혜를 갖추라는 말씀이다.

이진종 목사님은 그의 저서 『세상속의 그리스도인』을 통해 그리스도인이 알아야 하는 세상의 모습을 신앙의 관점에서 우리에게 보여주고 있다. 이 책을 읽는 독자들마다 그리스도인의 사명을 발견하고 주님께 헌신하게 되길 바란다. 하나님은 그리스도인들이 그들만의 울타리를 쌓고 세상과 등지길 원치 않으신다. 세상 속에 들어가 하나님의 선한 영향력을 펼치길 원하신다. 세상으로 나아가는 길에 이 도서가 좋은 길잡이가 되어줄 것이다.

여의도순복음교회
담임목사 이영훈

추천사

　물질문명, 배금주의, 포스트 모더니즘으로 인한 종교 다원론 등이 만연한 21세기를 살아가며 현대인들은 정체성의 혼돈에 빠져드는 것 같습니다. 특별히 신앙과 삶의 괴리가 항상 신앙인들에게는 큰 도전이며 그 간극이 클수록 자괴감에 빠지기도 하고 때로는 절망하기도 합니다. 과연 믿는다는 것은 무엇일까? 왜 신앙을 삶으로 살아가지 못할까? 삶 가운데 왜 신앙이 실제화 되지 못할까 하는 고민을 누구나 할 것입니다.

　이진종 목사님의 새로운 저작인 〈세상 속의 그리스도인〉이라는 책을 읽으며 참 많은 것들을 생각하게 됩니다. 캘거리 아버지학교 지도목사이면서도 국제 NGO 단체 이사로 캐나다 NPO 디렉터로 홈리스, 원주민, 북한 어린이 돕기 사역들을 감당하고 있으며, 월간 크리스천 신문〈더 브릿지〉 발행인이자 편집인이며 시인이자 수필가이시기도 한 저자는 다양한 삶의 현장에서 경험하고 묵상한 글들을 통해서 아주 간결하고 명쾌하게 그 문제점들과 해결책들을 제시하고 있습니다.

　누구든지 부담 없이 읽을 수 있는 수채화 같은 그러나 그 속에 많은 삶의 지혜와 생활신앙의 실제를 볼 수 있는 책입니다. 편안한 시간, 아니 마음이 번잡할 때 읽으면 우리의 마음에 평안을 가져다 줄 수 있는 좋은 책입니다.

김성묵 장로/ 아버지학교 국제본부장

추천사

이진종 목사님은 캐나다 록키마운틴 자락에서 사역을 감당하고 계신다.
 그곳은 참 맑은 공기가, 차가운 신선한 바람이 있다. 하늘이 너무나 푸르다. 태양을 마음껏 받을 수 있다.
 이번 목사님의 책 '세상 속의 그리스도인'은 너무나 좋다.
 묵상하는 그리스도인, 행복한 그리스도인, 순례하는 그리스도인, 분별하는 그리스도인으로 이루어져있다.
 욥의 이야기로 시작하여 영웅으로 마무리한다.
 그 동안 시간을 내어 여러 가지 책을 읽는 가운데 참 내 마음을 아프게 했었던 책들이 많았다.
 내용이 건강하지 못해서, 하나님의 말씀이 희미하게 보여서, 성경말씀보다 저자의 주장이 너무나 강해서였다. 그런데 그런데 우리 이진종 목사님의 이 책 너무 좋다. 너무 행복하다. 배울 것이 많다. 내 마음을 이 책에 비추어 볼 수 있어 좋다.

 마치 록키마운틴 밑자락에 부는 맑은 공기와 같다.
 읽으면 참 맑은 바람이, 기분 좋은 차가운 신선한 바람이 내 마음을, 영혼을 시원케 한다. 유럽에 가면 조금만 태양이 뜨면 옷을 벗고 태양의 빛을 조금이라도 더 받으려 하는 모습들을 본다.
 그런데 마치 목사님 사는 그곳처럼 이 책을 읽는 동안 다메섹 가는 길에 태양보다 더 밝은 빛을 보면서 말에서 떨어졌었던 바울처럼, 그런 비슷한 빛이 내 마음에 비추임을 받는 놀라운 시간을 가졌다.

이 책은 목사님의 삶이다. 마음이다. 아주 정직하게 표현한, 그리고 여행할 때에도 도움을 받을 수 있는 책이다. 너무나 나의 믿음의 삶에 유익한 성경에 근거한 책이다.

몇 번 더 읽어보아야겠다.

형제 된 이종용 목사
(L.A 코너스톤 처치)

세션 1

세상속의 그리스도인
Christian in the world

추천사

여의도 순복음교회 파송 선교사이자 캐나다 캘거리 코스타 대표간사로 있던 이진종 목사님을 캘거리 코스타에서 만난 이후로 지금까지 교제를 이어오고 있다.

캐나다 록키 근처에서 사역을 하시는 이 목사님은 키가 훤칠하시고 이민 목회를 하면서 문화사역자로 시인으로 하나님을 깊이 묵상하며 영혼을 사랑하는 마음이 느껴진다.

이번 세 번째 책에서는

이 목사님이 평소에 하나님의 관점에서 고민하며 쓴 글들로 세상 속의 그리스도인으로 살아가는 우리들이 어떻게 살아야 할지 또한 분별하는 그리스도인의 삶은 어떠해야 하는지 바른 세계관을 제시해 준다.

이에 주님을 사랑하는 모든 분들에게 이 책을 추천한다.

임은미 선교사
아프리카 케냐에서

무엇이 변치않아 내 소망이 되며
무엇이 한결같아 내 삶을 품으리

그 누가 날 만족케 해 내 영이 쉬며
그 누굴 기다려 내 영이 기쁘리

십자가 십자가 그 그늘 아래 내 소망이 있네
십자가 십자가 그 그늘 아래 내 생명이 있네

그 누가 날 만족케 해 내 영이 쉬며
그 누굴 기다려 내 영이 기쁘리

십자가 십자가 그 그늘 아래 내 소망이 있네
십자가 십자가 그 그늘 아래 내 생명이 있네
십자가 십자가 그 그늘 아래 내 소망이 있네
십자가 십자가 그 그늘 아래 내 생명이 있네
그 그늘 아래 내 생명이 있네

조은아

하비콕스는 그의 책 〈세속도시〉에서 다음과 같이 말했다.

정통적 기독교에서 "세속화"는 세상을 따라 가는 것, 즉 타락하는 것과 상당히 동일시한다. 세상의 죄악된 삶을 교회가 그대로 모방하는 것을 말한다. 오늘 날 교회 안에서 세속화된 그리스도인들이 너무도 많다. 하나님의 말씀으로 거듭나 성경적 그리스도인의 삶을 살아야 할 것이다. 미국 레저렉션 교회의 조셉 마테라 목사는 "세속화된 기독교인의 10가지 징후"라는 칼럼을 썼다.

1. 하나님의 뜻이 무엇인지 먼저 생각하지 않고 중요한 결정을 내린다.
2. 하나님보다 사람들의 생각이나 시선을 더 의식한다.
3. 성령이 아니라 돈에 이끌린다.
4. 교회 예배에 참석하는 주 목적이 하나님을 예배하기 위해서가 아니라 인간관계를 위해서이다(사람들을 사귀려고).
5. 대중문화가 추구하는 가치를 모방한다.
6. 하나님은 당신의 인생에 일부일 뿐이다.
7. 하나님을 추구하는 삶을 살지 않는다.
8. 당신의 삶이 다른 이들에게 복음의 영향력을 미치지 않고 전도도 하지 않는다.
9. 제자를 삼지 않는다.
10. 재정에 있어서 성경적 청지기 정신을 가지고 있지 않다.

세속화된 그리스도인은 어그러지고 죄악된 세상문화에 동화되고 오염된 것을 말한다면 세상속의 그리스도인은 세상속에 살되 그리스도인의 본분을 잊지 않고 세상과 타협하지 않으며 세상을 거스르며 하나님의 말씀대로 살아가는 기독교인을 지칭한다.

리차드 니버는 〈그리스도와 문화〉에서 문화를 다섯가지 유형으로 나누었다.
1. 대립유형- 터툴리안, 중세 수도원, 톨스토이
2. 일치유형- 영지주의, 문화기독교주의 쉴라이에르마허, 리췰
3. 종합유형- 클레멘트, 토마스 아퀴나스
4. 역설유형- 루터, 키에르케고르, 트뢸취
5. 변혁유형- 바울, 요한, 어거스틴, 칼빈,

니버는 기독교 신앙과 문화의 바른 관계는 "변혁유형"이 가장 성서적이며 기독교 신앙이 지니는 문화적 과제를 수행할 수 있다고 보았다. 하나님의 창조신앙과 주권을 칼 바르트와 같이 구속의 역사속에 가둬두지 않고 선택받은 자의 삶속에 있다고 했다. 세상속의 그리스도인은 바울처럼 아덴과 고린도를 찾아가고, 예수님처럼 삭개오와 사마리아 여인을 찾아간다. 앉아서 기다리지 않는다. 세상 속으로 들어간다. 그리고 그 속에서 선한 영향력을 끼친다.

욥의 고난
Job's sufferings & his wife, friends

고통에서 도피하지 말라.
고통의 밑바닥이 얼마나 감미로운가를 맛보라. - 헤세
가장 큰 고통은 남에게 말할 수 없는 고통이다. - 유태격언

욥은 동방의 의인이요 순전한 사람이었다. 그는 부자였고 믿음이 좋은 사람으로 나타난다. 그는 에돔 땅에 거주했다. 또한 욥의 나이와 정기적으로 제사를 드렸다는 데에서 볼 때 족장시대의 사람으로 여겨진다. 욥의 이름의 뜻은 "미움 받는자", "하나님께 돌아온자" 이다. 오늘날 그리스도인에게 있어 가장 중요한 것 중의 하나가 믿음과 더불어 회개다. 순간순간 회개하고 매일 하나님의 말씀으로 거듭난 삶을 살아야 한다. 욥은 자녀들과 잔치를 한 이후에도 '혹시 마음속으로 부지 중에 범죄하였을까' 두려워 자녀 숫자대로 제사를 드렸다. 사실 사람은 잘 나갈 때 신앙도 잊어 버리고 교회도 잘 나가지 않는다. 교만해진다. 욥은 그러지 않았다. 어떠한 순간에도 자신의 본분을 잊지 않았다.

그런 욥에게 어느 날 갑자기 재앙이 닥쳤다. '하루 아침에 날벼락'이란 말이 맞다. 종들을 포함한 모든 재산은 물론 사랑하는 자녀들(열 명) 모두 잃는다. 재산도 재산이려니와 자식을 잃는 비통함과 슬픔은 이루 말 할 수

없다. 와중에 극심한 피부병(오늘 날 한센병과 비슷한)에 걸려 가려움을 견디지 못해 기왓장으로 몸을 박박 긁고 있었다. 오랜 세월 함께 해왔던 아내마저 욥을 핍박한다. "하나님을 저주하고 죽으라"라고 했다. 사면초가의 상황에 놓인 욥. 상상치 못한 고통과 핍박에 죽지 못해 목숨을 연명하고 있던 욥은 어떤 생각을 하고 있었을까?

사실 욥이 당한 고난과 재앙은 차원이 전혀 다르다. 욥의 친구들마저 위로한답시고 찾아와 욥에게 어떠한 말을 하는가? 혹 범죄한 것이 있은즉 회개하라고 다그친다. 욥의 세 친구와 엘리후는 도덕론자 율법학자 신학자로 오늘날 자신의 믿음을 과대평가하면서 다른 사람의 죄를 들춰내고 정죄하는 모습과 다르지 않다. 욥의 세 친구는 '고난의 원인을 욥의 범죄에 있다고 보았다. 엘리후는 '고난을 하나님이 허락한 연단'일 수도 있다고 말했다. 전반적으로 보면 욥의 신앙을 정죄하는 쪽이 가깝다. 내가 힘든 상황에 처하게 될 때 나를 바라보는 타인의 시각은 다르게 나타날 수 있다. 마음으로 위로해 주는 사람이 있는가 하면 빈정대는 사람이 있다.

하나님과 하나님의 사람인 욥 사이에 변수가 있다. 그 변수는 바로 사단이다. 사탄은 '욥이 의인이자 칭찬받는 것'을 못 견뎌 한다. 그러니 참소를 한다. 사단의 뜻은 "참소자, 대적하는 자"이다. 우리 속담에도 '사촌이 땅을 사면 배가 아프다'는 말이 있지 않은가. 남이 잘 되면 축하해 주는 것이 인지상정이다. 그런데 오히려 가까운 친지나 친구가 잘 되면 시기하고 질투를 한다. 때로는 도를 넘어서는 모함까지 한다. 그러한 사람들은 다 사단의 영을 받은 사람들이다. 미움의 영 질투의 영 말이다. 사단은 하나님께 찾아가 참소를 한다. "욥이 까닭없이 하나님을 경외하겠습니까? 욥에게 큰 재산을 주셨기 때문에 하나님께 경배하는 겁니다." 하나님은 욥을 제대로 알고 있었다. 그러나 그의 목숨을 건드리지 않는 조건으로 시험을 허락한다. 그 시험이 바로 앞에서 언급한 욥의 재산과 자녀를 다 빼앗아간 일들이다.

오늘 날 우리에게 동일한 일들이 일어난다면 어떤 반응을 보일까? 궁금하다. 사단은 언제나 우리에게 부정적인 마음을 심어주고 공동체의 지체들이 다투고 이간하고 분리되게끔 유혹을 한다. '경쟁심' '야망' '질투' 즉 송인규 목사가 언급한 세 마리의 여우가 우리 마음 속에 자리잡고 있다. 세 마리의 여우를 분별하고 잘 다루지 못하는 한 행복한 삶을 기대할 수 없다. 유혹은 유혹일 뿐이다. 환상과 망상에 사로잡혀 벗어나지 못하는 한 수렁에서 헤어나오지 못한다. 발버둥 칠수록 더 깊이 빠져 들어갈 뿐이다.

회개와 회계는 다르다. 천국에 가면, 나는 어떤 평가를 받을 수 있을까? 내게 주어진 달란트를 얼마나 잘 활용하느냐에 따라 상급이 달라진다. 나의 삶에 대해 하나님께서 어떻게 평가하실지 궁금하다. 욥의 친구들이 바라본 욥과 하나님이 바라본 욥의 믿음은 전혀 달랐다. 자신의 의를 드러내지 않고 온전히 살아가기란 쉽지 않은 일이다. 오늘날도 지식적으로 하나님을 아는 사람들이 많다. 얄팍한 지식으로 함부로 판단하거나 정죄하지 말아야 한다. 욥의 고백이 내게도 큰 깨달음이 된다. "이제는 눈으로 주를 뵈옵나이다."

시험에는 두 가지 종류가 있다. 하나님이 허락하는 시험과 사단이 주는 시험이다. 하나님이 허락한 시험은 믿는 이들로 하여금 연단과 안내를 통과하게 한 다음 복을 주시기 위함이다. 이는 아브라함과 요셉의 예에서 알

수 있다. 아브라함도 요셉도 혹독한 시련을 겪었다. 그러나 원망하지 않고 믿음으로 잘 견디고 시험을 통과하자 큰 복을 받게 되었다. 욥의 경우도 하나님께 원망하거나 불평하지 아니했다. 후에 갑절의 축복을 받았다. 그러므로 시련이 오는 것을 두려워할 필요가 없다. 고난이 내게 유익이다. '현재의 고난은 장차 나타날 하나님의 영광과 족히 비교할 수 없다.'고 했다.

그러나 사단이 주는 시험은 정 반대다. 사람으로 하여금 미혹케 한다. 즉 범죄에 빠지고 하나님과 멀어지게 만든다. 에덴동산의 아담과 하와도 선악과의 미혹에 빠져 고통을 당했고 아간이나 게하시도 물질로 인해 범죄했다. 모르면 침묵하자. 쓸데없이 나서지 말자. 내가 만약 욥이라면, 욥의 아내라면, 욥의 친구였다면 어떠한 반응을 보였을까? 내가 반응을 보인 그것이 바로 내 믿음의 현주소다.

첫번 째, 시험에 들거나 어려운 상황이 닥쳐왔을 때 즉각 교회를 떠나고, 하나님을 떠나는 사람은 미성숙한 신앙이다. 두번 째, 위로한답시고 "기도하지 않아서 그래." "십일조를 내지 않아서 그래." "회개하지 않아서 그래." 라고 하면서 정죄하는 사람들은 욥의 친구와 같다. 세번 째로 고통 가운데 하나님을 원망하지 않고 사람들을 탓하지 않고 폭풍 중에 신음하며 견디는 사람은 바로 욥과 같은 신실한 믿음의 소유자다. 나는 어느 쪽에 속하는가?

하루마다 나의 삶을 돌아보고 회계하는 습관을 들이자.
매일마다 나의 삶을 돌아보고 회개하는 삶을 살자.

나는 (욥의 경우처럼) 어떠한 환경에서도 불평하지 않을 수 있을까?
하나님은 나에게 더 큰 일을 감당키 위해 연단을 주심을 깨닫자.
아픈만큼 성숙해지고.

이제는 눈으로 주를 뵈옵나이다. (욥 42:5)

이 모든 일에 욥이 범죄하지 아니하고 하나님을 향하여 원망하지 아니하니라. (욥 1:22)

욥이 그의 친구들을 위하여 기도할 때 여호와께서 욥의 곤경을 돌이키시고
욥에게 이전 모든 소유보다 갑절이나 주신지라. (욥 42:10)

와나깜 & 나마스테
Vanakkam & Namaste

기쁨이 없는 종교, 그것은 종교가 아니다. - T. 파커
당신의 매일 생활은 당신의 예배요, 당신의 종교다. - 칼릴 지브란

인도에서 23년간 살면서 복음을 전한 베 드보라 선교사의 스토리가 담긴 책을 선물로 받았다. 그가 쓴 책의 제목이 인도하심. 이 책에서의 "인도"는 나라 이름의 인도가 아닌 리드(lead)와 "하심"(아래를 향한 마음 즉 겸손을 뜻한다)은 베 드보라의 인도를 향한 뜨거운 열정과 사랑의 마음을 보여준다. 마더 테레사의 "죽어가는 사람들의 집"에서 함께 봉사하기도 했던 그녀. 그녀에게서 끊임없는 희생과 낮아짐을 배웠다고 덧붙인다.

남자도 아닌 여자의 몸으로 댕기열에 걸리고, 말라리아는 물론 자동차 사고도 당했다. 여권을 포함한 지갑도 잃어버리고 수많은 역경과 고난을 딛고 지금까지 살아왔다. 오직 주님 때문에 평균 40도가 넘는 더위 속에서 극기로 살아간다. 각종 위험에 처해있는 인도에서 슬럼가와 여러 지역에서 그리스도의 복음을 전한다. "예수 믿으세요"라는 말보다 "나 예수 믿어요."로 시작되는 현지인에 대한 관계와 복음전도. 현지 네루 대학에서 학사학위도 취득하고 복음을 전하고 있는 그녀의 인도사랑은 여전히 계속된다. 아마 죽을 때까지 이어질 것이다.

영국의 구두 수선공이었던 윌리엄 캐리. 그는 10대에 회심하면서 인도에 관심을 갖게 된다. 그때 당시만 해도 아무도 해외 선교에 관심이 없었다. 그는 인도에 건너가 감독으로, 동양학과 교수로 병행하면서 자비량 선교에 기초를 닦고 성경번역작업과 수많은 선교회에 영향을 미쳤다. 벵갈에서 7년, 세람포에서 34년간 사역을 했으며 근대선교의 아버지로 불리운다. 그는 사도 바울과 같이 자비량 선교를 했으며 가끔은 선교회의 갈등으로 잠시 떠나있기도 했지만 다시 회복했다.

그가 임종 시에 한 말이다. 그의 모토를 잊을 수 없다.
"내가 죽었을 때 나(캐리 박사)에 대해 아무 말도 하지 말게. 오직 캐리 박사가 만난 주님에 대해 말해 주게."
"하나님으로부터 위대한 일들을 기대하라. 하나님을 위해 위대한 일들을 성취하라."(Expect great things from God, attempt great things for God.)

필자가 오래 전에 인도 첸나이를 방문한 적이 있다. 첸나이(옛 지명은 마드라스)는 4대 문명을 지닌 인도의 4대 도시 중 하나이다. 카스트 제도 때문에 가난한 계층의 사람들에겐 신분상승은 꿈이다. 인도는 릭샤(이동용 자전거 택시)가 유명하고 거지도, 소도 많다. 인도 단기 선교 중에 팀 멤버가 더위에 쓰러져 병원에 다녀온 적이 있다. 병원이나 관공서 곳곳마다 코끼리 부적이 부착되어 있다. 코끼리 신은 "가네쉬"라고 한다. 심지어 집에 쥐들이 돌아다녀도 신이라 여기고 잡지를 않는다. 소는 인도에서 숭배 대상이다. 특히 암소가 그렇다. 수소는 농경에 필요하여 노동력을 착취당하지만 암소는 동네는 물론 도로까지 점령하고 어슬렁 어슬렁 돌아다닌다. 그래도 사람들이 알아서 피해 간다.

첸나이에서는 두 손을 모으고 합장 하듯이 인사를 한다. "와나깜."(안녕하세요) 은 지금도 잊지 않고 있다. 더불어 "나마스테"란 인사도 한다. 나마스테는 산스크리트어로 (당신의 신(또는 신성)을 존중하고 경배합니다: 필자 주) 라는 뜻이다. 인도사람은 평화주의자들이고 종교성이 강하다. 그래서 인도는 범신론 즉 모든 것을 신이라 여긴다. 주마다 언어가 다르고 가는 곳마다 신전(산당과 비슷한 개념으로 크기도 다양하다)이 있다.

첸나이에는 예수의 제자였던 도마 기념교회 및 유적지가 있다. '의심 많았던 도마가 인도에 와서 복음을 전하다 순교를 당했던 곳'으로 전해진다. 교회 건물 앞쪽에 "My Lord, my God." 이라는 푯말이 붙어 있다. 부활한 예수님을 믿지 못하던 도마. 그러다가 홀연히 나타난 창에 찔린 옆구리와 흔적을 직접 만져보고 예수 앞에 엎드려 경배했던 도마. 열악한 환경에도 불구하도 주님을 위해 열정과 헌신적으로 복음을 전하는 송도마 선교사의 사역에 큰 도전과 감동을 받았다.

인도 사람들은 순수하다. 내가 경험한 인도사람들은 집회마다 몰려든다. 종교성이 강하다. 아직도 가난한 사람들이 70% 이상이다. 사탕을 주고 풍선을 만들어 주기만 해도 아이들이 구름 떼같이 찾아온다. 물론 그들이 모두 교회를 출석하는 것은 아니다. 간디가 살아생전 "나는 예수 믿는 사람들을 좋아하지 않지만 예수를 믿는다."고 고백했다. 하나님의 인도하심이 있다면 내가 서있는 곳이 선교지요, 어디에서든 간에 복음을 전하는 것이 그리스도인의 사명이다. 내가 있어야 할 곳은?

"너는 말씀을 전파하라 때를 얻든지 못 얻든지 항상 힘쓰라." (딤후 4:2)

출애굽기
Exodus

가장 어두운 시간은 해뜨기 바로 직전의 시간이다. - 파울로 코엘료 〈연금술사 중에서〉

내면을 들여다보면 슬퍼진다. 주위를 둘러보면 마음이 흩어진다.

위를 쳐다보면 기뻐진다.

- D.L. 무디

출애굽 즉 '엑소더스'는 히브리(이스라엘의 옛 명칭) 민족이 애굽(이집트의 옛 명칭)으로부터 노예생활을 하다 탈출한다는 내용이 성경의 두번째 책에 자세히 담겨있다. 어릴적 빠삐용이나 몽테크리스토 백작 같은 소설을 읽으며 주인공들의 자유를 향한 도전에 응원하는 마음도 있었고, 후에 〈쇼생크 탈출〉같은 영화를 보면서 주인공이 무사히 탈출하기를 바라는 마음도 있었다.

출애굽기의 주인공은 모세다. 히브리 민족을 애굽에서 구원해 내기 위한 하나님의 계획이 있었다. 당시 히브리민족이 강성해지자 애굽의 왕은 사내 아이가 태어나면 모두 죽이라고 명령을 내렸다. 그때 당시 태어난 아기가 바로 모세였다. 야훼 이레. 하나님은 모든 것을 준비하고 하나님의 계획 속에 역사를 움직여 나간다. 히브리 땅에 기근이 들자 하나님께서는 요셉을 미디언 상인에게 노예로 팔려가도록 놔두신다. 후일 요셉이 애굽의 국무총리가 되었다. 결과 요셉의 온 가족은 고센 땅으로 이주하여 흉년 속에도 풍족하게 살 수 있었다. 이 또한 하나님의 놀라운 계획이었다. 모세를 애굽의 왕자로 입양하게 만들고 후일 이스라엘을 애굽에서 인도케하는 위대한 지도자로 만들기 위한 사전 작업이었다..

이스라엘 백성은 무려 40년을 방황했다. 해안길을 따라가면 단 10일이면 가나안 땅에 도착할 수 있었지만 이스라엘 민족은 그렇지 못했다. 이유는 이스라엘 민족이 모세와 하나님께 불순종하고 반항했기 때문이다. 그러나 실제적인 이유는 따로 있었다. 그들이 가나안 땅에 들어갈 때 용맹한 군사들로 무장된 가나안 7족속에 비하면 그들은 오합지졸이었기 때문이다. 노예 근성을 버리지 못하고 두려움으로 가득찬 민간인에 다름 없었다. 그러한 이스라엘 사람들을 강한 군사로 훈련시키고 십계명을 만들어 법체제를 정비하고 그들이 용맹한 군사로 거듭나기를 바라고 있는 것이 바로 하나님의 계획이었다.

이집트에서 홍해를 건너 시내산을 오르고 사막을 지나 사해에 이르고 예루살렘까지 돌아본 적이 있었다. 교통수단을 이용해도 일주일이 소요되었는데 그 길을 걸어서 간다고 생각해보자. 무더운 사막 길이다. 모든 게 부족하고 불평이 안 터져나올 수 없는 길이다. 하나님은 이스라엘 민족에게 노예근성을 버리고 연단과 인내심을 통해 하나님께 순종하는 자만이 젖과 꿀이 흐르는 가나안 땅(천국을 상징)이 입성할 수 있음을 보여 주신다. 천국은 누구나 갈 수도 있지만 또한 아무나 가는 곳이 아니다. 믿음으로 고백하는 자는 다 천국에 들어갈 자격이 있지만 하나님의 뜻대로 살지 않는 사람은 들어가기 힘든 곳이 또한 천국이기 때문이다.

세계7대 불가사의에 속하는 피라미드를 보았다. 피라미드 자체의 웅장함보다 주변 건물의 허술함과 가난한 아이들이 눈에 띄었다. 그 예전 이집트의 영광이 어디로 갔는지. 인근에서 수많은 아이들이 기념품을 팔며 호객 행위를 하고 있었다. 엽서나 웬만한 기념품이 단돈 천원(1달러)이었다. 인도에서 처럼 구걸하는 사람은 없었지만 체첸잇사의 아이들처럼 아이들이 동심을 잃어 버리고 너무 일찍 장삿군이 되어 버린듯 해 마음이 아팠다. 가난이 죄인가?

'출애굽기'는 성경에서 가장 우리 삶과 유사한 책이다. 개인적으로 필자도 출애굽기를 좋아한다. 성경 전체가 인간의 창조 타락 구원 회복을 그리고 있고 구약성경은 창조와 타락을 신약성경은 예수 그리스도의 은혜와 구원을 완성한다. 그래서 신약은 옛 언약(구약)을 보완하고 완성한다. 구약은 또한 신약의 그림자. 구약의 이삭(아브라함에게 희생제물로 바쳐지는 장면까지), 요셉(애굽의 노예로 팔려가는 주인공), 여호수아(가나안 땅에 입성하는 주인공) 등 모두 예수 그리스도를 상징하기 때문이다.

오래 전에 영화 〈영광의 탈출(엑소더스)〉을 본적이 있다. 이스라엘 백성이 키프로스 수용소에 갇혀 있다가 엑소더스라는 배를 타고 이스라엘로 귀환하게 되는 스토리다. 영화의 주인공 폴 뉴먼은 실제로 아랍국가에서 입국이 거부되기도 했다. 이스라엘은 2천년간 나라없이 방황하며 지냈다. 영국의 주도아래 (물론 팔레스타인과 이중계약을 통한 아랍국가의 지원을 받았다) 유엔에서 33대 13으로 이스라엘의 나라가 확정되고 팔레스타인 땅에 정착하게 된다. 물론 이후 아랍국가와 정면 충돌하게 되고 중동전쟁이 발발했다. 현재도 팔레스타인 국가와 한 지붕 두 가족이 함께 살고 있으며 피의 보복이 계속되고 있다. 안타까운 일이다. 그러나 이스라엘 민족의 시각에서 볼 때 1,2차 세계대전을 거쳐 6백만 유대인 학살(홀로코스트)의 비극 이후 제2의 출애굽이 실현된 것이다.

하나님의 뜻을 어찌 알 수 있을까? 애굽의 노예로 산다는 것은 버거운 현실이었다. 탈출하여 자유를 누리는 삶은 그야말로 꿈이었다. 탈출 이후에도 홍해에서 앞에는 바다 뒤에는 애굽의 군대가 쫓아오는 가운데 사면초가였다. 하나님께서는 이스라엘 백성을 사랑하시고 길을 열어 주셨다. 모든 길이 막힌 것 같아 보이지만 영적인 통로가 열려 있다. 보이지 않는 길, 그 길은 기도의 길이다. 기도하는 영적인 사람들에게 열리는 비밀의 길이다. 하나님께서는 사막에서도 만나(음식)를 주셨다. 춥고 더운 사막에서도, 밤에는 불기둥 낮에는 구름기둥으로 지켜주셨다.

온실 속의 화초는 너무도 약해 미세한 온도와 작은 풍파에도 쉽게 흔들리고 죽어 버린다. 그러나 야생에서 자란 잡초는 이와 다르다. 생명력이 길다. 도종환의 시〈흔들리며 피는 꽃〉를 감상해 본다.

"흔들리지 않고 피는 꽃이 어디 있으랴
이 세상 그 어떤 아름다운 꽃들도
다 흔들리면서 피었나니
흔들리면서 줄기를 곧게 세웠나니
흔들리지 않고 가는 사랑이 어디 있으랴

젖지 않고 피는 꽃이 어디 있으랴
다 젖으며 젖으며 피었나니

바람과 비에 젖으며 꽃잎 따뜻하게 피웠나니
젖지 않고 가는 삶이 어디 있으랴"

   사람도 꽃도 모두 고난과 시련을 겪는다. 고난을 겪지 않은 사람은 아무도 없다. 시편 기자도 '고난이 내게 유익'이라 했다. 아픈만큼 성숙해지는 법이다. 역경은 하나님께서 내게 허락하신 연단의 과정이다. 조금만 더 지나면 어둠의 터널을 벗어난다. 햇살이 비쳐온다. 조금만 더 가자.

어느 공동체마다 피스메이커와 트러블메이커가 있다.
불평하는 자(20세 이상의 남자)들은 광야에서 다 죽었다.
7일간의 여정이 40년간의 여정으로 바뀌었다.
고난이 곧 내게 유익이다.

내 형제들아 너희가 여러가지 시험을 만나거든 온전히 기쁘게 여기라
이는 너희 믿음의 시련이 인내를 만들어 내는줄 너희가 앎이라. (약 1:2-3)

"미투 (Me, too) 운동"을 보면서
"Me too" Movement

사람들은 사랑에 의하여 살고 있다.
그러나 자기에 대한 사랑은 죽음의 시초이며,
신과 만인에 대한 사랑은 삶의 시초이다. - 톨스토이

요즘 "미투 운동(Me, too)" 열풍이다. "나도 당했다"라는 뜻으로 성폭력 피해자들이 부끄러움을 무릎쓰고 공개적으로 가해자들을 고발하는 운동이다. 과거에는 여성이라는 약자의 위치, 사회적인 판단이 불리했기 때문에 감추고 살아왔지만 지금은 아니다. 요즘은 여성들이 달라졌다. 아니 세상의 흐름과 잣대가 달라졌다. 더 이상 여성이라는 약자로 당하고 살지 않겠다는 용기가 미투운동(Me too)과 위드유(With you)을 통해 점화되고 있다. 2017년 12월 타임 지는 힘있는 자의 갑질 성추행을 폭로해 온 미투 운동의 참여자들을 올해의 인물로 선정했다.

서지현 검사가 8년 전 법무부 간부에게 당했던 성추행을 털어 놓으면서 미투운동이 전방위적으로 확산되고 있다. 매년 노벨 문학상 후보자로 오르고, 한국 최고의 시인으로 알려진 고은 시인의 상습적인 성추행을 고발한 최영미 시인으로부터, 문화예술계, 연예계에 이르기까지 그야말로 다

까발려지고 있다. 이윤택, 조재현, 조민기, 오달수 등 공식 사과 성명을 내고 모든 작품에서 하차를 했지만 역풍이 쉽게 가라 앉지는 않을 듯 하다.

미투 운동은 최초 미국에서 시작이 됐다. 2017년 헐리우드의 거물 영화 제작자인 하비 와인스타인의 성추문 사건이 터지면서, 여배우들과 영화 관계자들이 "나도 당했다."는 의미로 "#Me too"라는 해시태그를 달기 시작한 것이 계기다. 이후로 성추행 관련 미국 하원의원들과 주지사 등 여섯 명이 차기 선거에 불출마 하겠다는 의사를 발표했다. 또한 성추행 관련 화가, 영화감독, 작가, 요리사, 앵커 등 수많은 이들이 계약 해지, 제명, 지탄을 받고 있다.

다른 시각에서는 예술과 성추행을 별도로 봐야 한다는 시각도 있지만 소수의견에 불과하고 대부분의 의견은 예술과 범죄를 분리할 수 없다는 입장이다. '예술적 성과가 작가의 도덕적 평판을 분리해 봐야 한다'는 입장은 쏙 들어갔다. 이제는 온전히 예술적 성취만으로 작가와 작품을 바라보기는 어렵게 됐다. 최근 고은 시인, 이윤택 연출가의 작품을 중, 고등학교 교과서에서 배제해야 한다는 의견이 지배적이다. 여론조사 결과, 열 명 중 일곱 명이 찬성 표를 던졌다. 평론가들 입장은 분분하지만 그냥 쉽게 넘어갈 것 같지는 않다. 교육부에서 최종적으로 출판사와 합의한 결과 고은 시인 등 미투운동의 가해자들의 모든 작품을 삭제하기로 결정했다. 당연한 일이다.

최근에는 "술을 먹다 보니 그렇게 됐다." "기억이 나지 않는다." "귀여워서 그냥 안아 준 것이다." 등의 변명이 통하지 않는다. 열국 일간지 가디언

에 따르면,

"더 이상 디오니소스(술의 신)의 방종이 너그럽게 용납되지 않은 세상이다."

"예술을 앞세워 막후에서 권력과 일탈을 일삼던 사람들의 시대가 막을 내리고 있다."

이제 전세계적으로 작은 켐페인이 패러다임의 변화를 가져오고 페미니즘에 숨어있던 여성들의 가치관에 큰 변화를 주고 있다. 작은 불꽃이 중요하다. 서 검사가 이미 고양이 목에 방울을 달았다. 주사위는 던져졌다.

교회에서의 성추문 역시 쉬쉬하며 감추어왔던 게 사실이다. 종교계 성직자, 목회자들은 갑이다. 사람들은 기득권을 위해 자기들만의 울타리를 만들고 자기들의 뜻대로 따라주는 사람들만 그 영역에 들어오게 해주고 수단과 방법을 가리지 않고 그 권력을 유지하려 한다. 교장 선생, 교수, 목사, 영화감독, 연출자, 정치가 등 갑에 위치에 있는 사람들이 다 과거의 잘못된 습관을 버리지 못하고 반복해 왔다. 이제는 달라져야 한다.

대부분의 피해자들은 사실이 그대로 밝혀질 경우, 가해자가 처벌 받는 경우와 별도로 자신의 2차 피해를 우려 잠잠해 왔던 것이 사실이다. 한국 전반에 깔린 여성 피해자에 대한 인식이 바뀌어야 한다. 그들의 아픔과 상처를 인식하고 다시는 비슷한 범죄가 답습되고 피해가 확산되지 않도록 이 기회에 제도적으로 뿌리를 뽑아야 할 것이다. 어금니 아빠 사건도 가족이 묵인해 주었고, 홍대교회 전 목사 건의 경우도 교단이 묵인하고 제제도 미흡해 피해자들의 상처가 여전히 남아있다

경찰청이 2016년 12월에 발표한 통계에서, '2010-2016년 전문직군별 성폭력 범죄 검거인원수'를 보면 전체 5261명 가운데 종교인이 681명으로 가장 많았다. 그 뒤를 의사 620명, 예술인 406명, 교수 182명, 언론인 82명, 변호사 30명 등이었다. 참으로 한심하고 부끄러운 일이 아닐 수 없다.

최근 카톨릭에서도 미투운동의 일환으로 성추행 고백이 나왔다. 영화 "울지마 톤즈"의 주인공이었던 이태석 신부는 한국의 슈바이처로 남수단에서 알려져 있었다. 그의 후임으로 간 신부가 단기선교를 한 자매에게 상습적으로 성폭행을 했다는 사실이 밝혀져 충격을 주고 있다. 종교계도 예외가 아니다. 미투운동이 벌어지기 전부터 자성론이 나왔던 터라. 무소불휘의 권력(?)을 갖고 있는 목회자가 상습적으로 성추행을 하더라도 교회에서도 크게 문제 삼지 않았다. 문제를 삼더라도 오히려 여자 성도 피해자를 꽃뱀이나 이단자 취급하며 뒤집어 씌우기도 했으니 참으로 기가 막힐 노릇이었다. 가해자 편에 서서 옹호하던 사람들은 철저히 회개해야 한다.

일반 사회지도자들과 다르게 성직자들에게 더 엄격한 잣대가 요구된다. 그것은 바로 인격과 거룩성이다. 직위를 빌미 삼아 약자인 여성 성도들에게 함부로 대하고(물론 여성들 외에 부교역자처럼 '을'에 해당되는 사람들도 피해자겠지만) 상습적으로 성추행을 일삼는 이들에게 거룩한 성직을 맡겨도 되는 것일까? 말만 뻔지르하고 겉은 바리새인보다 더 추악한 야누스의 모습을 한 이중인격자는 하루빨리 추방되어야 한다.

모자이크 교회 박종근 목사의 말처럼, 모든 것을 은혜로 덮어서는 아니 된다. 잘못된 것을 지적하고 바로잡아 근본적인 문제를 해결하는 자정의 노력의 필요한 때이지 쉬쉬하며 구렁이 담넘어가듯 넘어가서는 안 된다는 데 필자도 동의한다. 이른바 영적 전쟁이다. 사단은 언제나 나를 넘어 뜨리려 한다. 돈, 섹스, 권력(명예). 어떻게 콘트롤 해야 할까? 영원한 숙제다.

가진 자(또는 힘이 있는 자)의 성폭력을 방관하거나 좌시해서는 안된다.
침묵은 동의, 동조, 방관을 의미한다.
침묵은 비겁하고 부끄러운 일이다.
침묵은 도피다.
침묵은 범죄다.

음행을 피하라 사람이 범하는 죄마다 몸 밖에 있거니와
음행하는 자는 자기 몸에게 죄를 범하느니라
너희 몸은 너희가 하나님께로부터 받은 바
너희 가운데 계신 성령의 전인 줄을 알지 못하느냐
너희는 너희의 것이 아니라 값으로 산 것이 되었으니
그런즉 너희 몸으로 하나님께 영광을 돌리라.
(고전 6:18-20)

유리천장 지수
Glass ceiling index

어머니가 소년을 남자로 만드는 데 20년이 걸리지만,
여자가 남자를 바보로 만드는 데는 20분도 안 걸린다. - 로버트 프로스트

영국의 경제주간지 〈이코노미스트〉가 세계 여성의 날에 발표한 '유리천장지수' 즉 '한국의 여성 지수는 OECD(경제협력개발기구) 선진국 국가 중 꼴찌'라고 나왔다. 한국은 종합점수 25점을 받아 OECD 29개국 가운데 가장 낮은 수치를 기록했다. 안타깝다. 우리 사회는 예로부터 남성우월주의에 대다수 여성들이 불이익과 차별을 받아왔다. 두꺼운 벽에 많은 여성들이 포기하고 또 좌절한다.

'유리천장지수'란 무엇일까? 보이지 않는 장벽이 얼마나 두려운지 숫자화 한 지수다. 또한 유리천장이란 '여성이나 소수민족 등 사회적 약자로 인식되는 계층이 공동체 내에서 중요한 위치로 올라가는 것을 막는 보이지 않는 벽'을 뜻한다. 점수가 클수록 여성이나 소수계층의 사회참여활동과 승진이 자유롭다는 의미이고 점수가 낮을수록 그렇지 않다는 것을 의미한다. 선두는 아이슬란드, 노르웨이, 스웨덴, 핀란드 순이었다.

〈이코노미스트〉는 최근 "일하는 여성에게 가장 좋은 나라와 가장 나쁜

나라"라는 기사를 통해 국가별 유리천장지수(Glass-ceiling index)'를 발표했다. 이 잡지는 각 나라별 "고등교육 격차, 경제활동 참여비율, 임금격차, 보육비용, 고위직 여성 비율, 의회 내 여성 비율, 남녀 육아휴직 비율" 등의 지표들을 종합해 "유리천장지수"를 산출했다. 한국은 25점으로 29개 국가 중 최하 점수를 받았다. 대통령과 국회의원들은 도대체 무엇을 하는지 모르겠다. 기득권을 위한 사욕과 이권에만 관심이 있을 뿐이다.

마침 로렌 커닝햄과 데이비드 해밀턴의 공저인 책 "Why not woman?"을 읽고 있다. 이 책은 성경적인 관점에서 바른 여성상을 새롭게 조명하고 있다. 여성에 대한 잘못된 인식을 바꿔야 한다. 오랜 세월 여성들은 집안에서 갇혀 지내고 인권이 유린된 채 살아왔다. 아리스토텔레스는 "여자를 사악한 피조물"로 여겼다. 미국의 모 부통령 역시 "세상에는 길들이기 어려운 세 가지가 있는데 그것은 바보, 바다, 여자다. 그 중 가장 힘든 것이 여자다."라고 말했다.

랍비들에게 구전되어 내려오는 전통적인 문서 미슈나에 의하면 여자들의 가치에 대해 짐승보다 낮게 여겼다. 예를 들면 "여자보다 남자의 생명을 먼저 구해야 한다. 열 가지 험담이 퍼진다면 그 중 아홉 가지는 여자들 때문이다. 여자들은 탐욕스럽다. 여자들은 변덕이 심하다." 그러나 이는 성경과는 다른 가르침이다.

성경에 나와있는 여성에 대한 잘못된 구절을 오해하여 "여자들은 잠잠하라. 가르치기를 금하라. 복종하라."고 외치는 일부 교회 지도자들이 있는데 몰라도 한참 모르고 하는 얘기다. 히브리어를 곡해하여 잘못 번역된 것을 아직까지도 인용하며 여성 목회자들이나 여성의 능력을 인위적으로 제한하거나 평가절하하고 있다. 이는 당시 거짓 선지자들로 인해 미혹 당하기 쉬운 고린도 여자들에게 '잠잠하라'고 말한 것이다. 남성 목회자들이 곡해하지 말아야 한다.

특히 경건한 유대인들은 잠자기 직전 잠자리에서 일어나기 전에 베레카 기도문을 암송해야 했다. 그 내용은 다음 세 가지다. "나는 이방인이 아니고 유대인임을 감사하며, 여자가 아닌 남자로 태어났음을 감사하며, 종(배우지 못한 신분)의 신분으로 태어나지 않았음을 송축하는 기도문이다." 요즘 세상에 참으로 어이없는 기도문이 아닌가?

빵과 장미로 상징되는 세계 여성의 날은 1908년 3월 8일 미국 뉴욕에서 시작됐다. "당시 비인간적인 노동에 시달리던 섬유산업 여성노동자 1만 5000명이 열 시간 노동제, 임금인상, 참정권 보장 등을 요구하며 벌인 대규모 시위에서 유래했다. 유엔은 1975년에 국제기념일로 제정했고, 우리나라는 1985년부터 이날을 기념하고 있다." 오늘날 여성의 리더쉽과 영향력을 인정해 주지 않으면 공동체가 발전할 수 없다. 대부분의 교회에서 여성 신도수가 70%를 차지하고 있는데도, 대부분의 남성들이 리더를 독차지 하고 있는 것도 고려해 봐야 한다.

캘거리에도 한인여성회가 독립된 단체로 활발한 활동을 해오고 있다. 그뿐만 아니다. 알버타 주지사도 여성이고 세계 많은 나라의 수장들도 여성 출신이 많다. 이미 탄핵을 당해 물러난 브라질, 한국의 대통령을 제외하더라도 현재 영국과 독일도 여자 수상이고 강대국 출신 여성 리더들이 세계

세상속의 그리스도인 43

를 호령하고 있다. 선입견을 버리자. 무엇보다 여성들이 먼저 "여자란 이래 선 안돼!"라는 고정관념을 버리자. 예수님도 편견을 버리셨다. 간음한 여인을 용서해 주시고 사마리아 여인을 찾아가 주셨다. 주님은 여성의 가치와 인권을 남성과 동등하게 여기셨고 또한 여성들에게 거는 기대가 컸다.

세상에서 가장 아름다운 단어는 "엄마(어머니)"다.
세상에서 가장 따뜻한 품도 엄마 품이다.
세상에서 가장 강한 이도 어머니다.

설 자리 잃고 있는 종교
Christianity losing ground

나는 예수를 좋아한다. 하지만 나는 기독교인을 좋아하지 않는다.
왜냐하면 그들은 예수를 닮지 않았기 때문이다. - 간디.

2015년 인구주택총조사가 지난 2016년 12월 발표됐다. 매5년마다 실시한다. 그러나 조사항목 가운데 종교인구통계는 매10년마다 실시하기에 교계 주목을 받고 있다. 통계에 따르면 개신교 인구는 967만 6천명(19.7%)로 주요종교 가운데 가장 많았고 뒤를 이어 불교가 761만 9천명(15.5%), 천주교가 389만 명(7.9%)였다. 놀라운 것은 10년 전에 비해 1위 불교 2위 개신교가 최근 조사에서는 1위 개신교 2위 불교라는 것이다.

지하철 버스정류장 등 공공장소에서의 공격적인 선교는 개신교가 앞서지만 종교 호감도는 카톨릭, 불교가 앞선다. 이번 조사에 대대 개신교는 물론 불교계, 카톨릭계 측의 기사도 살펴보았다. 다들 놀라는 눈치다. '개신교 신자수가 증가했다'는데 대해서 말이다. 사실 교회 내부적으로는 성도 수가 감소되고 있는 것이 전반적인 추세다. 그런데 오히려 10년 만에 리딩 종교가 되었다. 도대체 어떤 연유에서 일까? 체감적으로는 줄고 있는데 통계적으로는 늘었다. 혹 통계조사가 잘못된 것이 아닐까?

통계조사는 예전보다 표본을 확대 전국민의 20%를 대상으로 했고 인터넷 조사와 방문조사를 병행했다. 그렇다면 인터넷조사에서 오차가 있을 수도 있다. 이단도 개신교로 분류된다. 이단 성도의 증가와 가나안 성도의 이탈 즉 이름만 교적에 올리고 교회에 나가지 않는 성도들 등을 예측해 볼 수 있다. 카톨릭 교단에 의하면 389만 중 1/3분만이 교회에 나오고 나머지 2/3는 가나안 성도로 분류한다. 불교도 다르지 않다. 부모가 불교이면 자녀 등 나머지 가족들도 1년에 한 두 차례 사찰에 가도 종교조사에서는 불교로 표기하기 때문이다.

가장 중요한 것은 '개신교 인구가 늘지 않았다'는 것이다. 출생지수는 점점 낮아지고 종교에 대한 반감은 증가하고 이른바 탈종교화 상황이다. 10년 전에 비해 120만이 늘어난 숫자에 만족하고 기뻐할 때가 아니다. 대부분의 교회학교는 감소추세다. 한국은 물론 캐나다 교회도 노령화 추세다. 점점 성도들은 세상으로 나가고 교회는 텅 비워지고 있는 흐름이다. 한국갤럽이 2014년 전국 19세 이상 성인 남녀 1500명으로 대상으로 심층 표본조사를 벌여 지난해 발표한 〈한국인의 종교 1984~2014〉에 따르면, '종교에 관심이 없어서'가 45%로 가장 많은 응답률을 보였다.

종교 호감도는 어떨까? 갤럽 조사 결과 1997년 26%, 2004년 37%, 2014년 45%로 무종교인이 증가했다. 구체적인 항목으로는 종교에 대한 불신과 실망이 19%였다. 2004년에 14%로 이번에 더욱 증가했다. 종교 별 결과에서는 불교 25%, 천주교 18%, 개신교 10%가 나왔다. 이는 대형교회의 목회세습, 공격적인 선교, 일부 목회자들의 성스캔달, 재정횡령, 이기주의도 한 몫을 했을 것이다. 갤럽조사에서는 불교 22%, 개신교 21%, 천주교

7%로 나왔다. 정부 통계와는 조금 차이가 있다. 종교가 개인생활에 도움이 되고 있느냐는 질문에 52%가 그렇다고 답했고 48%는 중요하지 않다고 답변했다. 특히 20대 젊은 층의 55%가 종교를 갖지 않고 있다고 했다.

"주 1회 교회, 성당, 사찰을 방문하여 의례에 참석하고 있느냐?"는 질문에 대해서는 개신교 80%, 천주교 59%, 불교 6%로 나왔다. 불교는 연례적으로 1-2 회 참석하고 있고, 개신교는 주례적으로 종교행위를 하고 있는 것으로 나타났다. 십일조를 하는 것에 대해서는 개신교 68%, 천주교 36%의 답변과 상이하게 불교에서는 45%가 연 1-2회 시주를 하는 것으로 결과가 나왔다. 통계결과 지난 30년간 흐름을 살펴볼 때 무종교인의 증가, 종교인구의 감소 그리고 가나안 성도(교적만 있고 교회에 출석하지 않는 성도: 필자 주)의 증가를 손꼽을 수 있다. 교회에 희망이 없는 것일까?

미국의 통계도 있다. 2017년 2월 미국 여론조사기관 퓨리서치센타가 지역별로 표본을 뽑아 18세 이상 4천 248명을 대상으로 종교에 대해 느끼는 미국인의 감정보고서를 발표했다. 조사결과 가장 호감이 높은 종교는 유대교, 천주교, 개신교, 복음주의 기독교, 불교 순이었고 기타 힌두교, 몰몬교, 무신론자, 무슬림으로 나왔다. 대부분의 미국인들은 예전보다 종교에 대한 오픈 마인드, 좋은 호감도를 보였다. 테러로 인해서인지는 몰라도 무슬림은 최저로 나타났다.

삶이 비교적 평온할수록 사람들은 나태해지는 경향이 있다. 기독교는 콘스탄티누스 황제의 밀라노 칙령 이후 기독교는 공인 받고 데오도시우스 황제 때 국교가 되었다. 이후 중세를 거쳐 기독교는 점점 타락하고 나약해져 가고 있다. 지금이 그러한 시대인 듯 하다. 물질적으로 풍요하고 최첨단 문화 즉 스마트폰 등 재밌는 오락거리가 사방에 깔려있다. 거추장스런 종교의식과 간섭하는 하나님이 없어도 살아가는 시대가 아닌가? 속으로 병들어 가고 있는 교회와 성도. 더 이상 종교행위(십일조, 봉사, 주일성수 등)로 만족해선 안 된다. 세상의 유행과 풍조를 따르지 말아야 한다. 거룩함을 잃지 않아야 한다.

누구에게나 찾아오는 달콤한 유혹, 적당한 타협, 합리화, 세속주의의 함정 속에 나는 어떠한 살고 있는가?

몰리(Morley) 마을을 찾아서
Finding Morley native land

하나님으로부터 위대한 일을 기대하라,
하나님을 위해 위대한 일을 시도하라. – 윌리엄 캐리

    2016년 헐리우드 영화 〈레버넌트: 죽음에서 돌아온 자〉가 이곳 캘거리에서 가까운 록키마운틴 카나나스키스에서 촬영이 됐다. 이곳 카나나스키스는 헐리우드 영화 200편이 넘게 촬영된 자연이 아름답기로 유명한 장소다. 레오나르드 디카프리오기 주연으로 나오는 이 영화로 아카데미 상 3관왕을, 레오나르도 디카프리오 역시 남우 주연상을 거머쥐었다. 촬영 당시에 이곳 스토니 다코다 마을 원주민들이 다수 엑스트라로 출연했다. 휴 글래스(레오)는 전설의 모피사냥꾼으로 실존인물이었다고 한다. 인간의 생존과 탐욕이 백인과 원주민의 갈등을 통해 묘사된다. 글래스의 네 차례의 상징적 죽음과 부활이 제목(죽음에서 돌아온 자)처럼 나타난다.

    캘거리에서 #1 A 하이웨이를 타고 코크레인을 지나면 고스트 레이크가 나오고 조금만 더 가면 좌측으로 알버타에서 원주민을 위해 설립한 가장 오래된 메모리얼 교회를 볼 수 있다. 지금은 특별한 경우에만 예배를 드린다. 메모리얼 교회는 1873년 이곳에 도착한 맥도갈 목사가 가족과 함께 이곳에 머물며 77년간 목회를 했던 뜻깊은 장소이다. 자세한 내용은 안내판을 통해 알 수 있다. 근처에 맥도갈 목사의 기념탑이 세워져 있다.

    실제로 예배를 드리는 몰리 원주민 교회는 이곳에서 5분만 동쪽으로 운

전해 가면 철길을 건너 우측에 위치해 있다. 과거에 원주민을 위한 목회자들이 있었지만 자주 바뀌고 정부에서 사례비를 받고도 두문불출인 경우가 다반사였다. 캐나다인 목사나 미국인 목사들이 원주민 마을에 들어와 목회를 하기도 한 사례가 있지만 대부분 오래 사역을 못했다. 이유는 백인들에 대한 반목과 땅을 빼앗긴 상처가 크기 때문이다. 원주민들이 백인 목사가 시무하는 교회에 잘 출석하지 않는다. 대체적으로 원주민들의 심성은 착하고 온순하다. 약 5년 전 추운 겨울에 자동차 타이어 펑크로 AMA에 전화를 하고 기다리고 있을 때였다. 지나가던 차가 멈추고, '무슨 문제가 생겼나요? 제가 뭐 도와 줄게 없을까요?' 하는 것이었다. 타이어 교체를 도와주었던 이가 바로 원주민이었다.

이곳 몰리교회는 남부 알버타에서 가장 오래된 교회이기도 하다. 몰리 마을은 캘거리에서 밴프 서쪽으로 45분 정도 떨어져 있다. 캘거리대학교에서 교수로 있던 존 목사님(독일 이민자 출신)이 오랫동안 강단을 지켜왔다. 원주민관련 최고의 교수로 알려진 존목사님이 나이 팔십이 넘어 대학교수직도 작년에 내려놓았고, 몰리교회도 이년 전에 은퇴하였다. 그 연세에 목소리도 여전히 쩌렁쩌렁하고 겸손하신 분이었다.

이제 그 뒤를 이어 황준하 목사가 담임 목사를 맡고 있다. 이미 구년 전부터 황인윤 양은숙 선교사 두 분이 태권도와 악기 강습 등 문화선교를 해오고 있었다. 물론 레슨비는 무료다. 주일 오후 1:30과 수요일 오후 5:30분에 주2회 레슨을 한다. 황 목사는 5월에 미주교단에서 목사 임직을 받고 현재 피아노를 치는 사모님과 예쁜 딸 하영이 그리고 부모님(황인윤 양은숙 선교사) 기타 성가대와 성악을 지도하는 윤현진 선교사님 내외(2017년 원주민 사역을 위해 사쓰캐치완으로 이주), 한의학 면허를 갖고 있는 전권상 목사님과 사모님이 동역을 하고 있다.

몰리 원주민교회는 1921년에 세워졌다. 몰리(Morley) 마을 외에도 이든 밸리(Eden Valley)에도 교회가 세워져 있다. 오랫동안 남아공 선교사로 사역을 하셨던 김문영 목사님이 2년 전부터 이든 밸리 교회에서 예배를 인도해오고 있다. 한국 교단에서 이곳 원주민 선교사로 파송을 받으셨다. 이든 밸리 교회 역시 목회자가 없어 방치되어 왔었다. 참으로 잘 된 일이다. 이곳 스토니 다코다 부족(Stoney- Dakoda)은 크게 세 부족으로 구성이 된다. 즉 치니키(Chiniki), 베어스포(Bearspaw), 웨즐리(Wesley) Nation(or Reserve)로 나뉘고 이곳에 사는 주민은 2012년 기준으로 3075명이다. 매년 조금씩 인구가 늘고 있다. 1877년 조약(Treaty)비준으로 원주민보호구역으로 설정이 되었고 이들은 현재 몰리, 빅혼, 이든 밸리에 모여 살고 있다.

캐나다 원주민은 2006년 인구조사에 의하면 총 1백20여만명으로 전체 인구의 3.8% 이다. 이 중 퍼스트 네이션은 70여만명, 메티스는 40여만명, 이누이트는 5만여명이다. 2000년 통계로는 609개의 종족이 있고 2370개의 원주민보호구역(Reserve)이 있다. 보호구역에 거주하는 82%의 원주민들이 실업자로 정부의 보조금에 의지해 살고 있다. 2주마다 정부에서 보조금을 주지만 거의가 술 담배 마약으로 사용이 되고 궁핍한 삶을 살고 있다.

원주민들은 무료로 집을 배당 받아 살기에 생활비가 많이 들어가지 않는다. 모든 장례식 비용도 리저브에서 다 제공한다. 본인이 진학을 원하면 대학도 정부에서 무상으로 학비를 제공하지만 대학 출신자들 보기 힘들다. 농담으로 원주민들은 셀폰 비용만 내고 나머지는 리저브에서 다 내준다고 한다. 하지만 살인 폭력 성적방종 나태 자살 등으로 삶의 질이 좀처럼 나아지질 않는다. 원주민 마을 즉 리저브에서 사업을 하면 세금 면제 이외에 다른 혜택도 많다. 가장 복지가 잘 되어 있는 나라, 캐나다에 살고 있음에도 불구하고 원주민 그들의 삶에는 늘 그늘이 있다.

이들을 인디언 또는 에스키모족이라 부르는 것을 좋아하지 않는다. 캐나다에서는 보통 원주민 또는 퍼스트 네이션(First Nation or First People)이라 호칭한다. 원주민들은 종교성이 강해 교회에 나오지만 하나님을 믿는 믿음과는 조금 차이가 있다. 원주민들은 전통적인 신심이 있어 드림캐처, 죽은 사람을 기리는 단체 풍습을 정기적으로 갖는다. 이들은 주일 성수 개념이 약해 보통 한 달에 한 번, 일 년에 몇 차례 나오는 것이 다반사다. 헌금도 동전으로 하고, 교회 예배나 행사를 위해 헌신한다거나 봉사하는 개념도 약하고 제직 중직자가 양성이 되지 않는다.

원주민 목회를 한다는 것은 거의 무보수에 가깝다. 정기적으로 사례비를 받지 못하고 사도 바울처럼 자비량 선교를 하는 것이다. 무엇보다 이들의 믿음이 자라는 게 보이지 않는다. 뿌리깊은 상처가 회복되고 성숙한 신앙인으로 도약하길 기다려 주어야 한다. 그러함에도 불구하고 주님의 비전을 따라 원주민들에게 복음을 전하기에 힘쓰는 황준하 목사님을 응원한다. 서 너 명의 캐나다인 부부가 정기적으로 몰리 교회에 참석하며 돕고 있다. 최근에 박준원 목사님도 청년들과 대화를 통해 복음을 전하고 있다. 문화선교에 함께 동참하는 동역자들을 축복한다.

선교는 순교다.

선교는 기다림이다.

선교는 영혼을 사랑하는 마음이 앞서야 한다.

때로는 지치고 배신도 당하고 포기하고 싶을 때도 있다.

오랜기간 참고 또 참아야 한다.

자녀들에게 초점을 맞추고 복음을 전해야 한다.

영적 리더를 키워야 한다.

하나님은 모든 사람이 구원을 받으며 진리를 아는데 이르기를 원하시느니라.

(딤전 2:4)

내가 복음을 전할찌라도 자랑할 것이 없음은 내가 부득불 할 일임이라

만일 복음을 전하지 아니하면 내게 화가 있을 것임이로라.

(고전 9:16)

무엇을 심을 것인가?
What to plant?

가장 높은 곳에 올라가려면, 가장 낮은 곳부터 시작하라.
- 푸블릴리우스 시루스

　미국에서는 각 계층 직업별 신뢰도를 해마다 조사하여 발표를 한다. 재미있는 것은 금융권 관련 직종과 성직자들이 하위권에 속하고 간호원 소방관 경찰관 등 육체적으로 힘든 이른바 사회봉사 관련 직업들이 상위에 속한다는 사실이다. 이는 '정직성'과도 연관되어 있다는 사실이 공개되었다. 이른바 거짓말을 하는 사람들이 주로 금융업 관련 종사자들이었다. 캐나다에서도 2018년 조사결과 소방대원 및 간호사가 존경받는 직업 1,2위에 뽑혔는데 가장 신뢰받지 못하는 직업군은 정치인과 자동차 세일즈맨으로 나타났다.

"사람이 무엇으로 심든지 그대로 거두리라."
　우리 속담에도 '콩 심은 데 콩 나고 팥 심은 데 팥 난다'는 말이 있다. 이는 자연의 법칙이다. 포도나무 씨앗을 심었는데 사과가 열리지 않고 수박 씨앗을 심었는데 참외가 열리지 않는 법이다. 이는 인간관계에도 동일하게 적용이 된다. 이른바 주고받는 '기브앤테이크'의 원리다. 그래서 성경에도 '대접을 받고 싶거든 남에게 먼저 대접하라'는 황금률이 등장한다. 덧붙여 "기브앤기브"(주고 또 주는)가 더 성경적이다.

    필자가 대학시절에 슈퍼에서 아르바이트를 한 적이 있다. 창고 정리도 하고 배달도 나가곤 했다. 그때 함께 일하던 직원이 또 한 명 있었다. 창고에서 일 하다 툭하면 주인의 허락 없이 맥주를 꺼내 마시곤 하던 직원이었다. 어느 날 창고에서 딱 걸렸다. 병이 발견된 것이다. 얼굴 가까이 냄새를 맡아보고 술을 마신 그 직원은 꼼짝없이 경고를 받았다. 필자는 물론 술은 입에 대지도 않았다. 성경의 요셉이 어떠한 인물인가? 견딜 수 없는 상황에서도 불평하지 아니하고 성실하게 주어진 일에 최선을 다했다. 사소한 일에 최선을 다하면 인정 받을 수 있음을 깨달았다.

    2015년 6월에 흥사단에서 진주 창원 청소년을 대상으로 25가지 항목에 대하여 '정직지수' 설문 조사를 했다. 성인이 될수록 정직 지수가 낮아진다는 사실이 밝혀졌다. "돈을 벌기 위해 탈세(불법)를 해도 괜찮다." "10억의 현금이 주어진다면 1년 정도 감옥에 갈 수 있다."는데 56%가 가능하다고 응답했다. 대한민국 청소년들의 생각이 이렇다. 국회 청문회에 가보면 더욱 가관이다. 온갖 비리와 과거 행태들이 다 드러난다. 더욱 심각한 것은 '남도 다했는데 왜 나만 뭐라고 하냐?'는 반응이다. "나 몰라라"로 버틴다.

    우리 몸은 하나님의 거룩한 성전이다. 과거에는 건물 자체를 성전, 예배당, 교회라고 불러왔다. 에클레시아 역시 헬라어로 교회를 의미한다. 음란한 생각, 거짓말 등 더러운 말은 물론 악한 행위를 하지 말아야 성령께서 기뻐하신다. 우리 몸은 성령이 거하시는 전이다. 그러므로 늘 정결하게 내 생각과 입술을 지켜야 한다. "무릇 지킬만한 것보다 더욱 네 마음을 지키라."고 했다.

'술 취하지 말라'고 성경은 말한다. 대신 성령에 취하라고 강조한다. 성령에 취한다는 것은 성령이 거하는 내 몸을 함부로 대하지 않고 존중하는 것이다. 내 몸을 내가 아끼고 존중하듯이, 하나님의 형상으로 지음 받은 모든 형제 자매들 역시 아끼고 존중해야 한다. 성령은 인격적이다. '사람 위에 사람 없고, 사람 밑에 사람 없다'는 말은 성령 안에서 우리 모두 하나의 형제 자매라는 사실이다. 혹 주변에 힘들고 어려운 이들이 있다면 함께 붙들어 주자. 또한 함께 손잡고 가는 것이 아름다운 그리스도인의 삶이다.

'작은 일에 충성을 하는 자'에게 생명의 면류관이 주어진다. 사랑이란 큰 틀 안에서 이미 정직 성실함 존중 책임 이해 관심 배려 돌봄의 인격적인 요소가 들어있다. 성령과 동행한다는 것은 매일매일 나의 자아(세속적인 삶이 포커스가 아닌)를 내려놓고 하나님이 기뻐하는 삶을 살아가는 것이다. 성령과의 인격적인 만남이 없이는 주님을 기쁘시게 할 수 없다.

나의 입술을 통하여 주님만을 찬양하자. 더러운 것은 입 밖에도 내지 말자. 분노 짜증 원망 불평 미움이 내 생각에 들어오는 순간 예수의 이름으로 나의 생각에서 쫓아내자. 즉각적인 기도가 나를 지킨다. 순간순간마다 성령님과 동행한다는 사실을 잊지 말자. 나의 생각과 마음에 감사를 심자. 정직을 심자. 존중의 씨앗을 심자. 기쁨의 씨앗을 심자. 육체의 것은 썩어 사라진다. 기쁨과 행복은 나의 마음과 생각에서 비롯된다. '심은 대로 거둔다'는 영원한 법칙을 잊지 말자.

내가 무엇을 생각하든지, 무엇을 하든지 그것이 현재 나의 삶(인격)을 말해 준다.
나의 몸은 거룩한 성전이다. 쓰레기들은 몽땅 내버리자.
나의 생각과 마음에 무엇으로 채우고 있는가?

사람이 무엇으로 심든지 그대로 거두리라. 자기의 육체를 위하여 심는 자는
육체로부터 썩어질 것을 거두고 성령을 위하여 심는 자는 성령으로부터 영생을 거두리라.

씨앗

월당 서순복

생명이
너로 인해
가능하기에
그저
신비롭구나

세상의
만물이
너 속에 담겨 있기에
참으로
대단하구나

작은 체구
무한하게 숨어있는
풍성함이 있기에
너는 정말
소중하구나

세월의 리듬
터전 잡아
일구어내는
너에게
두 손 모아
흙을 쓸어 올린다

비바람
이겨내고
멋진 결실을 기대하며
정성스럽게
톡 톡
너의 어깨
두드린다.

김영란법 3510
Kim Young-ran law 3510

뇌물로 얻은 충성은 뇌물로 정복된다. - 세네카

뇌물이란 준 사람은 절대 잊지 않고 받은 사람은 쉽게 잊는다. - 공병호

선진국의 척도를 의미하는 3가지 조사가 있다. "부패인식 지수", "민주주의 지수", "언론자유 지수"다. 이중 부패인식 지수는 독일의 비정부기구가, 민주주의 지수는 영국의 이코노미스트에서, 언론자유 지수는 프랑스의 RSF 라는 비정부기구에서 매년 조사를 실시하고 있다.

위 세가지를 기준으로 할 때 과연 한국의 선진국 지수 및 순위는 어떻게 될까 궁금하다. 첫째로 2016년 대한민국의 부패인식지수가 OECD (경제선진국) 34개 국가 중 27위로 밝혀졌다. 전체 167개 국가 중에서는 37위, 미국과 일본은 각각 16위, 18위였고 북한은167위로 공동 꼴찌로 나타났다. 2016년 민주주의지수는 캐나다 18위, 미국 46위, 한국 57위, 일본 59위, 북한은 180개 국가 중 179위 꼴찌에 가깝다. 세 번째로 언론자유지수는 70위다. 무엇보다 2013년 이후 매년 급격히 순위가 떨어지고 있다. 아마도 정부 여당의 대변지가 된 조중동 신문의 역할도 있을 것이다. 이는 최순실 게이트 이전의 조사 결과다. 앞으로 김영란 법 시행으로 달라지길 기대한다.

김영란법 3510은 선물은 3만원 이하, 식사는 5만원 이하, 경조사비는 10만원을 넘어서는 안 된다는 뜻이다. 이를 위반 시, 두 배에서 다섯 배의 과태료를 부과하고 300만원이 넘을 시에는 형사처벌을 받게 된다. 물론 주는 사람이나 받는 사람 양쪽 모두 처벌을 받는다. 대상자는 공무원 공직자에 해당이 되지만 언론종사자나 사립학교 교사도 포함이 되었다. 언론의 부조리 또한 얼마나 심했는지 알 정도다. 사립학교 역시 촌지 등 사회적 반감이 컸기에 커피 한 잔 등 일체 선물이 허용되지 않는다. 학생 성적평가에 영향을 주기 때문이다.

김영란법 입법계기는 2011년 "벤츠 여검사 사건" 때문에 시작되었다. 여검사가 남자 변호사의 일을 봐주는 대가로 엄청난 혜택을 받았다. 벤츠 승용차, 월세 아파트, 명품 시계와 핸드백 등을 받았는데 재판부에서는 이를 "사랑의 정표"라고 판단해 무죄 판결을 내렸다. 이후 대한민국 최초 여성대법관을 지냈고 당시 국민권익위원장으로 있던 김영란씨가 입법 발의 운동을 전개한 결과 "공직자가 대가성과 무관하게 금품을 받더라도 위법"이라는 김영란법을 만들게 되었다.

김영란법 시행이전 설문조사 결과, 온 국민이 부패지수 금품청탁 수수에 대한 반감으로 이번 김영란법 시행에 대한 찬성이 70%로 높게 나왔다. 깨끗한 사회를 만들자는 취지에 모두가 공감하는 분위기다. 일부에서는 내수위축 일시적인 경제적 손실도 우려하지만 장기적으로 그 정도 불편은 감내해야 할 것이다. 통계를 보더라도 청렴과 정직을 택한 나라가 경제적으로 후퇴하는 역사적 결과는 없었기 때문이다. 이제는 대가성이 없더라도 뇌물을 주고 받으면 과태료나 형사처벌을 받게 되었기에 우리 사회가 달라지리라 생각된다. 물론 일반인의 경우는 해당이 되지 않는 얘기다. 그러나 차츰 더치페이(Dutch pay) 즉 자기 먹은 것은 자기가 내는 선진국 스타일로 가게 될 것이다.

그리스도인의 신분으로 김영란법이 내게 해당되는 지와 관계없이 하나님이 원하지 않는 일에는 과감하게 발길을 끊어야 한다. 뒷돈, 뇌물은 뒷탈이 생기기 마련이다. 하나님이 내게 원하는 것은 정직 거룩 깨끗함이다. 그리스도인의 역할은 검은 돈 부패의 연결고리를 끊고 주님이 기뻐하는 삶을 사는 것이다.

김영란법 시대에 국민권익위가 강조한 열가지 내용을 참조해 보자.
1. 1회 100만원, 1년에 300만원 초과 금품을 받으면 무조건 처벌
2. 음식물 3만원, 선물 5만원, 경조사비 10만원을 초과하지 못한다.
3. 학교 선생님에게는 커피 한 잔도 안 된다.
4. 골프 접대도 무조건 안 된다.
5. 헛갈리면 "더치페이" 해라.
6. 부정청탁을 받으면 처음에는 거절하고, 두 번째는 신고하라.
7. 제공자도 처벌되고, 법인도 양벌규정이 적용된다.
8. 부인이 받은 금품도 알게 되면 신고하라.
9. 외부강의를 할 때는 미리 신고하고 기준 금액만 받아라.
10. 부정청탁, 금품수수 신고하면 보호를 받는다.

뇌물과 선물의 차이는? 뇌물을 받으면 부담스럽고 잠이 잘 안 온다.
어떠한 경우에도 뇌물은 주지도 받지도 말자.

너는 뇌물을 받지 말라 뇌물은 밝은 자의 눈을 어둡게 하고
의로운 자의 말을 굽게 하느니라.
(출 23:8)

리더와 보스
Leader and Boss

사람을 돌보라, 그러면 그들이 사업을 돌볼 것이다. - 존 맥스웰

자기 자신은 머리로 다스리고, 다른 이들은 가슴으로 대하라. - 엘리너 루즈벨트

〈소사이어티〉란 리얼리티 프로그램이 있다. 〈더 지니어스〉 제작진이 만든 프로다. 참여자 20여 명을 두팀으로 나누어 15일간 합숙을 하면서 경쟁을 통해 끝까지 남은 자가 상금을 차지하게 된다. 참여자는 대학생, 아나운서, 개그맨, 격투기 선수, 음악인, 래퍼 등 구성원이 다양했다. 한 마을은 한번 리더가 선출되면 바뀌지 않지만 다른 마을은 매일 민주적인 절차를 통해 리더를 선출한다. 각기 장단점이 있다. 좋은 리더라면 장기집권이 오히려 조직에 도움이 되겠지만 우유부단한 리더나 독재자라면 팀에 불화와 갈등이 생기고 전투에서 패배할 수 밖에 없다.

매일마다 감각영역, 힘의 영역, 두뇌영역 등 세 가지의 게임을 통해 보너스도 부여하고 패배한 팀은 반드시 팀원 중 한 명을 내보내야 한다. 즉 게임 아웃이 된다. 생존 경쟁에서는 상대방이 떨어지지 않는다면 바로 내가 아웃이 된다. 어떤 마을이 마지막 승리를 거머 쥐었을까? 결국 팀이 패배하면 리더도 인정받지 못한다. 백성들도 낙심하고 마음이 흩어진

다. 리더는 판단을 잘하고 마지막 날 승리하기 위해 팀원 중 적절한 영역의 달란트를 가진 사람들을 세워주고 함께 올라가야 한다. 리더에 대해 심각하게 고민을 해보는 흥미로운 서바이벌 프로그램이었다.

리더십(leadership)은 리더(leader)와 십(ship)의 합성어로 '배를 인도하는 사람' 즉 '공동체를 이끌어가는 지도자'를 말한다. 리더십은 공동체의 목표 달성을 위해 구성원의 지지와 협조를 얻는 사회적 영향과정을 뜻한다. 지도자에는 여러 유형이 있다. 분류 방법에 따라 덕장, 맹장, 지장이 있고 리피트와 화이트가 주장한 권위형, 자유방임형, 민주형 지도자도 있다. 다니엘 골먼은 그의 저서 "감성의 리더십"에서 여섯 가지 지도자 유형을 말한다. 그가 말하는 가장 유능한 지도자란 한가지 유형을 고집하는 것이 아닌 조직의 운영과정에서 나타나는 다양한 요구들을 상황에 맞게 적절하게 활용하는 리더를 말한다.

여섯 가지 지도자 유형에는 전망제시형, 코치형, 관계중시형, 민주형, 선도형, 지시형이 있다. 전망제시형은 방향은 제시하지만 방법을 제시하지 못하는 단점이 있고 코치형은 개인의 발전에 초점을 맞추지만 지나친 간섭으로 역효과를 가져올 수도 있다. 관계중시형은 팀내 결속력 강화, 사기진작, 의사소통 개선, 신뢰회복에 효과적이고 민주형은 집단합의를 도출하는 장점이 있지만 신속한 의사결정시에는 재앙이 될 수도 있다. 선도형은 높은 성과기준을 요구하기에 사기가 저하될 수도 있고 지시형은 군장성 스타일의 리더십으로 효율이 떨어지는 단점이 있다.

"한 마리의 사자가 지휘하는 일백 마리의 양떼와 한 마리의 양이 지휘하는 일백 마리의 사자 떼 중 누가 승리할까?" 궁금하다. 질문자는 전자 즉 '사자가 지휘하는 양떼가 이긴다'고 보았다. 그만큼 지도자의 능력이 중요함을 천명한 것이다. 지도자가 부족하면 아무리 군사가 많아도 오합지졸이요, 군사가 적어도 리더가 뛰어나면 전투에서 승리가 가능하다. 바로 이순신 장군의 예에서 쉽게 알 수 있다. 배 12척으로 일본의 수백대의 배들을 물리치고 대승을 거두었다. 바로 리더의 역할이 결정적이라는 것이다.

보스는 명령하지만 리더는 요청한다.
보스는 사람을 이용하지만 리더는 사람을 발전시킨다.
보스는 가라고 하지만 리더는 가자고 말한다.
보스는 비난 폭언 함부로 대하지만 리더는 겸손 솔선수범 예의를 갖춘다.
보스는 비인격적이지만 리더는 인정이 많다.
보스는 '내가' 라고 말하지만, 리더는 "우리가"라고 말한다.
보스는 겁을 주지만 리더는 존경을 받는다.
보스는 공을 본인이 취하지만 리더는 공을 부하에게 넘긴다.
보스는 시시콜콜히 간섭하지만 리더는 권한을 위임한다.
보스는 눈앞의 상황만 보지만 리더는 멀리 내다 본다.
보스는 일처리에 초점을 맞추지만 리더는 사람에 초점을 맞춘다.

리더감도 안 되면서 리더를 꿈꾸는 사람이 있고 반대로 리더 자리를 회피하는 사람이 있다. 지도자를 잘못 뽑으면 그 공동체와 조직은 엄청난 피해와 갈등에 젖어 들게 된다. 최순실 게이트가 온통 나라와 사회를 혼란케 하고 갈등과 불신을 가중시켰다. 성경에서 '선한 목자'와 '삯군 목자'가 나온다. 선한 목자는 양을 위해 목숨을 버리며 보호하지만, 삯군 목자는 늑대가 나타나거나 조금만 위험한 상황이 닥쳐도 양들을 버리고 도망친다. 정치꾼들이 나라를 망치고 있다. 각종 이권개입과 정보를 빼내 사익을 챙기고 백성들의 삶의 개선에는 아무런 관심이 없다. 그런 삯꾼 목자를 비호하는 사람들이 더 문제다. 한국이나 캐나다의 직업별 선호도에서 동일하게 정치가가 제일 낮은 편이다.

목회자도 다르지 않다. 며칠 전 지인들과 티타임을 가졌다. 목회자들의 자질에 대한 얘기도 나왔다. 목회자 즉 리더의 자질은 무엇일까? 성실 통찰력 섬김 포용 온유 강인함 카리스마 덕 인내 솔선수범 지혜 힘 … 수없이 많을 것이다. 크리스천 리더의 자격은 무엇일까? 은퇴 후 은퇴연금이나 전별금만 수억씩 챙겨가는 것일까? 교회 헌금과 재산을 자신의 마음대로 좌지우지 하는 것이 적절한가? 진정한 리더는 자신이 언제 물러나야 할지 자신의 진퇴를 잘 안다. 그러나 찌질한 리더는 끝까지 버틴다. 자신의 몫을 몽땅 챙겨간다. 다른 사람이나 조직에게 피해를 준다. 평판이 좋지 않음은 당연하다.

성경에도 리더들이 다수 등장한다. 사사기 시대에 백성들이 "왕을 주소서!" 외치며 왕을 원하고 왕을 세웠지만 결과적으로 실패였다. 완벽한 왕은 아무도 없었다. 백성들의 삶도 여전히 나아지지 않았다. 이른바 소통, 관계, 섬김이 우선시 되는 시대다. 나는 무엇을 중시하고 있는가? '나는 어떤 리더인가?' 스스로 자문해 본다.

노블리스 오블리제
가진 자는 사회적 책임과 의무를 다 할 필요가 있다.
혹 내 밥그릇만 챙기는(이기적인) 삶을 살고 있는가?

리더와 보스는 무엇이 어떻게 다른가?
사람은 떠날 때 남은 자리가 아름다워야 한다.

현대는 소통, 관계, 섬김의 리더를 필요로 한다.
나는 어떤 리더인가?

아무 일에든지 다툼이나 허영으로 하지 말고 오직 겸손한 마음으로 각각 자기보다 남을 낫게 여기고 각각 자기 일을 돌볼뿐더러 또한 각각 다른 사람들의 일을 돌보아 나의 기쁨을 충만하게 하라. (빌 2:3-4)

마틴 루터 킹 목사와 말콤 엑스
Pastor Martin Luther J. King and Malcolm X

당신이 내게 세상에서 가장 중요한 것이 뭐냐고 물으면,
나는 바로 사람, 사람, 사람이라고 말할 것이다. - 뉴질랜드 마오리인의 속담(와카타우키)

마틴 루터 킹 주니어는 증조부 때부터 침례교 목사 집안이었다. 그는 침례교 목사로 인권운동가이자 흑인해방 운동가였다. 그는 보스톤대학에서 철학박사 학위를 받은 뒤 앨라베마 주 몽고메리교회에 부임했다. 1955년 몽고메리 시에서 버스에 백인과 흑인이 좌석에 같이 앉지 못하게 하는 좌석차별 사건이 일어나자, 버스 보이콧 운동을 비폭력 평화시위로 이끌어 승리를 거두었다. 이후 흑인 인권 운동에 전면적으로 나서게 되었다. 1964년 노벨 평화상을 받은 그는 멜콤 엑스의 폭력주의 노선에 반대하고 비폭력 운동을 주도하다가 1968년 살해당했다. 그의 "나에게는 꿈이 있어요.(I have a dream)" 연설은 케네디 대통령의 취임연설, 링컨 대통령의 게티스버그 연설과 함께 3대 명연설로 꼽힌다.

맬컴 엑스는 흑인인권운동가이다. 동시대의 살았던 마틴 루터 킹 주니어의 비폭력을 비난하고 폭력을 정당화 했다. 그는 '아프리카 흑인이 인류의 적자'라고 주장하면서 '백인들을 악마'라고 비난했다. 동시에 흑인우월주의에 그치지 않고 흑인분리주의 즉 흑인만의 나라를 세우자는 주장하기

도 했다. 그의 아버지는 살해당했고 어머니는 정신병원을 전전하자 그의 삶은 서바이벌이었다. 그가 〈네이션 오브 이슬람〉에 가입한 뒤 세력을 확장하고 대변인(2인자)가 되었다. 케네디 대통령의 암살을 정당화하고 "이는 즐거운 일이다."라고 발표했다가 반대 파에 의해 〈네이션 오브 이슬람〉단체를 탈퇴하게 된다. 이후 수니파 이슬람에 귀의했다. 후에 생각이 바뀌게 된다. 〈아프로아메리카〉라는 새로운 흑인들을 위한 통합기구를 만들고 활동하다가 나이 40에 살해를 당했다.

다음은 각기 마틴 루터 킹과 말콤 엑스의 연설문 중 하나다.

"인간의 영혼을 갉아먹는 빈민가, 인간의 영혼을 억압하는 경제적인 조건, 인간의 영혼을 짓누르는 사회적인 조건에는 무관심한 채 인간의 영적인 구원에만 관심을 갖는 종교는 사멸하게 된다." (마틴 루터 킹)

"여러분에게 자유를 줄 수 있는 사람은 아무도 없습니다. 여러분에게 평등과 정의, 그 외 어떤 것도 줄 수 있는 사람은 아무도 없습니다. 여러분이 인간이라면, 스스로 쟁취해야 합니다." (말콤 엑스)

작년에 개봉된 영화 〈남한산성〉는 김훈의 3부작 소설을 배경으로 담았다. 주화파인 최명길과 척화파(주전파)인 김상헌이 대표적인 인물이다. 청나라가 침략하자 인조는 남한산성으로 급히 피신하고 신하들은 싸운다. '나라의 존망 속에 정체성을 잃지 않고 버티자'는 김상헌과 '나라의 존속을 위해 화친하자'고 하는 최명길, 두 사람의 대립과 갈등 속에 임금은 우유부단하고 백성은 오합지졸이었다. 두 사람의 생각은 달랐지만 나중에 선양 감옥에서 만난 두 사람은 서로의 진심을 확인하고 화해한다. 풍전등화 속에 몰린 나라를 구하기 위한 두 사람의 생각은 같았던 것이다. 방법만 달랐을 뿐.

흑인인권 개선이 목표였고, 나이 40이 되기 전 암살 당한 것이 두 사람의 공통점이라면 나머지는 달랐다. 성장배경이나 종교, 성격 등 많이 달랐다. 마틴 루터 킹 주니어는 비교적 부유한 가정에서 자랐고 증조부 때부터 목회자 집안이다 보니 그의 사상적 배경에는 기독교적 가치와 마인드가 크게 자리 잡았다. 이후 간디의 비폭력 운동과 예수 그리스도의 비폭력 운동이 그의 삶에도 영향을 주었다.

　이에 반해 말콤 엑스는 이슬람 신도에다 백인의 피가 많이 섞였는데 그는 그것조차도 증오했다. 아버지의 살해에 어머니의 정신병원으로 평탄하지 않은 성장 배경을 통해 증오심과 폭력성이 그의 삶에 영향을 미쳤다. 절도를 많이 했고 결국 교도소에 구금이 된다. 교도소에서 책을 많이 읽으면서 흑인인권 운동에 관심을 갖게 된다. 킹 목사의 비폭력 저항 운동을 비난하고 흑인들만의 천국, 흑인분리에 더 비중을 두었다. 흑인의 인권 개선을 위해서라면 폭력도 불사했다. 그래서 당시 흑인들은 마틴 루터 킹 주니어의 평화적이지만 시간이 많이 걸리는 운동보다 말콤 엑스처럼 무언가 당장 해결책을 줄 것 같은 폭력적인 운동에 더 지지를 보내게 된다. 동시대를 살았지만 단 한 번 만났을 뿐 생각도 노선도 달랐다. 그러나 흑인인권 운동에 있어 미친 두 사람의 영향력은 막대했다.

　영화는 대리만족이다. 현실과 동떨어지지도 않으면서 평범한 사람들이 감히 할 수 없는 일들을 영화라는 시스템에서 가능하다. 영화는 의적 홍길동이나 스파이더 맨 같은 인물을 만들어 악인이나 복수로 매조지하고, 사람들은 열광한다. 대리만족의 희열을 느끼는 것이다. 마틴 루터 킹에 비해 말콤 엑스는 덜 알려졌다. 후대의 평가에서 마틴 루터 킹은 여자문제로, 말콤 엑스는 지나친 폭력성이 그들의 발목을 잡고 있다. 두 사람은 여러 면에서 달랐지만 흑인의 인권 개선을 위한 생각은 같았다. 병자호란을 겪은 최명길과 김상헌 역시 시대가 낳은 충신이었다. 그들은 서로 화해하고 존중했다.

   사람은 똑 같은 삶을 살 수가 없다. 각자의 방법대로 살아가는 것이다. '나의 생각은 옳고 다른 사람은 틀린 것처럼 생각하는 것'은 오만이다. 공동체에서 지나친 경쟁심으로 동료를 견제하거나 비방하는 것은 옳지 못하다. 마음을 열자. 좁은 생각과 고집이 나를 옥죄고 편협한 사람으로 만들어 버린다. 인정할 것은 인정하자. 내가 미처 보지 못한 모습을 상대방은 볼 수도 있다. 먼저 손 내밀고 배려해 주는 사람이 큰 사람이다. 어떤 경우에도 폭력은 피해야 한다.

결국 폭력보다 비폭력이 지지를 받는다.
한경직 목사는 당회에서 반대하는 의견이 있으면, 다수결로 처리하지 않고 다음 회기로 안건을 넘겼다. "더 기도해 보십시다." 하면서.

큰 나무일수록 가지가 많이 흔들리지만, 그늘도 넓은 법이다.
먼저 손 내밀고 존중해 주는 사람이 큰 사람이다.

사랑은 오래 참고 사랑은 온유하며 시기하지 아니하며
사랑은 자랑하지 아니하며 교만하지 아니하며
무례히 행치 아니하며 자기의 유익을 구하지 아니하며
성내지 아니하며 악한 것을 생각하지 아니하며
불의를 기뻐하지 아니하며 진리와 함께 기뻐하고
모든 것을 참으며 모든 것을 믿으며 모든 것을 바라며
모든 것을 견디느니라. (고전 13:4-7)

세션 2 책(Book)

묵상하는 그리스도인
A meditating Christian

추천사

캐나다 록키에서 하나님을 뜨겁게 사랑하고 문화사역을 통해 복음을 전하시는 이진종 목사님의 사역을 응원합니다. 이 책을 읽고 제가 깊은 울림을 받았던 것처럼 많은 사람들이 세상에 동화되지 않고 세상에 선한 영향력을 미치는 복된 삶을 기대해 봅니다. 다시 한번 축하합니다.

김미정 선교사
우크라이나(신학교 동기)

제가 아는 이진종 목사님은 주님을 사랑하고 책을 사랑하고 가족과 인생을 사랑하는 분입니다 제가 옆에서 봐 오면서 그 사랑이 한결같다는 것을 알게 되었습니다 그래서 이 목사님의 책에는 그런 사랑들이 묻어 있습니다 내용이 알차고 풍성합니다 또한 생각할 거리를 많이 제공해 줍니다.

이번에 또 한 권의 책을 출판하시게 됨을 진심으로 축하드리고 축복합니다 바쁜 이민의 생활 속에서 여러 가지 사역 속에서도 늘 성실하고 열정적으로 살아가시는 목사님의 사역의 또 하나의 열매라고 믿습니다 부디 읽으시는 분들에게 좋은 마음의 양식이 되고 영혼의 양식이 되었으면 합니다.

조영석 목사
캘거리교역자연합회 회장 / 늘푸른교회 목사

독서의 이유?
Reading reason

책은 가장 조용하고 변함없는 벗이다.
책은 가장 쉽게 다가갈 수 있고, 가장 현명한 상담자이자, 가장 인내심있는 교사이다.
- 찰스 W. 엘리엇(전 하버드대학 총장)

 나의 독서량은 얼마나는 되는가? 우리 국민들은 그다지 책을 많이 읽지 않는 것으로 조사결과 나타났다. 하루 평균 6분, 연평균 아홉 권. 선진국의 지표인 OECD 국가 평균에도 미치지 못한다. 연간독서량은 1년에 1권 이상 읽은 사람을 토대로 선진국 평균 76%인데, 대한민국은 74%에 머물고 있다. 문체부는 22일 '2015년 국민 독서실태 조사' 결과를 발표했다. 이번 조사는 전국의 19세 이상 성인 남녀 5000명과 초·중·고등학생 3000명을 대상으로 실시됐다. 책을 읽지 못하는 이유 1위는 삶이 바빠서, 2위는 책이 싫어서, 습관이 안 붙어 있어서, 3위는 책을 읽을만한 마음의 여유가 없어서였다. 무엇이든지 하기 나름이다. 다른 것에 마음을 빼앗겨 버리니 책 읽기가 점점 귀찮아지는 것일까?
 어릴적 '취미가 무엇이냐?' 물어보면 그냥 '독서'라고 답한 적도 있다. 초등학교를 졸업하면서 계림문고 전집을 용돈을 모아 구입했다. 그때부터 본격적으로 책을 가까이한 계기가 되었다. 당시에 도서관은 가까이 있지도 않았고 정보 얻기가 쉽지 않았다. 근처에 있는 이모님 댁을 방문하면서 문학전집과 삼국지 등을 접할 수 있었던 것도 행운이었다. 고등학교에 입학하면서 안병욱씨의 〈빛과 생명의 안식처〉를 접하면서 수필의 세계에 눈을 떴다. 이후 키에르케고르의 〈죽음에 이르는 병〉 등을 읽으면서 철학에 눈을 뜨기도 했다. 그때부터 책이 좋았다. 닥치는 대로 책을 구해 읽었던 기억이 난다.

왜 책을 읽는가? 성공한 수많은 리더들이 책을 가까이 하고 독서량이 남달랐다. 책은 간접경험을 가능하게 해준다. 사람으로 태어나 모든 것을 경험하고 모든 곳을 가 볼 수는 없지만 책은 이러한 한계를 극복하게 해준다. 책은 무한한 상상력의 세계를 일깨워 준다. 책을 읽다 보면 미지의 세계에 가보고 싶은 마음이 생긴다. 〈허클베리핀의 모험〉, 〈걸리버 여행기〉 등을 읽으며 어린 시절부터 꿈을 키워왔다. 독서1위 국가는 스웨덴이다. 어릴 적부터 보모들이 스토리 텔러가 되어 책을 가까이 하게 해주고 전철역 가까운 곳에 도서관이 구비되어 쉽게 책을 읽을 수 있게 사회적 시스템이 구비되어 있다. 더불어 북클럽이나 각종 책모임이 활성화되어 온 국민의 관심이 높은 편이다.

사실 혼자 책을 읽기란 쉽지 않다. 그러므로 가까운 친구 또는 지역에 북클럽 모임이 있는지 알아보고 함께 동참해 보는 것도 지속적으로 독서량을 키울 수 있는 방법이다. 최근 캘거리에도 북클럽이 여러 개 생겨 반갑게 생각한다. 사실 현대인의 삶은 모두가 바쁘다. 먹고 살기 바쁘다 보니 한 달에 책 한 권 읽기도 부담스럽다. 가벼운 스테디 셀러도 좋고, 수필집, 시, 소설 등 베스트 셀러도 좋고 독서욕구가 왕성해 진 다음에는 깊고 무거운 책을 선택하는 것도 도움이 된다. 책을 늘 가까이 하려는 노력이 중요하다

다. 출퇴근 하면서 책 한 권 지니고 짬을 내어 읽다보면 일주일에 책 한 권 정도는 독파가 가능하다. 일단 시도해 보자.

책 모임에 갈 수 없는 형편이라면, 가까운 커피샵이나 도서관도 잘 활용하면 괜찮다. 조용한 곳에서 커피 한 잔 들고 독서 삼매경에 빠져보자. 한국의 시립도서관 상황은 잘 모르겠지만 캘거리 도서관은 무료로 책도 읽고 빌려보고 인터넷도 가능하다. 필자는 늘 책 한 두 권은 몸에 지니고 다닌다. 자투리 시간을 이용하여 책을 읽곤 한다. 아내와 쇼핑을 갈 때도 책은 필수다. 샤핑하는 동안 근처 커피샵에서 책을 읽는다. 책을 읽을 수 있는 자체가 행복하다. 작가들만의 세계가 있다. 그 세계에 들어가 내가 알지 못하는 것들을 접할 때 그 새로움과 지적 욕구를 충족하게 해주기 때문에 좋다.

차와 책은 불가분의 관계다. 필자는 글을 쓰면서 차를 마시는 편이다. 예전에 커피를 많이 마셨지만 요즘은 옥수수 차로 대체를 했다. 커피는 밖에서만 마신다. 커피 애호가이다. 커피 한 잔에 시상이 떠오르고 차 한 잔에 글이 쓰여진다. 집에서는 지하에 서재가 있어 좋다. 차 한 잔과 함께 책을 읽다 보면 또 다른 세계에 접어든다. 예전에 부에노스아이레스에 들렀을 때 지인이 근사한 카페를 몇 곳 소개해 주었다. 예전에 오페라 하우스를 서점 및 카페로 리노베이션한 곳이었다. 책의 규모보다 분위기가 정말 좋았다. 무대를 카페로 꾸며 마치 주인공이 된듯한 기분을 느낄 수 있다. 나중에서야 그곳이 세계적으로 손꼽히는 카페였음을 알았다.

때로는 가족과 함께 도서관 외에도 챕터스나 인디고를 방문해 책을 둘러본다. 차 한 잔 마시는 것도 좋지만 시사, 흐름 등 요즘 트렌디를 알 수 있는 각종 전문 잡지를 공짜로 볼 수 있기 때문이다. 주말이면 CCM을 들으며 차 한 잔을 마실 때가 행복하다. 요즘은 외부활동을 가능하면 자제하고 내면의 세계에 귀 기울이려 한다.

독서는 나의 정신세계를 살찌우게 해준다. 단순한 정보추구 및 지식충족에 그치지 않는다. 독서라는 간접경험을 통해 전세계의 모든 것을 다 접하고 체험할 수 있는 장점과 유익이 있다. 물론 미디어나 스마트 폰을 통해 접할 수 있는 최첨단 세계도 있지만 아직은 종이 책을 읽으며 가끔은 책 갈피도 꽂아 놓기도 하고 책장을 넘기는 맛을 더 즐기고 싶다. 그래서 전자책은 아직도 읽어본 적이 없다. 페이퍼(종이) 책을 훨씬 선호한다. 책을 읽으며 때로는 빈 공간에 나만의 느낌을 적으며, 줄을 치는 기분도 만끽한다.

요즘 책을 선물하는 것이 점점 매력이 떨어지고는 있지만 필자에게는 최고의 선물이다. 한국에서 문화상품권도 나쁘지 않다. 독서를 많이 하는 사람은 대화의 폭과 깊이도 넓어진다. 사람들과 모임에서 얘깃거리 즉 소재도 풍부해지고 관계성도 깊어진다. 책을 읽는 사람은 이미 내공이 있는 사람이다. 책을 읽는 사람의 모습은 아름답다. 바쁘다는 핑계는 그만 하자. 독서가 주는 내면의 기쁨을 날마다 누려보자.

아침마다 또는 정해진 시간마다 주님과 묵상의 시간을 갖자. 다니엘을 비롯한 기독교 지도자들은 한결같이 기도하고 묵상하는 사람이었다. 링컨도 전쟁 중에 책과 기도를 게을리 하지 않았다. 묵상은 나의 영을 살찌운다. 묵상은 나의 삶의 깊이를 더해준다. 성경에서 하나님의 지혜를 얻는다. 하나님의 말씀은 나를 죄의 길에서 돌아서게 해준다. '육체의 연습은 약간의 유익이 있으나' 경건의 연습은 영적인 부요와 풍성함을 더해준다. '풀은 마르고 꽃은 시드나 하나님의 말씀은 영원하다'고 했다. 묵상하는 그리스도인은 '성공' 자체가 아닌 '성숙함'을 추구한다. 묵상하는 사람은 늘 하나님과 가까이 있다.

책을 읽는 사람은 아름답다.
책은 소통과 관계를 매끄럽게 해준다.
묵상은 나의 내면세계를 풍성하게 해준다.
하나님의 말씀은 영원한 생명과 지혜를 더하여 준다.

복있는 사람은 악인들의 꾀를 좇지 아니하고 죄인에 길에 서지 아니하며 오만한 자의 자리에 앉지 아니하고 오직 여호와의 즐거워하여 그 율법을 주야로 묵상하는 자로다. (시 1:1-2)
여호와의 율법은 완전하여 영혼을 소성시키며 여호와의 증거는 확실하여 우둔한 자를 지혜롭게 하며 여호와의 교훈은 정직하여 마음을 기쁘게 하고 여호와의 계명은 순결하여 눈을 밝게 하시도다. (시 19:7-8)

미움받을 용기
<Braveness to be hated> by Adler

용기를 잃는 것은 전부를 잃은 것이다. - 윈스턴 처칠
돈을 잃는 것은 가벼운 손실, 명예를 잃는 것은 중대한 손실,
용기를 잃는 것은 보상 받을 수 없는 손실이다.- 괴테

프로이트, 융과 함께 세계3대 심리학자로 알려진 알프레드 아들러. 그와 관련된 저서에 〈미움받을 용기〉란 책이 있다. 다음과 같이 유태인에게 전해 내려오는 말이 있다. "어떤 공동체든지 열 명의 사람이 있다. 그 중 한 명은 날 좋아하고 두 명은 날 싫어하고 나머지 일곱 명은 이도저도 아닌 중간노선이다." 문제는 날 좋아하는 사람에 포커스를 맞추어야 한다. 날 싫어하는 사람은 어디에나 있게 마련이다. 날 싫어하거나 미워하는 한 두명 때문에 나의 에너지를 낭비하지 말자.

오래 전에 〈날 미워하는 사람 사랑하기〉란 책을 읽은 적이 있다. 지구촌 어느 곳에 살든지 다른 사람이 모두 날 좋아할 수 없다. 모든 사람에게 인정받는 것은 불가능한 일이다. 똥이 무서워서 피하는 것이 아니라 더러워서 피한다는 말이 있다. 최소한 부딪히지 않는 게 상책일 수도 있다. 그러나 '할수 있다면 화평하라'는 성경 말씀을 기억하자. 사실 나만 상처받는 게 아니라 나도 모르는 사이에 남에게 상처를 준다. 내가 인지하지 못할 뿐이다.

태어날때부터 성격이 소극적이거나 예민한 사람이 있다. 다혈질이나 긍정적인 사고의 소유자는 상처를 덜 받고 이만저만 일에도 쉽게 넘어간다. 그러나 어릴적부터 트라우마가 있거나 자존감이 낮은 사람은 사소한 일에도 그냥 못 넘어간다. 누군가에게 나도 괜찮은 사람으로 인정받고 싶은데 두려워하는 마음이 앞서 사람들 앞에 나서지 못한다. 누군가 나에 대해 험담이나 좋지 않은 소리를 들으면 잠을 이루지 못한다. 성격과 기질에 따라 반응이 달라질 수 있음을 인정해야 한다. 인간관계에서도 어려움을 겪는 사람일수록 미움받을 용기를 가져야 한다.

선택이 좌우한다. 내가 어떻게 반응하는냐에 따라 행복과 불행이 결정된다. 단 한 사람 때문에 넘 힘들어 하지 말자. 내가 피하면 된다. 그러나 무인도로 간다고 삶이 행복해지지는 않는다. 때로는 피할수 없는 상황도 있다. 그 한 사람 때문에 받아야만 하는 압박감과 스트레스는 아무도 알지 못한다. 당사자만이 안다. 매일같이 마주쳐야 하는 같은 직장, 교회 성도라면 얘기가 달라진다. 통계에 의하면 업무 때문에 힘든 게 아니라 대인관계 때문에 사직을 하는 경우가 대다수였다.

과부가 된 룻은 시어머니 나오미를 선택했고 결국 미운 오리 새끼에서 아름다운 백조로 다시 태어난다. 미남 청년 요셉은 자기를 유혹하는 보디발 시위대장의 아내를 상대하지 않고 피했다. '악은 모든 모양이라도 버리라'는 하나님의 말씀을 끝까지 지켰다. 사무엘은 사울 왕이 살아있음에도 불구하고 다윗에게 기름을 부었다. 죽을 각오를 했다. 미움받을 용기를 갖고 있었다. 다윗도 자신을 죽이려던 사울 왕을 여러차례 죽일 기회가 찾아왔지만 하나님의 기름부음을 받은 종이라 자신이 처리하지 않았다. 하나님께 맡겼다. 자신이 굳이 나서지 않더라도 하나님께서 치실 것을 알았다. 실제 사울은 전쟁에서 죽었다. 미움받을 용기를 갖고 참고 또 참았던 요셉과 다윗은 하나님과 사람 앞에 인정을 받게 된다. 최고의 자리에 오르게 된다.

어느 공동체에 가던지 날 예뻐해 주는 사람이 있다. 날 미워하는 사람보다 날 좋아하는사람이 훨씬 많다. 날 지독히 싫어하는 사람 때문에 피곤한 인생 살 필요 없다. 날 좋아하는 사람에게 초점을 두고 나만의 인생을 살자. 그것이 회복이다. 인생은 짧다. 양은순 교수의 말처럼, 살며 사랑하기에도 바쁜 세상이다. 신앙의 힘으로 안 된다면 어쩔수 없다. 사람마다 상황이나 성격과 기질이 다르기 때문이다. 어쩔수 없이 심적 부담이 깊어질 경우, 당분간 만나지 않는 것도 하나의 방법이다.

다시 말하자면, 행복은 내가 선택하는 것이다. 쓸데없는 일에 나서지 말자. 스트레스만 받게 된다. 인생을 낭비하지 말자. 좋은 것만 보고 듣고 선택하자. 내가 싫어하는 프로는 채널을 바꾸면 된다. 내가 좋아하는 채널을 선택하면 된다. 세속적인(즉 나의 에너지를 낭비케 하는 것) 것은 가능한 피하고 좋은 것을 선별하자. 내 마음을 흔들거나 낙심케 하는 사람을 피하자. 더러운 내용의 책 음악 영화 드라마를 가능한 보지 말아야 한다.

그래서 분별력이 중요하다. 좋은 것과 나쁜 것을 구별하고 우선순위를 선택하는 것이 영적인 분별이다. 그러므로 행복은 우선순위, 선택, 분별력에 있다. 성숙한 그리스도인은 좋은 것을 분별할줄 안다. 헛된 것에 마음을 빼앗기지 않는다. 행복도 다르지 않다. 스펙이 물질이 행복을 보장해 주지 못한다. 범사에 헤아려 좋은 것을 취하자.

흔히 우스개 소리로 석 박사보다 높은 게 밥사라고 한다. 힘든 세상에 미움받을 용기를 갖고 내가 먼저 밥을 사자. 밥사보다 높은 것은 감사고 감사보다 높은 것은 봉사라고 한다. 밥사, 감사, 봉사로 하나님의 말씀 안에서 이웃을 섬기며 피스메이커로 행복한 삶을 맛보도록 하자. 나를 싫어하거나 미워하는 사람이 혹 있을지라도 생각을 돌리자. 주님께 모든 것을 맡기자. 내가 하나님의 자리에 서서 판단하고 심판하려는 마음을 내려놓자. 요셉처럼 과거를 잊자. 더불어 나의 불행한 처지를 비관하거나 자학하지 말고 모든 무거운 짐을 주님 앞에 내려 놓자. 행복은 내 스스로 선택하는 것이다.

곰스크로 가는 기차
<Train to Gomsk> by Fritz Ohrtmann

세상 모든 일은 여러분이 무엇을 생각하느냐에 따라 일어납니다. - 오프라 윈프리
어릴 적 나에겐 정말 많은 꿈이 있었고,
그 꿈의 대부분은 많은 책을 읽을 기회가 많았기에 가능했다고 생각한다. - 빌 게이츠

프리츠 오르트만의《곰스크로 가는 기차》라는 책에 나오는 주인공은 모은 돈으로 꿈에 그리던 곰스크로 가는 열차표를 끊는다.

곰스크는 꿈의 도시, 파라다이스, 무릉도원이다. 누구나가 가고 싶고, 살고 싶어하는 이상향이다. 곰스크는 존재하지 않는 도시일지도 모른다. 그럼에도 불구하고 주인공은 어릴 적 아빠에게 들었던 곰스크로 가기로 결심을 한다. 아내와 결혼을 하자마자 전 재산을 투자하여 곰스크로 가는 열차 행 티켓을 구입한다.

누구나 행복의 파랑새를 찾아 헤맨다. 그런데 행복은 아무 곳에도 없음을 뒤늦게 알고 포기한다. 정작 포기하고 집에 돌아와서야 눈이 열린다. 정작 행복은 가까이 있었다는 것을 말이다. 사람은 누구나 성공이라는 '욕망의 전차'를 타기 원한다. 어떠한 대가라도 희생을 해서라도 가기를 원한다. 2015년 흥사단에서 <청소년정직지수 조사결과>를 발표했다. 고등학생을

대상으로 한 설문 조사에서 이런 질문 항목이 있었다. '혹시 일 년간 감옥에 갈 경우, 십 억을 얻게 된다는 전제하에 당신은 어떤 선택을 하겠는가?'라는 질문이었다. 그때 무려 56% 이상의 청소년이 찬성표를 던졌다. 돈이 뭐길래. 아~

소설에서 곰스크로 가는 열차를 탄 주인공은 잠시 간이역에 내린다. 몬트하임 역이다. 간이역에서 밥을 먹고 시간이 남아, 아내는 산등성이로 올라가 마을을 감상하자고 한다. '혹 열차를 놓칠까 봐.' 주인공은 마음이 급하다. 여유부리던 아내 덕분에 결국에 열차를 놓치고 만다. 언제 도착할지 모르는 곰스크행 열차를 타기 위해 잠시 마을에 머물게 된다. 알고보니 곰스크행 열차 티켓은 유효기간이 지나서 타지를 못한다. 우여곡절 끝에 허드렛 일을 하여 다시 곰스크행 열차 티켓을 산다. 그러나 아내는 어기작 어기작 또 늦장을 부린다. 안락의자를 꼭 가져가야 한다고 실랑이를 부리다 또다시 곰스크행 열차를 타는데 실패한다. 그때서야 아내가 임신한 것을 알게 된다.

어쩔 수 없이 주인공은 마을에 머물면서 아이들을 가르치는 선생이 된다. 물론 언젠가는 곰스크로 가겠다는 생각을 버리지 않는다. 시간이 지나 그는 사랑하는 아내와 예쁜 딸 둘과 아름다운 정원이 딸린 집을 얻는다. 우연찮게 실수로 그 마을에 정착하게 되었지만 그게 바로 자신이 원하는 삶이었음을 뒤늦게 깨닫는다.

오늘도 많은 사람들이 착각하며 살아간다. 현재의 삶은 결코 자신이 원하는 삶이 아니었다고. 누군가를 탓하고 어떤 상황을 원망하기도 한다. 누군가는 곰스크로 가기 위해 꿈을 꾸고, 누군가는 정착하기 꿈을 꾼다. 어디론가 떠나가는 사람이 용기가 있는 것일까? 정착하지 못하는 사람은 겁쟁이고 실패한 인생일까? 많은 여운을 주는 작품이다. 남자는 자꾸 떠나려 하고, 여자는 어찌하든지 정착하려 든다. 떠나려는 사람과 정착하려는 사람 모두 각자의 선택이고 각자의 삶에 만족하면 그뿐이다. 사실 주인공과 아내에게서 한 사람의 내면적 갈등을 작가는 그리고 있다.

나의 삶은 지금 행복한가? 불행하다고 생각하는 사람은 아직도 곰스크로 가는 열차를 꿈꾸고 있다. 남의 것이 커 보이는 법이다. 비교하는 사람은 늘 불행하다. 상대적인 박탈감, 우울함에서 평생 헤어나지 못한다. 행복한 사람은 현재 자신의 삶에 만족하는 것이 아닐까? 나이가 어릴수록 에고이스트다. 즉 자기만을 생각하고 자기 위주다. 가족과 이웃을 돌아보고 배려해야 한다. 예수님도 가족을 돌아보라고 했다. 그것이 인간의 도리다. '나의 꿈이 좋다고 다른 사람의 꿈을 무시하거나 짓밟지 않고 있는지?' 내 삶이 중요하면 다른 사람의 삶 역시 중요하다는 것을 알아야 한다.

인생은 선택의 연속이다. 그 선택마다 물론 내가 책임을 져야 함은 당연지사. 누구 때문에 나는 잘못된 인생을 살아왔다고 한탄해 봤자다. 과거의 벌어진 일 때문에 현재의 억척스런 인생을 살고 있다고 원망하고 후회해 봤자다. 달라질 것은 하나 없다. 나이 들면 대접받고 싶어 하고, 옛날 생각이 많이 나는 법이다. 나이가 들수록 입은 닫고, 돈주머니는 풀라고 했다. 아름답게 늙어가야 존경을 받는다.

삼손은 수많은 블레셋 사람들을 죽였다. 여자 때문에 망한 삼손이었지만 하나님은 그를 20년 동안 이스라엘 지도자로 삼았다. 야곱은 삼손보다 더하다. 어릴때부터 꾀가 많아 남의 것을 탐내다 평생 도망자로 살게 된다. 편애하는 부모 덕분일까? 첫째 부인 리아보다 레베카를 더 사랑하고 후처 소생인 요셉을 더 예뻐하다가 험난한 삶을 살게 된다..

삼손에게는 블레셋이 '곰스크'였을까? 야곱에게는 '곰스크'가 밧단 하람이었나? 애굽이었나? 어찌 저런 사람을 이스라엘의 지도자로 삼았을까? 이해가 가지 않는다. 요나는 또 어떻고. 애국심이 강해 보이지만 뒤틀린 자긍심과 교만, 고정관념으로 가득차 있다. 나르시시즘의 원조다. 모두 제멋대로 살아간다. 무언가 하나같이 부족하고 허물이 많아 보이는 사람들이다. 지도자로서 부적격자로 보인다. 그럼에도 하나님은 그들을 사용하셨다. 도대체 무엇 때문에?

아니, 나 자신을 돌아보자. 나는 얼마나 미련퉁이고 결점투성이인가? 그런 나를 품어주시고 사용하시는 것만 봐도 하나님의 은혜임을 고백하게 된다. 현재 내 가정이, 내 교회가 '곰스크'로 향하고 가고 있는가? 곰스크가 천국일까? 몬트하임이 천국일까? 아무도 모른다. 주님이 머물라고 하면 머물고 떠나라 하면 떠나자. 주님에게 묻자.

〈주님 말씀하시면〉, 복음성가 가사를 불러본다.

주님 말씀하시면 내가 나아가리다
주님 뜻이 아니면 내가 멈춰서리다

나의 가고 서는것 주님 뜻에 있으니
오, 주님 나를 이끄소서

뜻하신 그곳에 나 있기 원합니다.
이끄시는 대로 순종하면 살리니
연약한 내영혼 통하여 일하소서
주님나라와 그뜻을 위하여
오, 주님 나를 이끄소서

고집, 갈등, 선택, 방향, 후회…
떠날 것인가? 정착할 것인가? 매일매일 순간순간 갈등이다.
하나님의 말씀을 듣고 믿음으로 순종한 아브라함과 같이
주님의 음성에 먼저 귀 기울이자.

여호와께서 자기를 위하여 경건한 자를 택하신 줄 너희가 알지어다
내가 부를 때에 여호와께서 들으시리로다. (시 4:3)

자네 정말 그 길을 가려나?
Do you really go to that way?

많은 사람들이 주님을 위해 큰일에는 헌신하려 하지만, 작은 일에 헌신하려는 이들은 거의 없다. – D. L. 무디

미국에서는 해마다 가장 신뢰받는 직업을 조사해 발표한다. 흥미로운 것은 가장 스트레스 받는 직업 군에 신뢰받는 직업 대부분이 포함이 되어 있다. 소방관, 의사, 경찰, 간호원 순이다. 개인적으로 성직자가 어떤 순위에 있는지 궁금해서 알아보았다. 미국에서 8위(2016년 기준), 캐나다에선 19위(2018년 기준), 한국에선 2016년 기준으로 34위(목사), 24위(신부), 스님(29위) 등으로 나타났다.

한국과 캐나다 통계에선 매년 성직자가 신뢰를 잃고 있다. 신뢰하는 직업 군 탑10에 목회자가 포함되어 있지 않다니 놀랄 일도 아니다. 오히려 가장 스트레스 받는 직업 군에는 목회자가 리스팅 되어 있다. 혹 자는 '목회가 먹고 사는데 있어 가장 편안한 직업'이라고 말하기도 하지만 그렇지 않다. 틀렸다. 목회자는 단순 노동직이 아니다. 정신적으로 얼마나 스트레스를 받는지, 설교 준비에 얼마나 많은 노력과 시간과 기도로 준비해야 하는지 아무도 모른다. 목회자들이 왜 이렇게 신망을 잃었을까? 생각해 보았

다. 자초한 일이다. 일부 목회자들의 욕심과 탈선으로 기독교계 전체가 욕을 먹고 있다.

2017년 9월 이민신학연구소에서 "북미주 한인교회실태조사"라는 주제 발표를 했다. 이 조사는 2011-2012년에 북미주 한인교회 600개와 목회자와 성도 4천 109명을 대상으로 했다. 이민교회 갈등의 원인에 대해 목회자들은 '재정문제와 장로와의 갈등 문제, 성도간의 불화, 세대간의 문화의 차이'라고 답했다. 이에 반해 성도들은 '목회자의 자질 문제와 교회의 내적 갈등과 분규'라고 답해 목회자와의 시각 차가 크다는 것을 보여 주었다. 개인적으로도 볼 때 교회분열은 1차로 영적 리더의 소통부재, 영성부족, 리더십 부재에 있다. 필자가 만나본 수많은 목회자, 선교사들 중 대부분은 분명한 소명의식, 희생정신, 솔선수범, 영성관리 측면에서 뛰어난 분들이 많았다.

하나님께서는 준비된 자를 쓰신다. 확실한 소명의식이 없고 영성도 없이 단지 목회적 스킬만 가지고 목회 시도한다면 백퍼센트 실패한다. 지식적 설교만 잘하고 찬양의 스킬을 앞세울수록 실패하기 쉽상이다. 그러한 교회는 목회자도 힘들고 성도도 힘들다. 목회자가 되기 원한다면 첫째 먼저 하나님이 자신을 불렀다는 부르심의 확신이 있어야 한다. 그래야 아내와 자녀들도 든든한 지원군이 될 수 있다. 둘째 인격적으로 정서적으로 안정되어 있어야 한다. 셋째로 기도와 말씀, 연구하는 자세다. 즉 영성과 지성이다. 재능과 스킬은 부차적인 것이다.

김남준 목사의 〈자네, 정말 그 길을 가려나〉라는 책을 추천한다. 목회자가 되기 원한다면 바른 길라잡이가 될 것이다. 고든 맥도널드의 〈내면 세계의 질서와 영적성장〉, 홍성건 목사의 〈하나님이 쓰시는 사람〉도 괜찮다. 더불어 목회자 사모가 되기 원한다면, 김남준 목사의 〈목회자의 아내가 살아야 교회가 산다〉라는 책도 괜찮다.

〈자네, 정말 그 길을 가려나〉에서는 목회자들이 첫째 육체적 순결과 소명의식을 강조한다. 그러므로 무질서하고 불규칙적인 삶을 피해야 한다. 두번째로 하나님의 말씀을 체계적으로 배우고 성경지식은 물론 신학적 지식을 두루 갖춰야 한다. 이는 성도를 가르치고 치리하기 위함이다. 셋째로 성품이다. '목회자 한 사람의 삶은 설교의 주석이다. 또한 목회자가 갖는 물질문제나, 명예나 음식에 대한 과도한 탐심도 우리 영혼의 경건한 갈망을 감퇴 시키는 악 영향을 준다고 지적한다.' 넷째로 사랑과 열정을 가져야 한다. 마지막으로 영적 준비이다. 십자가의 길을 가려는 사람은 철저한 영적훈련과 무장이 되어 있어야 한다. 하나님의 영이 함께 하지 않으면 구경꾼을 모을 수는 있지만 성도를 변화시킬 수는 없다.

우리는 현재 영적 전쟁의 한 가운데 서 있다. 갈수록 기독교와 교회를 바라보는 세상의 시각이 곱지 않다. 목회자의 자질 문제를 어떻게 개선해야 할까? 성도는 목회자의 수준을 넘어서지 못한다는 말이 있다. 심각하게 고민해 보자. 목회자의 경우 성도들의 기대치에 부응하지 못할 경우, 실망하고 욕도 많이 먹는다. 큰교회나 작은교회나 한국교회나 이민교회나 다르지 않다. 이러한 세상의 경영마인드를 도입하여, 세속화된 교회, 엔터테이먼트화된 교회의 고질적인 병폐가 문제다. 옥성호씨는 그의 책 〈심리학에 물든 부족한 기독교〉, 〈엔터테이먼트에 물든 부족한 기독교〉, 〈마케팅에 물든 부족한 기독교)를 비롯 세속화된 교회를 비판하다.

　김남준 목사는 말한다. "신학은 하나님의 사랑에 감동된 사람이 믿음으로 시작하는 학문이며, 이성을 사용하여 하나님에 관해서 공부하되 이성만으로 하나님이 탐구될 수있다고 믿는 모든 사상을 거부하며 그 학문을 통하여 하나님과 교회와 잃어버린 세상을 더 잘 섬길 것을 열망하며 하나님의 계시인 성경을 통하여 하나님과 교회와 세상, 그리고 인간에 대하여 탐구하는 학문입니다. "

　김 목사는 〈목회자의 아내가 살아야 교회가 산다〉라는 책에서 강조한다. 목회자의 아내만큼 남몰래 눈물 많이 흘리는 사람이 있을까? 목회자도 아니면서 목회자 취급을 받고 사모이면서 온갖 굳은 일을 다해야 하는 이른바 수퍼우먼이다.

　"목회자의 아내는 목회자와 함께 하나님께 바쳐진 사람입니다. 따라서 그가 살아가는 모든 삶과 행하는 일은 자신을 목회자의 아내로 부르신 하나님을 위한 것이어야 합니다.

　목회자의 아내가 선 자리는 거룩한 자리입니다. 아무렇게나 말하고 생각하고 대충대충 걸어가도 되는 길이 아닙니다. 세상 사람들이 자기의 직업에 대하여 가지는 태도와는 비교될 수 없는, 자신의 마음을 찢는 열심과 감당할 수 없는 어려움을 인내하면서 진리를 따라 하나님을 사랑하며 걸어가야 하는 길입니다. "

　소명은 하나지만 사역은 다양하다. '하나님의 은사와 부르심에는 후회가 없다'고 했다. 소명이 확실하지 않으면 목회를 하지 말아야 한다. 본인도 교회도 양쪽 다 힘들기 때문이다. 우리가 살아가고 있는 모든 삶의 영역

즉 가정, 교회, 일터에서 모델이 되어야 한다. 그 길은 좁고 험한 길이다. 우리를 부르신 하나님의 소명이 분명하다면 다음에는 어떠한 경우에도 흔들리지 않고 부르심에 합당한 삶을 살아야 한다. 세상속의 그리스도인은 정도를 걷는다. 하나님이 기뻐하지 않는 일이라면 단연코 타협하지 말아야 한다.

지금 내가 하고 있는 모든 일이 거룩한 일임을 깨닫자.
나의 삶의 현장에서 그리스도인의 모습으로 살아가고 있는가?

또한 너는 청년의 정욕을 피하고 주를 깨끗한 마음으로 부르는 자들과 함께 의와 믿음과 사랑과 화평을 따르라. 어리석고 무식한 변론을 버리라 이에서 다툼이 나는 줄 앎이라. (딤후 2:22) 마땅히 주의 종은 다투지 아니하고 모든 사람을 대하여 온유하며 가르치기를 잘하며 참으며 거역하는 자를 온유함으로 훈계할찌니 혹 하나님이 그들에게 회개함을 주사 진리를 알게 하실까 하며 그들로 깨어 마귀의 올무에서 벗어나 하나님께 사로잡힌바 되어 그 뜻을 따르게 하실까 함이라. (딤후 2:23-26)

톨스토이와 도스토예프스키
Leo Tolstoy and Fyodor Dostoevsky

모든 행복한 가정은 엇비슷하지만 불행한 가정은 제각기 나름대로의 불행을 안고 있다.
(안나 카레리나에서)

 필자는 학부에서 영문학을 전공했다. 그때 영국, 미국의 작가들 즉 헤밍웨이나 세익스피어 작품을 주로 읽었다. 물론 톨스토이와 도스토예프스키 팬이기도 하다. 꽃이나 사람은 향기가 있어야 한다. 글의 독특한 향기는 사람을 마음을 울리고 감동을 준다. 러시아에는 안톤 체홉, 푸쉬킨, 톨스토이, 도스토예프스키, 투르게네프, 솔제니친 등 저명한 작가들이 많다. 러시아에서는 푸쉬킨 시인을 가장 좋아하고 톨스토이는 가장 다작(무려 90여 편)을 한 작가로, 도스토예프스키는 가장 위대한 작가로 칭송을 한다. 살아생전 만나고 싶은 작가가 있다면 세익스피어나 도스토예프스키다. 언젠가 러시아에 간다면 톨스토이와 도스토예프스키의 흔적을 더듬고 싶다.

 톨스토이는 고아였다. 그는 16살이나 차이가 나는 소피아와 결혼해 죽을 때까지 부부싸움이 그치지 않았다. 48년간 부부생활을 했는데 죽을 때 저작권 문제로 다투었다. 결국 집을 나와 여행을 가던 중 간이역에서 폐렴으로 죽었다. 사실 톨스토이는 귀족출신으로 백작에다 경제적인 부와 명예는 물론 장수까지 했다. 톨스토이는 18세부터 생활원칙을 세웠는데 예를 들면 다음과 같다.

"새벽 5시에 기상한다.

한번에 한가지씩만 한다.

달콤한 음식을 피한다.

다른 사람의 의견에 좌우되지 않는다.

나보다 어려운 사람을 돕는다."

"그는 실패와 좌절을 많이 겪었다. 그럼에도 그는 매일 일기를 쓰며 삶의 의미를 찾고 소박한 삶을 추구했다. 그는 수사와 비유를 혐오하고 리얼리즘에 충실한 작가였다. "조용한 시골, 친절을 기대하지 않은 주민들에게 선을 베풀며 산다. 그리고 의미가 조금이라도 부여된 소일을 한다. 나머지는 휴식, 자연, 책과 음악 그리고 이웃에 대한 사랑으로 사는 것이 내가 생각하는 행복이다." 〈전쟁과 평화〉, 〈안나 카레리나〉, 〈부활〉은 톨스토이의 3대 작품으로 손꼽는다. 기타 〈이반 일리치의 죽음〉, 〈참회록〉, 〈사람은 무엇으로 사는가〉등 90여 편이 있다. 그중 전문가들이 꼽는 최고의 톨스토이 작품으로 〈안나 카레리나〉를 꼽으며 수많은 영화(비비안 리, 소피 마르소 등 주연)와 연극, 뮤지컬 등으로 재탄생되어 인기를 끌었다.

〈안나 카레리나〉는 주인공 안나는 고위직인 카레닌의 아내로 매력적인 여인이다. 어느 날 오빠 가정의 부부싸움을 해결해 주러 가다가 모스크바 역에서 브론스키와 운명적인 만남을 갖는다. 브론스키는 백작으로 젊은 장교였다. 둘은 첫눈에 반해 불륜관계가 된다. 행복도 잠시뿐 안나는 브론스키와의 관계에서 질투 의심으로 결국 자살로 비극적인 운명을 맞는다. 안나와 함께 다뤄지는 비중있는 인물이 키티. 키티를 짝사랑하는 레빈은 속만 태운다. 키티가 브론스키를 좋아하기 때문이다. 그러나 브론스키는 속물근성이 있어 유부녀이자 최고의 여인을 선택했다. 그러자 키티는 할 수 없이 차선책으로 레빈의 청혼을 받아들인다. 안나에 비해 갖고 싶은 사람을 놓친 키티는 충격을 받고 실의에 빠졌지만 삶에 충실한 레빈을 만나 행복한 삶을 이루게 된다.

〈안나 카레리나〉 소설 첫 문장이 기억할만한 문구다.
"모든 행복한 가정은 엇비슷하지만 불행한 가정은 제각기 나름대로의 불행을 안고 있다." 불행하다고 생각하는 사람은 자꾸 핑계거리를 만들고 누군가 원망을 한다. 이에 반해 최고의 스펙은 아니지만 현실에 최선을 다하는 사람은 행복을 찾는다. 안나 카레리나는 모든 것을 가진 여자였지만 욕구불만으로 충족을 찾아 헤메다 파국을 맞이한다. 톨스토이 부부도 사실 평생 다툼이 그치지 않았다. 톨스토이가 원했던 아내 이미지는 안나 카레리나가 아니라 키티가 아니었을까 생각해 본다. 레빈은 풀베기를 하면서 농부들과 교감을 갖는다. 일에 집중하면서 행복감을 맛본다. 농부들과 소통을 통해 삶의 의미를 되찾는다. 처음에는 어색했지만 시간의 흐름 속에서 키티와 알콩달콩 행복하게 살아가는 모습이 자연스럽게 그려진다. 역시 농민을 위한 학교도 세우고 농사에도 직접 참여했던 톨스토이의 분신이 레빈으로 그려졌다. 그래서 스펙이 훌륭하고 모든 것을 가졌던 안나 카레리나나 카레닌보다 레빈과 키티는 무언가 조금 부족하고 눈에 띄지도 않는다.

그러나 서로 이해하며 제자리를 찾아가는 부부의 모습이 이 소설의 진짜 주제라고 본다. 많은 가정이 갈등을 겪고 깨지는 요즘 세상이다. 부인을 묵묵히 사랑하는 카레닌과 안나와의 관계는 겉으로는 완벽해 보이지만 위태로운 가정이다. 레닌과 키티는 어설퍼 보이지만 서로 이해하려고 하면서 가정을 세워가고 새록새록 사랑을 쌓아간다. 어느 부부나 오래 살다보면 갈등도 쌓이고 권태감도 생기게 마련이다. 문제는 상대방에게 모든 책임을 전가하거나 증오를 하는 경우다. 안나의 경우는 후회와 비극으로 끝나지만 키티에게서는 소망과 생명의 기운을 느낀다.

도스토예프스키는 톨스토이에 비하면 장수하지 못했고 험난한 인생을 살았다. 형의 죽음 그리고 첫 번째 아내가 폐병으로 사망하면서 정신적으로 가장 힘들 때 이 작품을 썼다. 도스토예프스키의 주요 작품으로는 〈죄와 벌〉, 〈백치〉, 〈카라마조프의 형제들〉 등이 있다. 도스토예프스키는 중간 계급인 잡계급에 속하는 의사의 아들로 태어났다. 그는 책을 즐겨 읽었으나 낭비벽이 심했다. 도스토예프스키의 작품은 비극과 친하고 톨스토이의 작품은 스케일이 큰 서사시와 같다. 그들의 작품은 둘 다 성경적인 관점이 반영되어 큰 깨달음을 준다. 도스토예프스키는 심리묘사에 강했다. 톨스토이와 다르게 개인보다는 타자 즉 다른 사람에게 포커스를 맞추고 더 드라마틱한 스타일을 선호했다.

특히 〈죄와 벌〉은 소설 제목에서처럼 죄를 지으면 벌을 받는다는 것을 보여준다. 주인공 라스꼴리니코프는 가난한 법대생으로 전당포 노인을 살해할 계획을 세운다. 그 살해 도구가 바로 도끼다. 그런데 왜 도끼일까? 러시아에서는 도끼는 이중적 의미를 갖는다. 집안마다 가장 잘 보이는 곳에 도끼를 걸어 놓는다. 도끼는 성상을 만드는 도구다. 라스꼴리니코프는 정작 살해 후에 죄책감을 갖는다. 선한 목적이라면 악한 수단을 정당화 해도 되는 것일까? 전당포 노인은 라스꼴리니코프에 의하면 사회악이다. 바퀴

벌레와 같이 해로운 존재이므로 살해해도 된다. 진짜 그럴까? 노인을 살해한 다음에 그 재산을 가난한 빈민들에게 나눠주는 선한 목적이었지만 살해 후 그는 땅속에 감춰두고 만다.

아무리 목적이 좋아도 악한 수단이라면 피해야 한다. 히틀러나 스탈린도 자유구현을 위해 모든 종류의 폭력을 용인했지만 칼 마르크스의 공산주의는 이미 실패로 증명되었다. 라스꼴리니코프는 자만으로 가득찬 인물이다. 마치 히틀러처럼 노파를 살해하는 것이 자신이 사회악을 구원하는 구세주 역할을 하는 것이라고 착각했다. 하나님처럼 되려는 마음도, 하나님의 자리에 앉아 내 맘대로 사람들을 심판하고 정죄하는 것도 교만이다. C.S. 루이스의 말대로 교만은 '영적인 암'이다. 하나님의 영역을 침범하는 것은 죄다.

〈죄와 벌〉에서 라스꼴리니코프에게 구원의 대상은 소냐였다. 소냐는 그에게 네거리 광장에 나가 공개로 참회하고 자수를 권유한다. 이후 시베리아 수용소에서 8년간 혹독한 유배생활을 보낸다. 이 소재도 도스토예프스키가 반체제 시국사범으로 체포되어 사형을 받았다 극적인 사면으로 4년을 시베리아 유배생활을 한 것이 반영된 것이다. 라스꼴리니코프가 유배생활을 하는 동안 소냐가 따라가 뒷바라지를 해주며 정신적 위안을 준다. 소냐는 가족의 생계를 위해 자신을 희생하는 여인으로 등장한다. 소냐는 매춘부다. 그는 라스꼴리니코프의 삶에 정신적인 구원자 역할을 한다. 그리스도의 사랑을 실천하고 부활의 삶으로 연결하면서 말이다. 예수 그리스도의 발에 향유 옥합을 부은 여인이 연상된다. 라스꼴리니코프는 바로 나다. 불안, 두려움, 우울증, 죄책감에 시달리고 어찌할 바 하지 못할 때 나를 구원해 줄 이가 누굴까?

죄의 정의는? 물론 종교적인 개념과 사회적인 개념은 다르다. 하나님의 말씀대로 따르지 않는 것이 기독교적 죄의 개념이라면, 러시아 말로 '죄는 선을 넘어서는 것(overstep)'이다. 에덴동산에서 금단의 열매(선악과)를 따먹지 말라고 했는데 하나님의 명령을 어긴 아담과 하와는 죄를 범했다. 그 벌로 에덴동산에서 쫓겨난다. 영적으로 하나님과의 관계가 끊어지고 영이 죽었다. 원시시대 공동체에서는 가장 큰 벌이 그 지역에서 추방되는 것이었다. 아담과 하와도 에덴동산에서 추방되고 살인죄를 저지른 가인도 추방된다. 고대시대에서 추방은 가장 큰 벌이었다. 추방이 되면 곧 고독과 싸워야 하고 모든 의식주를 홀로 해결해야만 했다.

스비드가일로프는 이 소설에서 가장 비운의 인물이다. 자신의 욕정을 채우기 위해 비열한 짓을 하다가 결국 권총으로 자살하고 만다. 소냐와 두냐는 닮은꼴이 많다. 두 여인은 도스토예프스키가 가장 사랑했던 여인의 상징이다. 소냐는 향유옥합을 부은 마리아와 같이 자신의 모든 것을 희생했다. 희생과 섬김의 결과 기쁨이 온다. 〈안나 카레니나〉에서 안나 역시 불행한 주인공이다. 〈안나 카레니나〉에 등장하는 많은 부부들에게서 오늘날 우리가 벤치마킹하고 본받아야 할 부부상은 누구일까? 바로 레빈과 키티다. 〈죄와 벌〉에서 죄책감에 떨며 사는 라스꼴리니코프 역시 나의 자화상이다. 그러한 환경에서 나는 어디에서 희망을 찾아야 할까?

어떤 경우에도 선을 넘지 말아야 한다. (Don't overstep!)
악(죄)은 모든 모양이라도 버리자.
갈등이 없는 곳은 없다.

나는 제자리를 찾아가고 있는가?
소냐처럼 (사랑을 위해) 시베리아까지 좇아가(희생하는) 함께 하는 마음이 있는가?
절망, 밑바닥의 삶에서 나는 어떻게 변화되었는가?
나를 구원해 줄 이가 누구인가?

인자의 온 것은 섬김을 받으려 함이 아니라 도리어 섬기려 하고
자기 목숨을 많은 사람의 대속물로 주려 함이라.
(막 10:45)

단테의 <신곡>
<Divine comedy> by Dante

심판 날에는 단 두 부류의 사람이 있을 뿐이다.
하나님께 "아버지의 뜻이 이루어지기 원합니다"라고 말하는 사람과, 끝내 하나님께서
"너희가 원하는대로 될 것이다"라고 말씀하시는 사람이다. - C.S.루이스

흔히 '고전을 읽어야 한다'는 말을 자주 듣는다. 기독교 고전에는 어떤 작품들이 있을까? 장 칼뱅의 〈기독교 강요〉, 존 번연의 〈천로역정〉, 토마스 아 켐피스의 〈그리스도를 본받아〉, 톨스토이의 〈참회록〉, 도스토예프스키의 〈카라마조프가의 형제들〉, 본 회퍼의 〈제자도의 대가〉, 아브라함 카이퍼의 〈하나님께 가까이〉, C.S. 루이스의 〈순전한 기독교〉 등이 있다. 물론 단테의 〈신곡, Divine Comedy〉도 빠질 수 없다. 원래 제목은 〈Commmedia, 희극〉이었는데 보카치오가 자주 디바인 코미디(Divine Commedia)로 인용하다 보니 신곡이 돼버렸다. 반면 보카치오의 〈데카메론〉은 인곡(Human Comedy)으로 불린다. 〈데카메론〉은 '10일 이야기'라는 뜻으로 〈신곡〉의 7일간의 이야기와 대조가 된다. 더불어 신곡은 지옥, 연옥, 천국을 여행하면서 하나님의 섭리와 구원을 말하지만 데카메론은 페스트 공포를 피해 피렌체 외곽 별장에 모인 10명의 사람들이 나누는 시대적인 해학 이야기다.

단테는 예술의 도시 피렌체 출신이다. 이탈리아 피렌체는 메디치 가문을 빼놓고 말 할 수 없다. 메디치 가문은 교황을 배출하고 르네상스 시대의 수많은 예술가들을 위한 지원하고 그들의 작품 및 유적을 보관해 왔다. 피렌체는 영어로 플로렌스라 부른다. 레오나르드 다빈치, 조토, 보티첼리, 갈릴레오 갈릴레이, 마키아벨리, 미켈란젤로, 단테 등 모두 피렌체 출신이다. 단테는 정치를 하다 추방을 당해 이후 시를 쓰면서 결국 피렌체로 돌아오지 못하고 타지에서 죽는다. 단테의 〈신곡〉에는 그의 삶의 역경과 경험들이 녹아져 있다. 그래서 그는 〈신곡〉에서 7일간의 여행을 한다. 지옥, 연옥, 천국을 여행하면서 하나님의 구원이 어떻게 이루어지는지 인간의 삶이 얼마나 고단하고 부질없는지 깨닫는다.

〈신곡〉의 시작은 이렇다. 깊은 산 속에서 길을 잃고 방황을 하던 단테는 영적 스승인 베르길리우스(버질)의 인도를 받아 지옥과 연옥을 여행하고, 연인 베아트리체를 통해 천국을 여행한다. 혹자는 베르길리우스가 영세를 받지 않기에 천국에 들어갈 수 없었다고 말한다. 〈신곡〉은 지옥 편33개, 연옥 편 33개, 천국 편 33개의 시 및 서평으로 총 100개의 시로 구성되어 있다. 아홉 개의 권역으로 구성된 지옥에서 단테는 악한 자들이 신음하고 고통 받는 모습을 목격하게 된다. 일곱 개의 층으로 구성된 연옥에서는 지옥과 같이 형벌을 받지만 영적 구원 가능성이 있는 자들이 수양을 하는 곳이다. 그리고 열 개의 하늘로 구성된 천국에 간다. 오직 광명만이 있는 천국에서 고귀한 비밀을 알게 된다.

아홉 개의 지옥은 각각 무신론자(무세례자), 애욕의 죄, 폭식죄, 구두쇠와 낭비벽의 죄인, 분노, 이교도(이단자), 폭력자(자살, 동성애자), 위선자

(간음자, 사기꾼, 성직자), 반역(폭정)죄이다. 단테는 종교개혁 200년 전에 이미 지옥 편에서 성직자의 위선을 공격했다. 특히 지옥에 가 있는 몇몇 교황의 실명을 들기도 했다. 폭식을 통해서는 오늘날 세습을 풍자했다. 일곱 개의 연옥은 각각 오만, 질투, 분노, 태만, 탐욕, 폭식, 애욕이다. 종교개혁의 도화선이 되기도 한 면죄부 판매사건과 더불어 연옥교리는 개신교에서는 인정하지 않지만 카톨릭에서는 연옥교리를 통해 수많은 신자들에게 희망의 여지를 남겨 주었다. 지옥 편은 특히 로댕의 〈지옥문〉에 영감을 주기도 했으며 영화 〈인페르노〉, 〈세븐〉 등을 같이 감상하길 추천한다.

사람은 근본적으로 욕심덩어리다. 인간은 자신의 의지와 능력으로는 구원받을 자격도 없고 천국에 들어갈 수도 없다. 단테는 이를 빨리 간파하고 〈신곡〉을 썼다. 마틴 루터가 고행과 금식 수양으로 인생의 문제를 해결할 수 없을 때 롬1장 17절을 묵상하면서 종교개혁의 깃발을 꽂은 것처럼 말이다. 단테는 정치적인 이유로 자신이 태어난 고향으로 돌아올 경우 사형을 선고 받은 뒤, 죽을 때까지 타 도시에서 살았다. 그래서 피렌체에는 단테의 무덤이 없다. 더불어 평생 사랑했던 베아트리체를 잊지 못해 〈신곡〉이라는 작품에 그녀를 등장시킨다. 베아트리체는 평생 두 번 정도 만났다. 그녀와 아홉 살에 처음 만났던 성당과, 18세에 다시 재회한 다리가 지금도 관광명소로 되어 있다. 베아트리체는 다른 남자와 결혼을 했지만 25세에 죽었고, 이후 사랑의 상실감에 방황을 하게 된다. 단테의 〈신곡〉에는 이러한 아픔과 철학 사상 등이 담겨있다.

인간은 착하게 사는 사람이 왜 악한 사람보다 못사는 것일까? 단테는 이러한 고민을 많이 했다. 하나님의 공의는 도대체 어디에 있는 것일까? 마이클 샌달의 명저 〈정의〉에도 나와 있듯이 그럼에도 불구하고 정의는 우리 한 사람 한 사람의 손으로부터 시작되어야 한다. '다들 교통법규를 지키지 않는데 나 혼자 지킨다고 뭐가 달라질까?'하는 마음부터 바꾸어야 한다. 하나님은 우리에게 자유 의지를 주셨고 각자마다 사명이 다르다. 세상의 복잡다양하고 불합리한 문제들은 쉽게 해결이 되지 않는다. 오직 복음으로 가능하다는 게 단테의 결론이다.

그렇다. 이 세상은 마치 '희극 같은 비극의 삶'이다. 마치 '천국과 같은 지옥'에 살고 있다. 단테는 이미 오래 전에 알았다. 흔히 캐나다는 '지옥 같은 천국', 한국은 '천국 같은 지옥'이라 부른다. 캐나다는 큰 재미가 없지만 사회복지가 잘 되어 있고, 한국은 워낙 놀기 좋고 재미가 있지만 사교육비나 자살율이 높기 때문이다. 하나님은 믿음으로 사는 사람에게 천국의 비밀을 깨닫게 해준다. 각종 테러, 묻지마 살인, 동성결혼 합법화, 이혼증가, 자연재해, 자살율 증가 등으로 점점 지옥으로 변해가고 있는 세상이다.

우리의 삶은 단테와 같이 늘 방황하는 삶이다. '길과 진리요 생명이 되신' 주님께 의지할 때 진정한 깨달음과 함께 방황을 그치게 된다. 고단한 삶에서 벗어나 자유함을 얻게 되는 것이다. 세상은 고통의 지옥이다. 그 속에서 거룩한 삶을 살아야 하는 것이 그리스도인의 몫이다. 나 한사람 잘 한다고 세상이 달라질까? 분명히 달라진다. 호수에 작은 돌맹이를 한번 던져보라. 그리고 물결의 파장을 지켜보라. 하나님의 거대한 수레바퀴 속에 움직이는 속도가 느리게 보일 뿐이다.

착한 사람이 왜 악한 사람보다 고통을 당하는 것일까?
지옥 같은 천국에 살고 싶은가? 천국 같은 지옥에 살고 싶은가?

내가 곧 길이요 진리요 생명이니 나로 말미암지 않고는 아버지께로 올 자가 없느니라. (요 14:6)
내가 내 마음에 죄악을 품으면 주께서 듣지 아니하시리라 그러나 하나님이 실로 들으셨으며 내 기도 소리에 주의하셨도다. (시 66:18-19)

마지막 잎새
<Last leaf> by O Henry

위대한 행동이라는 것은 없다. 위대한 사랑으로 행한 작은 행동들이 있을 뿐이다.
- 테레사 수녀

　　오 헨리의 유명한 단편 〈마지막 잎새〉를 소개한다. 뉴욕 그리니치 빌리지를 배경으로 허름한 아파트에 사는 이름없는 여류 화가가 등장한다. 폐결핵에 걸린 쟌시는 아무런 희망도 없다. 오직 창 밖으로 내다보이는 담쟁이 넝쿨 잎이 하나 둘 떨어지는 모습을 바라본다. 마지막 잎이 떨어지는 순간 자신의 생명도 끝나리라 생각한다. 같은 아파트에 사는 노인 화가가 있다. 노화가는 거친 비바람에도 나뭇잎 하나를 벽에 그려 죽음을 앞두고 있는 소녀에게 삶의 의욕을 불어 넣어준다. 물론 폭풍우 속에 밤새도록 그림을 그린 노화가는 폐렴으로 대신 죽는다.

　　오 헨리는 필명이다. 그의 본명은 윌리엄 시드니 포터다. 재미있는 것은 그의 이력이다. 그는 작가 이전에 약사였고 건축 제도사였고 은행원이었다. 그가 은행원으로 근무 시 회계부정으로 5년간 감옥에 들어갔다. 그때 간수장 이름이 오린 헨리였다. 불편한 추억에서 필명을 따왔다. 그의 작품 중에 〈20년 후〉, 〈크리스마스 선물〉 등이 알려져 있다. 학부시절에 읽었던 작품들이다. 오 헨리는 안톤 체홉, 모파상과 함께 세계 3대 단편소설작가에 꼽힌다.

실연의 아픔과 상처를 가진 소녀는 살상가상으로 폐병에 걸린다. 가난, 상처, 질병 등 실타래처럼 엉긴 그녀의 삶은 그야말로 엉망진창이었다. 그녀는 상처(scar)를 승화시킬만한 의지와 인내심도 부족했다. 하루하루 목숨을 연명할 따름이었다. 추운 겨울, 이제 창밖에 담쟁이 잎새도 하나하나 떨어져가고 있었다. 얼마 남지 않은 그의 목숨처럼 잎새들도 거의 떨어져 가고 있었다. 삶에 미련도 희망도 모두 잃어버린 그녀에게 아무도 관심을 갖지 않았다. 주정뱅이자 무명의 노화가만이 그녀에게 친절을 베풀었다. 그러나 노인 역시 외로움에 지치고 실력을 인정받지 못해 신세 한탄만 하는 처지였다. 세상적으로 보면 둘 다 실패한 인생이었다.

폭풍우가 몹시 치는 날, 마지막 잎새가 떨어지면 병상에 누워있던 소녀도 이젠 마지막 생명 줄을 놓아야만 하는 자신의 운명을 생각하고 있었다. 다음 날 아침에 일어난 소녀는 깜짝 놀랐다. 기적이 일어났다. 창 너머 마지막 잎새가 붙어있는 게 아닌가? 소녀는 자리에서 일어났다. 그리고 점차 병세가 호전되었다. 그리고 나중에 간호사를 통해 자세한 내막을 알게 된다. 비바람이 치던 날 밤에 노인은 소녀를 위해 자신의 생애에 그리지 못했던 역작을 남기게 된다. 소녀는 노인이 자신을 위해 마지막 잎새를 벽에 그려놓고 죽었다는 것을 후에 알게 된다. 마지막에 그들의 인생은 회복이 된다.

노인은 소녀를 위해 그림을 그렸지만, 사실은 자신을 위한 최고의 명작을 남기게 된다. 술 주정뱅이에 이름없는 노화는 이렇게 죽어서 자신의 이름을 남긴다. 같은 무명의 여류 화가였던 쟌시 역시 과거의 모든 상처를 딛고 새로운 삶을 살게 된다. 이러한 상황 속에서 두 사람의 관계를 이어주는 화두는 당연 희생이다. 누군가를 위한 희생은 고귀하다. 누군가를 위해 나의 모든 것을 주는 것은 쉽지 않다. 요즘같이 이기적인 세상에서 자신의 욕심을 채우려고 할 뿐이다.

잔시(죠안나의 애칭), 버만 노인은 오늘날 혼란스런 모더니즘 사회를 살아가는 우리들의 자화상이다. 실패하고 상처받고 인정받지 못한 이들, 한마디로 이류, 삼류 인생을 살아가는 사람들이다. 주위에서는 손가락질 하고 조롱하지만 이를 극복하는 게 또한 우리의 삶의 과정이다. 실패하고 넘어졌어도 다시 일어서 이름을 남긴 사람들이 우리 주변에도 적지 않다. 링컨도 어릴 적 어머니를 잃고 독학으로 변호사가 되었다. 시의원, 주의원, 상원의원 등 모든 선거에서 다 실패했어도 마지막 대통령선거에서 기회를 잡았다. 존 밀턴 역시 불후의 명작인 〈실락원〉을 말년에 완성했다. 실패 즉 위기는 또 다른 기회다. 포기하는 사람에게는 실패한 인생으로 남겠지만 위기를 지혜롭게 잘 극복하는 사람에게는 그에 상응하는 대가가 주어진다.

그리니치 빌리지는 뉴욕 남부에 위치한 마을이다. 실제 가난한 화가들이 모여 살았던 곳이다. 그야말로 밑바닥 인생이다. 흙수저 인생을 살았던 그들의 모습을 묘사한 오 헨리의 삶도 다르지 않았다. 그래서 애환이 담긴 이 작품이 사람들의 마음을 울리나 보다. 달동네 사람들의 애환과 상처를 누가 알랴? 비록 흙수저 인생이라도 그 속에 기쁨이 있고 회복이 있음을 깨닫게 된다. 단 한 번의 실수로 감옥에 들어갔다 할지라도 큰 문제가 안 된다. 요즘 흔해빠진 이혼, 파산, 암이나 교통사고를 당했다 할지라도 아직 희망은 남아있다.

하나님은 '우리가 포기하지 않는 한', 우리를 포기하지 않는다. 우리를 고아와 같이 버려두지 않는다고 약속했다. 모든 문이 닫혀 있는 것처럼 보이지만 단 하나의 출구가 남아 있다. 나를 위해 예비해 놓았다. 삶을 부정적인 시각으로 바라보는 사람에겐 아무런 출구가 없는 것처럼 보이고 희망도 없어 보인다. 그러나 긍정적으로 세상을 바라보는 믿음의 사람에게는 똑 같은 상황이라도 포기하지 않는다. 단 1%의 희망의 끈도 놓지 않는다. 겨자씨만한 아주 작은 씨가 자라서 풍성한 열매를 맺듯이 벽에 부딪히는 순간, 바닥을 차라. 내 안의 숨겨진 있는 희망이 나를 살린다. 공동체를 살린다. 회복의 불씨가 된다. 따뜻한 온기가 곧 전해지고 훈훈한 사회가 만들어진다.

"이제 그녀가 살 가망은 십분지 일뿐이 안되오!"
"애, 너 무엇을 세니?"
"이제 꼭 다섯 개가 남았어!"
"저게 마지막 잎이네!"

"한 알의 밀이 떨어져 죽지 아니하면 그대로 있고 죽으면 많은 열매를 맺느니라."
우리 주위에 힘들어하는 사람이 있다면 찾아가 위로하자.
조금 손해보는 인생을 살자.

적자인생, 누군가에게 적자(빚)를 졌다고 생각하고 조금은 손해보고 살자.

사도 바울은 "사랑에 빚진 자", "복음에 빚진 자"로 살았다.
나는 무엇을 빚지고 살 것인가?

한 알의 밀이 땅에 떨어져 죽지 아니하면 한 알 그대로 있고 죽으면 많은 열매를 맺느니라.
(요 12: 24)

빈센트 반 고흐의 삶
The life of Vincent Van Gogh

우리 모두는 삶의 중요한 순간에 타인이 우리에게 베풀어준 것으로 인해 정신적으로 건강하게 살아갈 수 있다. - 앨버트 슈바이처

　반 고흐는 1853년에 태어나 1890년 37세의 젊은 나이에 권총자살로 생을 마감했다. 아버지는 네덜란드 엄격한 개신교(칼빈 계통) 목사였고 그는 가정에서도 그다지 인정을 받지 못한 외톨이였다. 그는 어릴 적 조용한 성격이었고 파브르처럼 곤충 관찰에 관심이 많았고 문학, 신학관련 책을 많이 읽었다. 학교를 중퇴한 뒤로 그는 16세에 삼촌의 권유로 화랑 직원으로 취업을 했다. 빈센트 반 고흐는 예술가와 종교적 가풍에서 자라났다. 비록 부모형제와의 반목과 정신질환으로 상처와 고통을 받았지만 나름대로 작품활동을 통해 잘 이겨냈다. 신학대도 중도에 그만두고 탄광에서 전도사 생활도 했었다. 선교단체에서 소개한 탄광에서 무보수로 일을 했지만 6개월 만에 사직했다. 이때부터 주위애서는 고흐에게 목회보다는 그림에 더 치중할 것을 권유하였다.

　반 고흐는 27세에 화가의 길에 들어선다. 그는 10여 년 간 화가생활을 하면서 무명이었다. 평생 그린 그림 숫자가 유화 870점과 드로잉(소묘) 1200점이었지만 살아생전 단 한 점만 팔렸다. 그의 작품을 알아주는 건 오

직 동생 테오였다. 만약 테오가 없었다면 오늘 날의 반 고흐의 작품은 빛을 보지 못했을 것이다. 테오는 반 고흐에게 있어 물질적, 정신적 지주였다. 그 당시 4인 가족이 연 1200프랑으로 살았는데 반 고흐는 동생에게 연 1800프랑을 매년 지원을 받았다. 더구나 테오는 결혼 후에도 지원금을 끊지 않고 계속 보내 주었다. 대단한 일이 아닐 수 없다. 테오와 그 부인 요안나도 반 고흐의 작품을 높이 사고 존경했기에 가능한 일이다. 심지어 아들이 태어나자 빈센트라고 이름을 지었다.

동생 테오와 함께 우리가 기억해야 할 한 사람이 있다. 안나 보흐란 여류 화가다. 친구의 누나기도 했다. 반 고흐의 생전에 팔린 작품이 〈붉은 포도밭〉 한 점인데, 바로 그것을 구입해 준 사람이 안나 보흐다. 안나 보흐는 크리스쳔으로 평소 어렵고 가난한 화가들을 돌보고 후원해 주는 역할을 감당했다.

빈센트 반 고흐는 동생 테오와 10여 년간 주고 받은 편지 668 통이다. 그 편지를 통해 반 고흐의 삶의 단면을 엿볼 수 있다. 즉 그림에 대한 열정, 그의 경제적인 어려움, 동생 테오의 격려와 금전적인 지원, 고갱이나 닥터 가셰와의 관계 등 모두 편지 속에 드러난다. 이 편지를 모아 엮은 책이 〈반 고흐, 영혼의 편지〉다. 서간체 형식으로 되어 있는 이 책에서 그의 작품과 관련된 구체적인 스토리와 부모와의 반목, 고독 그리고 동생 테오의 형을 사랑하는 뜨거운 애정을 알 수 있다. 테오에게 보낸 편지를 소개한다.

테오에게,
"너는 내가 보내는 그림이 가치가 있다고 생각하고, 또 그것이 너에게

진 빚을 갚아주는 것으로 받아들인다고 했지. 그러나 나로서는 너에게 1만 프랑 정도를 가져다 줄 수 있게 되는 날에 마음이 편해질 것 같단다. 지난 날에 이미 써버린 돈도 우리 손에 되돌아와야 할 것이란다. 적어도 그 정도 값어치가 있단다. 아직은 그렇게 되기 힘들겠지. 이런 자연에는 좋은 그림을 그리는 데 필요한 모든 것이 갖추어져 있다고 생각한단다. 그러니 내가 성공하지 못한다면, 그것은 순전히 내 잘못이다. 그래, 이런 것이 요즘 고민하고 있는 문제란다. 그러나 나에게도 가능성은 있다고 생각하지." - 1888년 5월 10일

L.A. 게티센타에 가면 고흐의 진품이 하나 걸려있다. 게티 미술관은 석유재벌 폴 게티가 개인적으로 수집한 미술품을 기증하여 설립된 곳으로 산타모니카 정상에 위치해 있다. 고흐의 작품은 〈아이리스〉로 모네의 작품과 같이 관객들이 가장 많이 찾는다. 〈아이리스〉는 1987년 경매에서 5390만 달러로 낙찰되어 이곳에 전시되는 유명한 작품이다. 〈아이리스〉는 반 고흐가 생 레미 요양원에 머물면서 혼신의 힘을 다해 그렸던 작품이다. 무엇보다 고흐의 생전 작품이(비록 단 하나만 팔렸지만) 400프랑(오늘날 시가로 $1,000불)에 팔렸는데 〈해바라기〉가 1989년 무려 3990만 달러에 팔렸다. 언젠가 미국 동부로 로드트립을 떠나면서 지나간 위니펙의 드넓은 해바라기 밭이 연상되었다. 고흐가 가장 즐겨 그렸던 그림 중의 하나로 대중에게 가장 잘 알려진 작품이기도 하다.

그의 그림 중 가장 비싸게 팔린 작품이 바로 〈가셰 박사의 초상〉이다. 이는 고흐가 자살하기 직전 그린 마지막 작품으로 알려져 있다. 1990년 경매에서 무려 8250만 달러에 전문 수집가인 사이또에게 팔렸다. 살아생전 가

장 불우한 화가였지만 사후 네덜란드뿐만 아니라 세계적으로 가장 유명한 화가가 되었다. 말년에 오베르에서 머물면서 가셰 박사의 도움을 많이 받았다. 그러나 가셰 박사의 딸을 모델로 그림을 그리다 가셰 박사와 자주 다투게 되고 결국 분에 못 이겨 밀밭으로 달려나가 권총으로 복부를 쏴 자살하고 만다. 〈노인과 바다〉로 노벨상을 탄 헤밍웨이도 말년에 고독에 못 이겨 자살을 하고 말았다. 두 사람의 공통점은 아버지가 목사였다. 새들백처치의 릭 워렌 목사의 아들도 자살을 해서 한 때 이슈가 되었었다. 정신질환을 앓는 사람의 특징은 자신을 통제하지 못하고 자해를 하는 경향이 있다.

고흐의 작품 중 빼놓을 수 없는 것이 또한 〈자화상〉이다. 램브란트의 영향을 받아 반 고흐는 무려 40여 점의 자화상을 그렸다고 전해진다. 그 중 16점이 네덜란드 암스테르담에 있는 반 고흐 미술관에 소장되어 있다. 반 고흐가 동시에 그린 두 개의 자화상이 있는데, 이중 하나는 파리 오르세 미술간에 다른 하나는 워싱톤 내셔날 갤러리에 소장되어 있다. 둘 다 현지 미술관에서 보았지만 구별하기 힘들었다. 전문가에 의하면 파리에 걸려있는 작품이 훨씬 밝고 색채도 투명하다고 한다. 오르세 미술관에는 〈아를에 있는 반 고흐의 방〉, 〈오베르 쉬르우아즈 성당〉 작품이 소장되어 있고, 생 레미에서는 〈별이 빛나는 밤에〉, 사이프러스 나무를 소재로 한 그림을 많이 그렸다. 〈별이 빛나는 밤에〉는 뉴욕 현대미술관 1호 갤러리에 전시되어 있고 워싱톤 내셔날 갤러리에는 〈자화상〉, 〈해바라기〉, 〈밀밭〉 등이 전시되어 있다.

고흐는 평생 정실질환을 앓았다. 아버지는 심장마비로 죽고 어머니는 우울증을 앓았고 고흐는 정신질환으로 생레미 요양원에서 수개월 지내기도 한다. 평생의 든든한 지원자 였던 동생 테오 역시 반 고흐 자살 이후 6개월 후에 사망하고 여동생은 자살로 생을 마감한다. 가족력이 있어서인지 반 고흐의 삶은 늘 어둡고 그의 그림 역시 무겁게 느껴지는 부분이 많았다. 어두운 색상을 탈피하게 된 계기는 프랑스에 체류하면서부터이다. 프랑스 남부 아를에 머물면서 화풍이 달라졌고 요양원에서 나온 뒤 머물렀던 오베르에서 가장 행복한 시간을 보냈다.

반 고흐는 정규적인 미술 교육을 받지 못했다. 그는 거의 독학했다. 모방을 통해 그의 습작은 계속되고 램브란트와 프란스 할스의 영향을 받아 그는 〈아를에 있는 반 고흐의 방〉, 〈오베르 쉬르우아즈 성당〉을 그렸다. 그의 붓타치와 거친 붓자국, 채색기법이 달라지기 시작한다. 그는 〈감자먹는 사람들〉처럼 주로 농부 오두막 등 평범한 사람들을 소재로 그림을 그렸다. 그의 창작의욕은 늘 거침없었지만 가난에 시달려 절제할 수 밖에 없었다. 동생 테오가 정기적으로 돈을 송금해 주었기에 비싼 유화 물감도 사고 모델도 구할 수 있었다. 반 고흐는 고갱을 좋아해 같이 동거하며 그림을 그리기도 했다. 고흐는 우울질환으로 인해 고갱과 관계가 틀어진다. 고갱과 실랑이를 하다가 분에 못 이겨 면도칼로 자신의 귀를 자르게 되었다. 결국 나중엔 생레미 정신병원에 들어가게 되었다.

나는 전문가가 아니기에 그림을 볼 줄 모른다. 전문가들이 추천하는 그림이나 작품을 보고 그런가보다 한다. 고흐의 그림을 제대로 감상할 줄 아는가? 레오나르드 다빈치의 〈모나리자〉는? 로뎅의 〈생각하는 사람〉은? 그저 느낌으로 판단할 뿐이다. 프린스턴 대학 사회학 교수인 메튜 셀가닉은 "대개 사람들은 개인의 취향에 따라 결정을 내린다고 생각해도 사실상 우리의 취향은 사회적 영향력에 의해 결정된다."고 말했다. 그래도 미술평론가나 영화평론가들의 말도 다 믿지 못하겠다. 그들의 평가가 다른 경우를 여러 번 보았기 때문이다.

사람은 살아가면서 누구나 상처를 주기도하고 상처를 받기도 한다. 문제는 그 상처를 어떻게 치유하고 반응하느냐에 그 사람의 행복이 결정이 된다. 말 못할 상처들을 가슴에 품고 그림으로 승화시킨 반 고흐, 또한 그의 옆에서 도와준 동생 테오와 안나 고흐가 있었기에 천재성이 빛을 발하게 된 것이다. 천재들은 왜 불우한 것일까? 왜 당대엔 인정을 받지 못하는 것일까? 고통과 갈등은 사람을 힘들게도 하지만 성숙하게도 만든다. 반 고흐는 다른 사람들을 비난하거나 책임을 전가하지 않았다. 경제적으로 무능했지만 자신이 잘 하는 것에 최선을 다했다. 반 고흐의 그림들을 다시 한 번 감상하며 그의 열정과 천재성에 박수를 보낸다.

내게 주어진 달란트(재능)는 무엇일까?
단점은 잊어 버리자. 내가 잘 할 수 있는 것에 목숨을 걸자.
반 고흐는 목사에서 화가의 길로 방향을 바꾸었다.

인생을 살다보면 어느순간 누구에게나 도울 자가 나타나게 마련이다.
나의 테오(helper 돕는자)는 누구일까?

이와 같이 성령도 우리의 연약함을 도우시나니 우리는 마땅히 기도할 바를 알지 못하나 오직 성령이 말할 수 없는 탄식으로 우리를 위하여 친히 간구하시느니라. (롬 8:27)

사람은 무엇으로 사는가?
<What Men Live by?> by Leo Tolstoy

어른이나 아이 할 것 없이, 어떤 물건을 몹시 탐내도록 만들려면,
그것을 손에 넣기 어려운 것으로 만들면 된다. – 마크 트웨인

버지니아 울프는 톨스토이를 평하길 "세계에서 가장 위대한 소설가"라고 했다. 그런 톨스토이의 작품 중에 〈무엇으로 사는가〉 단편집이 있다. 10개의 단편 중에 "사람에게는 얼마나 많은 땅이 필요한가?"라는 우화가 있다. 톨스토이가 만년에 쓴 작품 중에는 유독 기독교적인 사상이 많이 담겨 있다. 우화에는 "바흠"이라는 가난한 소작농이 등장한다. 그는 행복하게 살던 평범한 농부였다. 어느 날, 그는 엄청난 땅을 가진 촌장이 땅을 판매한다는 소문을 듣는다. 단돈 "1천 루블리"를 내면 하루 종일 바흠이 걸어다닌 지역 전부를 그에게 준다는 내용이었다. 그 촌장은 "빠시기르"라는 족속이었다.

그는 당장 찾아가 계약을 맺었다. 계약 내용은 "출발점을 떠나 하루 동안 발로 밟고 다니다 해지기 전까지 돌아온다면 그 사람의 땅으로 인정한다."는 것이었다. 바흠은 환호했다. 곧 부자가 될 거라는 생각에 가슴이 두근거렸다. 새벽에 나와 해가 뜨기도 전에 그는 출발했다. 날씨는 뜨겁고 몸은

무거웠지만 그는 아랑곳하지 않고 쉬지 않고 뛰어 다녔다. 조금이라도 땅을 더 차지하기 위해서 말이다. 출발점에서 점점 멀어졌지만 "조금만 더." "조금만 더." 하는 마음에 그는 계속 걷고 또 걸었다.

해가 서쪽으로 점점 기울어가고 있었다. 그러나 바흠은 욕심 때문에 돌아갈 생각을 하지 않았다. "지금 포기하면 얼마나 손해인데." 하는 생각에 몸은 땀으로 젖고 다리는 천근만근인데도 포기하지 않았다. 어느덧 해가 지평선 아래로 사라지고 있었다. 그때서야 촌장과 출발점에서 만나기로 약속을 기억해냈다. 반환점까지 돌아가지 못하면 모든 게 무효다. 그는 돌아섰다. 그리고 혼신의 힘을 다해 출발점으로 달렸다. 그는 간신히 원점에 도착하였다. 그 순간 그는 기진맥진하여 정신을 잃었다. 그리고는 피를 토하고 죽었다..

바흠의 하인이 무덤을 파고 묻어주었다. 바흠이 묻힌 땅은 그 3아르신(1아르신이 약 70센티미터, 총 2미터 10센티미터)이었다. 결국 그의 무덤이 자기가 차지한 땅의 전부였다. 얼마나 어리석은 일인가?

"사람에게는 얼마만큼의 땅이 필요한가?"라고 이 장면을 지켜본 촌장은 말한다. 많은 사람들이 비젼과 야망을 착각한다. 야망은 욕심이다. 비젼은 정도에서 시작해 정도로 마무리되지만 야망은 수단과 방법을 가리지 않고 꾸물거리다 비참하게 끝난다. 괴테의 "파우스트", 세익스피어의 "멕베드와 멕베드 부인", 성경의 "사울 왕"에게서도 동일하게 나타난다. "욕심이 잉태한즉 죄를 낳고 죄가 장성한즉 사망을 낳느니라."는 성경말씀을 기억하자. 분수를 알아야지. 지나치면 화가 된다. 절제하지 못하면 나쁜 아니라 내 주변 사람 모두를 불행하게 만든다.

　우리 사회도 다르지 않다. 순리대로 가면 되는데 욕심을 부리니 화를 당한다. 대리시험, 논문표절, 뇌물, 박사학위 매매, 뒷돈 주고 눈감아주기가 성행이다. 정당하게 살아야 하는데 적당히 살려고 하다보니 문제가 생긴다. 얼마 전에 뷔페 식당을 다녀왔다. 평소에 적량을 먹는 나도 이상하게 뷔페에만 가면 무리를 하게 된다. 손해보지 않으려는 생각에 나도 모르게 두 번 세 번 더 음식을 먹게 된다. 급기야 속이 거북해 진다. "이런, 오늘도 절제를 하지 못했네." 하며 후회하게 된다. 욕심 때문에 벌어진 일이다. 절제하지 못하니 몸의 발란스가 깨져 버린다.

　요즘 대한민국의 최고 키워드 "최순실", 그의 욕심의 끝은 어디였을까? 근 40여 년간 대통령 지금 거리에서 국정을 농단하는 것에 그치지 않고 사욕으로 말미암아 자신의 삶은 물론 대한민국 전체를 수렁에 빠뜨린 장본인이 돼버렸다. 수천 억대의 재산을 형성하게 된 동기도 불순하지만 그 정도면 먹고 살기 괜찮았을 텐데 도대체 마수를 뻗치지 않는 분야가 없을 정도다. 한심하고 부끄러운 일이다.

　2016년 12월, 존 키 뉴질랜드 수상이 갑자기 사임을 밝혔다. 그 이유인즉 "그냥 가족과 함께 남은 삶을 보내기 위해서"란다. 욕심은 마음에서 나온다. "더 갖고 싶고 더 누리고 싶고 더 먹고 싶고 그렇게 욕심은 끝이 없다." 이게 욕심이다. 욕심은 비교에서 나온다. 비교는 또한 우월감과 교만, 함부로 대하기 등으로 나타나고, 다른 한편으로 열등감, 우울증, 자학, 빈정댐으로 나타난다. 사람은 있을 때 잘해야 한다. 그리고 떠난 자리가 아름다워야 한다. 그러기 위해선 높은 자리에 있을 때 더 자세를 낮추고 더 베풀도록 하자.

"절제", 아름다운 미덕을 기억하자. 최소한 미니멀라이즈 운동이라도 동참해 보자. 덜 먹고 덜 소유하자. 복잡한 삶을 단순화 시키자. 최근 내가 가진 것 중에 잘 사용하지 않거나 불필요한 물건들을 지인이나 이웃들과 나누고 있다. 이전보다 훨씬 삶이 단정해졌다. 주는 기쁨이 곧 내면의 기쁨을 더해준다. 오늘 밤 신이 나의 목숨을 거두어 간다면, 내가 모아 놓은 것들이 소용이 있을까? 집착은 애착을 낳고 애착은 패착으로 끝난다.

과연 내게는 얼마만큼의 돈이 필요한가?
돈보다 더 중요한 것은 무엇일까?

선물
<Present> by O Henry

여자가 채점할 때, 사랑의 선물은 크고 작음에 관계없이 같은 점수로 처리된다. 어떤 선물이든 똑 같은 가치를 지닌다. - 존 그레이

어릴 적에는 해마다 크리스마스 시즌이 돌아오면 가슴이 설레곤 했었다. 또한 산타클로스가 착한 일을 많이 한 어린이에게 선물을 가져다 준다고 믿었다. 그래서 거짓말을 하거나 부끄러운 일을 할 때는 가슴이 두근두근 거렸다. 아마도 산타클로스 덕분에 죄를 덜 지은 것 같다. 잠들기 전에 머리 가에 양말을 놓아두면 산타클로스가 굴뚝으로 들어와 내가 원하는 선물을 놓고 간다는 상상에 잠을 이룰 수가 없었다. 아침에 깨어나 내가 원하던 선물이 놓여져 있을 때의 기쁨이란 말로 표현할 수 없었다. 선물은 그렇게 행복감을 선사한다. 사람은 추억을 먹고 산다.

선물과 뇌물의 차이는 무엇일까? 선물을 받고 기분 나쁠 사람은 없다. 선물은 대가성이 없지만, 뇌물은 대가성이 있다. 선물은 좋아하는 사람에게(아무 조건 없이) 기쁨으로 주는 것이다. 아래 사람이나 직위가 낮은 사람이 윗사람에게 주는 것은 다소 의심스럽다. 윗사람이 '수고했다'고 아래 사람에게 주는 것은 선물이다. 그저 감사함으로 받으면 된다. 그러나 '갑을' 관계에서 주기적으로 명절 때마다 상납하고 선물을 주는 것은 뇌물에 가깝다. 뇌물을 먹으면 탈나게 마련이다. 오죽하면 김영란법이 생겨났을까! 주는 사람도 받는 사람도 떳떳해야 한다. 기분 좋게 주고 받아야 선물의 의미가 있다.

오 헨리의 단편소설 〈크리스마스 선물〉(원제: 동방박사의 선물)는 워낙 유명해서 많은 이들이 잘 알고 있다. 그밖에 〈마지막 잎새〉, 〈20년 후〉도 널리 알려져 있다. 주인공 짐과 델라는 가난하지만 소박하게 살고 있는 부부다. 그들이 가장 자랑스럽게 여기고 있는 유품은 짐의 금시계와 델라의 머리칼이었다. 내일이 크리스마스인데 수중에 있는 돈은 1달러 87센트, 그 돈 가지고 무엇을 살 수 있을까? 아무리 고민해도 답이 나오지 않는다. 주급이 20달러다. 생활비를 아끼고 아껴 모은 돈이 원 달러 팔 십 칠 센트였다. 결국 고민하다 델라는 자신의 머리카락을 팔아 이십 달러를 받아 남편이 갖고 싶어했던 시계 줄을 사고 기쁨에 어쩔 줄 몰라 한다. 남편이 빨리 집에 들어오길 바란다. 남편 짐도 똑 같은 고민을 하고 있었다. 짐은 갖고 있던 금시계를 팔아 아내가 평생 갖고 싶어했던 빗을 사게 된다. 상대방이 원하는 선물을 샀지만 아쉽게도 빗나간 선물이 되고 말았다. 짐과 델라는 서로를 위로하면서 크리스마스를 맞이한다.

"나에게 있어 기억에 남는 좋은 선물은 무엇이었을까?" 생각해 본다. 일반적으로 책 선물도 나쁘지 않다. 때로는 근사한 식사에 초대를 받는 것도 나쁘지 않다. 사랑하는 사람과 함께 여행을 떠나는 것도 행복한 일이다. 자녀는 하나님의 가장 큰 선물 중 하나다. 2017년 3월, 손녀가 태어나면서 죠이(하은)를 보는 것이 기쁨이다. 갖고 싶은 것을 갖고, 먹고 싶은 것을 먹거나 가고 싶은 곳을 간다고 행복할까? 어느 정도는 행복감을 느끼겠지만 사람마다 개인차가 있을 것이다.

사람에 따라 선물은 다른 가치를 갖는다. 선물은 받는 사람이 원하는 것이어야 가치가 있다. 요즘 젊은이들은 100일, 200일, 300일마다 기념하고 선물을 한다. 옛날 세대에 태어난 필자로서는 쉽지 않은 일이다. 일년에 아내의 생일과 결혼기념일 두 번 챙기기도 버겁기 때문이다. 혹자는 선물을 주고 받는 것을 탐탁치 않게 여기는 사람도 있겠지만, 실제로는 선물을 받고나면 기분이 좋아진다.

'선물은 사람의 마음을 너그럽게 한다'고 잠언은 말한다. 게리 채프먼의 저서 〈사랑의 다섯 가지 언어〉에도 선물이 포함되어 있다. 많은 사람들이 선물을 기대한다. 선물을 받는 것에 익숙해져 있다. 사실 선물은 받는 것보다 주는데 더 기쁨이 크다. 선물이 과하면 오히려 부담이 되기도 하고, 혹 기대하지 않았는데 받는 선물은 큰 기쁨을 준다. 최근에도 그런 선물을 받았다. 물론 행복한 기분이다. 하여간 선물은 주는 사람이나 받는 사람이나 부담이 없어야 한다. 지금도 지인들에게 크리스마스 카드를 쓰면서 선물을 포장하고 있다. 주는 기쁨이 크기 때문이다. 해마다 주는 사람이 달라지기도 한다. 그 사람이 생각하는 것 이상으로 선물을 하게 되면 감동을 한다. 가까운 사람에게 올해는 그러한 깜짝 선물을 준비해 보자.

성경에 "너희가 대접을 받고 싶거든 먼저 대접하라."는 황금률이 있다. 내가 원하는 것이 있다면 먼저 상대방이 원하는 패를 보여 주어야 한다. 상대방이 원하는 것은 해주기 싫고 내가 원하는 것만 얻기란 불가능하다. 아니 불공정한 게임이다. 이기적인 마음이다. 상대방의 마음을 얻고자 한다면 그가 원하는 선물을 준비해야 한다. 혹 집안에 선물을 받아 놓고 몇 년째 사용하지 않는 물건도 있는가? 때로는 지인에게 의견을 물어보고 줄 수도 있고, 교회 또는 공익단체(Salvation army)등에 도네이션 해보자. 선물은 오랫동안 소유하는 것보다 제대로 사용을 할 때 의미가 있는 것이다.

내게 가장 소중하고 의미 있는 선물은 무엇일까? 이제 필자는 한 사람을 소개하고자 한다. 세상에서 가장 크고 값진 선물이다. 바로 예수 그리스도다. 예수께서 이 천년 전에 이 땅에 오지 않았더라면 우리는 여전히 죄인이고 구원받을 수 없는 존재였을 것이다. 그분으로 인하여 구원을 받았다. 그분의 십자가와 고통과 희생을 통하여 대신 죽으심으로 말미암아 영적인 존재로 다시 태어났다. 거듭난 삶, 즉 내가 영적으로 다시 태어난 것은 오직 주님의 은혜다. 예수 그리스도로 인하여 거듭난 삶을 살고 큰 기쁨을 누리는 것이 최고의 선물이다. 나를 위해 모든 것을 희생하신 그분처럼 나도 누군가를 위해 살아보자. 주는 기쁨을 맛보자. 혹 주위에 힘들고 소외된 이웃들이 있다면 깜짝 선물이라도 준비해 보자. 비싸지 않아도 좋다. 정성이 담겨 있으면 된다.

아프리카 케냐의 임은미 선교사는 한국은 물론 해외에서도 인기가 높다. 섭외 1순위다. 그는 늘 하나님께서 주시는 음성에 귀 기울인다. 마음에 감동이 올 때마다 자신이 갖고 있는 것들을 만나는 사람에게 아낌없이 준다. 긍휼한 마음이 들면 그냥 내어 준다. 그냥 인기 강사가 아니다. 삶과 신앙의 일관성이 있는 사역자다. 타협하지 않는다. 혹시 누군가에게 깜짝 선물을 받아본 경험이 있는가? 또는 그러한 선물을 해본 적이 있는가? 선물은 예기치 않은 기쁨을 선사해준다. 기쁨과 감동을 주고 받는 삶, 그게 바로 그리스도인 다운 삶이 아닐까? 세상에서 가장 귀한 선물은 바로 예수 그리스도다. 복음(Good news)의 선물은 누구에게나 큰 기쁨이다.

선물은 상대방(받는 사람)이 원하는 것이어야 좋다.
선물을 받는 것보다 주는 기쁨이 훨씬 크다.
혹 내가 원하는 선물(Bucket list)이 있다면 무엇인가?
세상에서 가장 소중한 선물은?

선물은 그 사람의 길을 너그럽게 하며 또 존귀한 자의 앞으로 그를 인도하느니라. (잠 18:6) 너 그러운 사람에게는 은혜를 구하는 자가 많고 선물을 주기를 좋아하는 자에게는 사람마다 친구가 되느니라. (잠 19:6)

소유냐 존재냐
<To Have or To Be?> By Erich Fromm

알맞은 정도라면 소유는 인간을 자유롭게 한다.
도를 넘어서면 소유가 주인이 되고 소유하는 자가 노예가 된다. - 니체
모든 권리에는 의무가, 모든 기회에는 부담이,
나는 모든 소유에는 책임이 따른다고 믿는다. - 록펠러2세

 아들과 아버지의 행복을 찾아가는 과정을 그린 〈행복을 찾아서〉라는 영화를 본 적이 있다. 샌프란시스코를 배경으로 한 이 영화는 경제적 어려움으로 가정이 해체된 가운데 끝까지 아들을 돌보며 희망을 찾아가는 아버지의 마음과 인턴의 억척스런 삶의 경쟁 속에서 다시 재기하는 주인공을 그린다. 행복은 도대체 어디에서 찾을 수 있을까? 집세를 못 내 쫓겨나고 자동차도 압수당하고 화장실에서 잠을 자면서도 행복해하는 부자지간. 요즘 같은 물질만능의 사회에서 가진 게 없이 행복해 할 수 있을까? 진정한 행복은 어떠한 순간에서도 함께 하는 것임을 보여준다.

 사람에게는 행복추구권이 있다. 이 땅에 태어나 공부를 하고 직장을 다니고 결혼을 하는 이유가 단지 먹고 살기 위해서일까? 아니면 행복을 찾기 위한 여정일까? 많은 사람들이 눈에 보이지 않는 행복을 위해 눈에 보이는 물질에 집착한다. 공산주의 체제에 산다고 행복지수가 낮거나 민주주의

사회 즉 선진국에 산다고 행복지수가 높은 게 아니다. 가난한 자가 행복감이 덜하고 부자가 행복감이 높은 게 아니다. 물론 물질이 주는 혜택이 사람의 마음을 기쁘게 해주기는 하지만 이는 일시적이다. 곧 지루해지고 귀찮아진다.

그래서 진정한 행복은 소유(have)에 있지 않고 존재(be)에 있다. 〈소유냐 존재냐〉에서 에릭 프롬은 인간의 자유와 진보가 결국은 하나님의 도시에서 인간의 도시로 변질되었다고 본다. 알버트 슈바이처 역시 노벨 평화상을 받기 위한 자리에서 '초인간이 될수록 인간은 가련해진다'고 역설했다. 요즘 최순실 게이트를 통해 그와 엮인 추잡한 인간들의 실상을 들여다보면 쉽게 고개가 끄덕여진다.

인간은 소유가 아닌 존재로 살 때 가치가 있다. 애니메이션 〈니모를 찾아서〉에서도 아버지는 잃어버린 자식을 찾기 위해 수 만리 여행을 떠난다. 기러기 가족처럼 따로 사는 것도 비정상적인 삶이다. 사랑은 함께 하는 것이다. 가족은 함께 있는 것이다. 존재는 인격적이다. 존재는 내면적이다. 존재는 형이상학적이다. 존재는 하나님의 형상을 회복하는 길이다. 단순한 오락이나 물질에서 벗어나 외적인 미와 스펙을 멀리하는 게 존재다. 존재에 집중할 때 비로소 인간은 인간다워지고 행복을 누리게 된다.

에릭 프롬, 그는 강조한다.
"이스라엘 백성이 이집트의 노예로 있을 때는 소유의 삶이었지만 광야로 나가는 순간 존재의 상태로 바뀐 것이다." "사람이 빵으로 살지 않고 하나님의 말씀으로 사는 것 자체가 존재의 회복이다."

존재의 가치를 알고 존재에 우선순위를 두고 살아가는 사람이 우물 안 개구리에서 벗어나 미래를 보게 된다. 땅을 바라보지 말고 하늘을 바라보자. 영안이 열리고 마음을 깨달아 살아가는 방식이 바로 존재론적 삶이라 할 수 있다.

소유는 정지되고 취득하는 것에 지나지 않지만 존재는 살아있는 것이다. 즉 능동적이다. 내 것을 나누고 공유하고 남을 위해 섬기는 삶 즉 예수님처럼 살아가는 것이다. 소유는 영웅을 찾는다. 소유의 특징은 착취 지배 두려움 경쟁 불안이다. 이에 반해 존재는 경쟁이 없고 나누고 섬기기 때문에 행복해질 수 밖에 없다. 예수도 제자들에게 "모든 것을 버리고 나를 따르라."고 했고 법정스님도 "무소유"를 강조했다. 수많은 감동적인 스토리는 모두 소유보다 존재에 기반을 둔 것이다. 물질에 집착하면 불행해진다. 평생토록 돈을 모은 사람이 정작 한 푼도 쓰지 못하고 갑자기 암에 걸리거나 불의의 사고로 목숨을 잃어버린다면 그보다 불행한 일이 있을까?

사회적인 지위 명예 부 권력 등에 집착을 하는 한 소유 중심의 삶에 그친다. 소유가 반드시 나쁜 것은 아니지만 소유의 아집에서 벗어나지 못하는 한 수동적인 삶을 살게 된다. 가끔 지인들 댁을 방문해보면 전시용 책들이 눈에 띈다. 전집을 사서 읽지도 않으면서 과시용으로 응접실에 놓는 것과 한 권의 책을 사더라도 읽는 사람과의 차이는 엄청나다. 페북이나 블로그 등 SNS 상에 여행지와 먹는 것을 자주 올리는 사람과 내면적인 글을 올리는 사람과는 차이가 있다. 물론 개인 취향일 수도 있다. 그러나 내면적인 삶이 없다면 무뇌인간에 가깝다. 소유 중심의 삶은 쉽게 싫증 내고 유행 따라 살아간다. 사람이 동물과 다른 가장 큰 특징이 사고하는 데 있다. 내면적인 삶을 추구하는 것이 존재의 삶이다. 어떻게 살아야 할까?

생각이 바뀌면 삶이 행복해진다. 성경에서도 이름이 바뀐 사람들이 등장한다. 사울(Saul,큰 자)이 바울(Paul,작은 자)로, 시몬(Simon,모래)이 베드로(Peter,반석)으로, 존재의 삶을 사는 사람들은 세속적인 모든 것을 버린다. 리빙스톤, 시바이쩌, 헨리 나우웬, 사도 바울, 유일한, 장기려, 안수현 등 존재의 삶을 살았다. 자신의 타이틀 명예 권력 박사 집 재산을 다 팔아 가난한 자들에 주고 섬김의 삶을 살았기에 그들의 존재가 빛을 발하고 귀감이 되는 것이다.

소유의 삶에서 존재론적인 삶 즉 존재로 살게 되는 것 자체가 가치의 변화다. 한마디로 영적 깨달음이다. 남들이 가지 않는 길을 가는 것도 존재론적 삶을 사는 것이다. 다른 말로 하면 하나님의 은혜. 행복은 무엇보다 내 생각이 바뀌어야 한다. 고정관념을 내려 놓아야 한다. 과거, 틀, 생각, 마인드가 바뀌지 않는 한 소유 중심의 불행한 삶에 머물 수 밖에 없다. 명예와 타이틀에만 집착하면 소유의 삶을 사는 것과 같다.

빌리 그레이엄 목사는 80회 생일을 맞이하여 래리 킹과 인터뷰를 했다. 인터뷰에서 "당신의 삶을 뒤돌아보면 큰 상을 받아야 할 것이다. 후회할 것이 없겠죠?"
빌리 그레이엄은 뜻밖의 대답을 한다.
"나는 실패자다. 나는 사람들과 많은 시간을 보내느라 정작 하나님과는 작은 시간을 보냈다. 비즈니스 미팅 때문에 너무 바빴고 예배에도 바빴다. 하나님과 관계에 소홀했다."

파리아스는 빌리 그리이엄 목사의 이러한 고백에 대해, '영적인 배고픔'이라고 했다. 위대한 이들마다, 그들이 이룩한 성취감 다음에 허전함이 있다고 했다. "하나님이 우리를 부르신 이유는 분주한 삶을 살라고 부르신 것이 아니라 충만한 삶을 위해서이다." 물론 영적 거인들도 호불호가 있고 장단점이 있을 수 있다. 세상속의 그리스도인으로 살아가면서 선한 영향력을 미치는 존재론적 삶을 살아야 할 것이다.

예전보다 삶의 질은 높아졌는데, 메마른 삶이 계속 된다면?
예전보다 재산(income)은 많아졌는데 불행하다고 느낀다면? 적신호다.
나의 삶이 분주하다면 왜 무엇 때문에 바쁜지 잠시 멈춰서 생각해보자.
우선 순위를 놓치고 있지는 않은지 점검해보자.
나의 삶을 조용히 돌아보자..

그러므로 염려하여 이르기를 무엇을 먹을까 무엇을 마실까 무엇을 입을까 하지 말라 이는 다 이방인들이 구하는 것이라. 너희 천부께서 이 모든 것이 너희에게 있어야 할 줄을 아시느니라 너희는 먼저 그의 나라와 그의 의를 구하라 그리하면 이 모든 것을 너희에게 더하시리라. 그러므로 내일 일을 위하여 염려하지 말라 내일 일은 내일 염려할 것이요 한날 괴로움은 그날에 족하니라. (마 6:31-34)

영화 <미션>과 책 <총균쇠>
The Movie <The Mission> by Roland Joffe
and the book <Guns, Germs, and Steel> by Jared Diamond

용서하지 않는 사람은 자기가 지나가야 할 다리를 파괴하는 사람이다. – 조지 허버트

사람은 잘못을 저지르고, 신은 용서한다. –알렉산더 포프

    1986년 조페 롤랑의 영화 <미션>을 보고 <벤허> 이후로 큰 감동을 받았었다. 아내는 특히 이과수 폭포의 장엄함에 "지구상에 저런 곳이 있다니" 하며 감탄을 금치 못했다. 아무래도 여자는 보는 관점이 남자와 다르다. 영화나 보면서도 아름다운 자연에 더 끌리나보다. 이과수 폭포는 북미의 나이애가라 폭포, 아프리카의 빅토리아 폭포와 함께 세계3대 폭포로 불리우지만 이 중 압권은 역시 남미 3개국에 위치한 이과수 폭포다. 이과수 폭포는 더불어 남미에서 꼭 봐야할 3대 명소로 손꼽힌다. 나머지 두 곳은 볼리비아의 우유니 사막, 페루의 마추피추 유적지다.

    이과수 폭포는 남미의 세 나라 국경에서 접근이 가능하다. 실제로는 아르헨티나 쪽과 브라질 쪽에서 볼 수 있다. 아르헨티나에서 보는 것보다 브라질 쪽이 훨씬 경관이 아름답고 덜 걷게 된다. 아르헨티나는 윗 쪽과 아랫 쪽 두 곳으로 나누어 볼 수 있는데 아랫 쪽으로 가면 파노라마처럼 전경을 볼 수 있고 윗 쪽은 트레인으로 이동 후 다시 걸어가는데 시간이 다소 걸린

다. 폭포 가까이 가면 천둥 같은 소리와 비에 온몸이 젖는 체험을 할 수가 있다. 이과수 폭포를 처음 보았을 때 느낌이란, 지구상에 이러한 곳이 있다는 것이 믿어지지 않을 정도였다. 한동안 자연의 경이로움에 꼼짝할 수가 없었다. 총 274개의 폭포로 이루어진 이과수 폭포는 너비 4.5km, 길이 2.7km, 평균 낙차 80m나 되며, '악마의 목구멍'이란 곳이 가장 가까이서 볼 수 있는 곳이다.

〈미션〉은 근세 에스파니아(스페인)와 포루투칼의 식민지 전쟁 하에서 선교사들이 강제로 퇴거하는 장면을 그린 영화다. 당시 해상권(제러드 다이아몬드에 의하면 총 칼 균을 가진 나라)을 제압한 두 나라는 교황청과 협의 하에 전세계를 양분하여 그 나라에 착륙하기도 전에 아프리카와 아메리카 대륙 인도 중국 등을 나누기로 약속했다. 물론 지금의 상황으로는 말도 안 되는 일이었다. 주인공은 가브리엘 신부(예수회 소속 선교사)와 노예상인으로 등장하는 멘도자다.

영화는 '주인공 가브리엘 신부가 미전도 종족에게 복음을 전하던 중 부족민을 사냥하고 노예 시장에 팔아먹는 그리고 같은 여자를 사랑했다는 이유로 동생을 살해한 로드리고 멘도사를 만나, 그가 부족민들로부터 용서받는 내용을 담고 있다.' 이 영화는 자신의 회심과 별도로 피해자들을 찾아가 그들에게 직접 용서받는 장면이 인상적이다. 피해자의 용서 없이 예수를 믿고 죄사함을 받았다면 어떻게 봐야 할까? 진정한 용서란 무엇인가? 깨닫게 해주는 영화다.

제러드 다이아몬드의 저서 〈총균쇠〉에 의하면 1523년 스페인의 피사로

가 이끄는 168명의 소수 병력으로 8만 명의 잉카제국을 멸망시킨 사건을 인종적 우월성이 아닌 환경적 지리학적 위치에 놓여진 상황으로 설명을 한다. 스페인과 포루투칼이 안데스 산맥과 아마존 지역을 사이에 두고 남미를 양분한다. 오늘 날 브라질이 포루투칼어를, 기타 페루 칠레 멕시코는 스페인어 권에 속하는 식민지가 된 것도 무방하지 않다. 영화에 나오는 과라니 족은 실제의 부족이다. 예수회 소속 선교사들 600여 명이 남미대륙에 들어가 정착을 하고 원주민 부족들에게 복음을 전한다.

과라니 족은 아마존 남단에 거주했다. 스페인은 아순시온(오늘날 파라과이)에 정착하고 원주민들에게 선교하지만 포루투칼은 아마존 대부분의 지역에 들어가 존재하지도 않던 금을 찾아 원주민들을 무자비하게 학살하며 노예로 팔아 넘기는 등 온갖 만행을 저질렀다. 그 가운데 멘도자는 노예상인으로 나온다. 마치 영국의 존 뉴턴이 아프리카의 원주민들을 착취하고 노예로 팔아넘기는 악역을 맡았던 것처럼 말이다. 실제 멘도자도 존 뉴턴처럼 후에 회심하고 선교지에 들어가 남은 삶을 살게 된다. 존 뉴턴은〈나 같은 살리신, Amazing Grace〉유명한 찬송을 만들기도 했다.

멘도자는 우연찮게 동생을 죽인 뒤 죄책감에 고민하다 가브리엘 신부의 요청대로 과라니 족에 들어가게 된다. 기고만장하던 멘도자가 마을에 들어가 원주민 앞에 무릎을 꿇고 용서를 비는 장면이 압권이다. 물론 그는 용서를 받는다. 그러던 와중에 포루투칼 본국에서 선교사들에게 강제로 선교지에서 나와 줄 것을 요구한다. 이유는 정착촌에 들어가 살던 선교사들이 '노예를 착취하고 학대하던 본국의 방침'을 거부하고 반대했기 때문이다. 결국 멘도자는 칼을 들고, 가브리엘 신부는 사랑으로(간디, 마틴 루터

킹 목사, 예수 그리스도처럼 비폭력으로 맞서다) 포르투칼 군대에 대항하다 죽게 된다.

　문명의 발달은 사람을 인류에게 도움이 되는가? 선진국과 후진국의 차이는 무엇일까? 사실 후진국 내에서도 작은 공동체 안에서도 다시 지배계층과 피지배계층으로 구분이 된다. 마이클 샌들 역시 〈정의란 무엇인가〉에서 가진 자와 갖지 못한 자의 불평등. 역사는 공정하게 이루어 지는가? 정의는 제대로 실현되고 있는가? 를 지적한다. 식민지 전쟁으로 평화롭게 살던 원주민의 삶은 아무런 이유도 없이 파괴되는 점철을 밟게 됐다. 아픔의 역사다. 과거 십자군 전쟁처럼 오늘날 이슬람도(일부 IS) 한 손에 칼을 한 손에 코란을 구호로 전세계를 불안에 떨게 한다. 폭력과 강제는 어떠한 이유에서든지 용납이 되지 않는다.

　교황청과 스페인 포르투갈이 합세하여 600여명의 선교사를 축출하고 교단을 해산한다. 결국 남미를 식민지화 하지만 다른 여타 나라에 비해 가난을 면치 못하고 있다. 로마의 콘스탄티노스 황제 때 기독교가 공인되고 기독교인의 박해도 끝나게 된다. 그러나 사실 평화를 되찾는 동시에 기독교는 안주하게 되고 세속화에 오염되기 시작한다. 개인국민소득 2만 불이 넘어가면 교회성장은 물론 기독교 인구는 감소하는 것이 유럽과 서구의 예다. 지리학적위치로 놓고 볼 때도 남반구와 북반구가 다르다. 남반구는 중남미, 아시아, 아프리카 등 가난한 사람들이 많이 살고, 이에 반해 북반구는 유럽, 북미 등 선진국들이 차지하여 부유하게 살고 있다.

나의 미션(mission)은 무엇일까?

멘도사와 가브리엘 신부 중 나는 어떤 쪽 성향일까?

나는 삶에 안주(easy going)하고 있는가 도전(challenge)하고 있는가?

피해자와 합의나 용서가 없이 회심하고 회개했다면 다 끝난 일일까?

진정한 용서란 무엇인가?

그러므로 너희는 하나님의 택하신 거룩하고 사랑하신자처럼

긍휼과 자비와 겸손과 온유와 오래참음을 옷입고

누가 뉘게 혐의가 있거든 서로 용납하여 피차 용서하되

주께서 너희를 용서하신 것과 같이 너희도 그리하고

이 모든 것 위에 사랑을 더하라 이는 온전하게 매는 띠니라.

(골 3:12-14)

민족 시인 윤동주의 삶.
Yoon Dong-ju's life as a national poet

내가 시를 만든 것이 아니다. 시가 나를 만든 것이다. - 괴테
그 속에 한 조각의 애처로움도 없는 시는 씌어지지 않는 편이 낫다. - 오스카 와일드

2017년에 윤동주 시인 탄생 100주년을 맞이했다. 작년에는 마틴 루터 500주년으로 그의 발자취를 돌아보며 종교개혁의 의미를 되새겨보자는 운동과 노력도 있었다. 일제 시대는 민족사적으로 큰 비극이었고 이때 태어난 사람들 중에 친일파도 있었고 민족을 위해 목숨을 바친 이도 있었다. 그 중 친일파(총5207명)는 문학계(41명), 개신교(58명)가 포함이 되어 있다. 우리에게 널리 알려진 인물들도 적지 않다. 이화여대 초대총장이었던 김활란 박사를 비롯 서정주, 모윤숙, 노천명, 이광수, 정비석 등. 아마도 중고등학교 시절에 국어책에 실렸던 그들의 작품과 이름을 익히 들어 알고 있을 것이다.

이에 반해 나라를 위해 희생한 김구, 안창호, 조만식, 서재필, 이승훈 등의 인물도 있었다. 또한 북간도에서 활동했던 윤동주는 일제에 저항하다 감옥에서 사망했다. 안타까운 것은 친일파와 그의 후손들은 엄청난 재산과 땅을 물려 받아 지금까지 잘 살고 있지만, 독립운동을 했던 애국자나 그의 후손들은 변변찮은 연금을 받아 힘들게 살아가고 있는 형편이다. 변절한 매국노

나 친일파에 대한 정부의 처벌도 미미해 아직까지 논란이 되고 있다.

"하늘과 바람과 별과 시"란 시로 알려진 민족시인 윤동주, 그의 시는 독실한 기독교 집안에서 태어난 신앙적 배경을 갖고 있다. 그의 조부는 명동교회 장로였고 그가 다녔던 명동학교, 은진중학교, 숭실학교, 연희전문학교 모두 미션스쿨이었다. 그의 시에서 부활 십자가 새벽 희망이 그려지고 있는 것이 우연히 아니다. 그는 암울했던 시기에 그의 시를 통해 희망을 노래했고 부활을 기대했다. 시대적인 암흑기에 그는 타협하지 않았고 부끄러워할 줄 알았던 영혼이 맑은 사람이었다.

그는 1941년 연희전문학교를 졸업하면서 77편을 가칭 "병원"으로 출판하려고 했으나 검열 때문에 포기했다. 이후 그가 후쿠오카 감옥에서 죽게 되자 그의 존재와 명시들이 영원히 잊혀질 뻔 했다. 그러나 친구 정병욱이 받아 보관하고 있던 시 26편과 강처중이 받은 원고 다섯편을 모아 총 31편의 시로 유고시집 "하늘과 별과 시"를 발간하게 된다. 이때 추모식용으로 긴급 제작하는 관계로 열권만 발간이 됐지만 1955년 10주기 추모식 때는 "하늘과 바람과 별과 시"라는 제목으로 정음사에서 발간되면서부터 일반 대중에게 널리 읽히기 시작했다.

그가 세상에 알려지기 시작한 계기는 1977년에 시인의 죽음에 대한 "극비문서"와 "재판 판결문" 등이 공개되면서부터다. 1980년대 후반 연변대 교수로 부임한 와세다 대학 오오무라 마쓰오 교수가 용정의 동산중앙교회 묘지에 가서 40년간이나 잡초에 묻혀있던 윤동주의 무덤을 찾아내고 평전을 써서 세상에 알린다. 그러자 대한민국 정부는 이런 윤동주 시인의 공훈을 기려 1990년 8월 15일 대한민국 건국훈장 독립장을 수여하게 된다.

지난해 연말 '별이 된 윤동주시인 탄생 100주년 기념전시회'가 열렸다. 전시회는 윤동주 시인이 태어난 만주 북간도를 중심으로 시작해서 그의 사후 출판된 유고 시집과 육필 원고 그리고 추모 기념 작품들까지 300여 점이 소개되었다. 이 전시회에서 참석자들은 1948년 유고시집과 1955년 발행된 초판시집, '별 헤는 밤', '십자가' 등 캘리그라피로 쓴 시를 감상하며, 기념강연과 시낭송 등을 통하여 시인의 정신을 되새겼다.

성경에도 민족을 위해 자신의 목숨을 던지고 신앙을 지켰던 인물들이 등장한다. 모세, 다니엘과 세 친구, 에스더를 비롯 사사시대의 지도자들도 다 해당된다. 당리당략과 자신들의 기득권 지키기에만 눈이 멀었던 지도자들하고는 차원이 다르다. 특히 유대인들을 모두 죽이려는 하만의 계획을 알게 된 삼촌 모르드개는 페르시아의 왕비 에스더에게 이렇게 말한다. "네가 왕비가 된 것은 이때를 위함이 아니더냐?" 에스더는 이후 "죽으면 죽으리라"는 각오로 왕에게 나아가 유대인의 목숨을 구하게 되었다.

윤동주는 사실 한국교회를 넘어 나라의 자랑인 애국자이자 민족저항시인이다. 그의 시에서 나타나듯 지성인으로서 고난을 피해가지 않고 마땅히 감당해야 할 자기 십자가를 지고 그 길을 걸어갔다. 그리고 죽었다. 그러나 그는 다시 시로 부활하였다. 이름도 글자도 자유도 모두 빼앗겼던 식민지 시대에 굴복하지 않고 고뇌한 흔적이 그의 시에서 드러나기에 큰 감동과 울림을 주고 있다. 많은 이들이 아직도 그를 기억하고 것은 이유다. 윤동주와 함께 기억해야 할 민족시인또는 저항시인으로는 이상화, 이육사, 한용운

등이 있다. 이상화 시인의 〈빼앗긴 들에도 봄은 오는가〉, 이육사 시인의 〈청포도〉, 한용운 시인의 〈님의 침묵〉 등이 우리에게 알려진 시다.

윤동주는 칠레의 시인 네루다와 페루의 시인 바예호처럼 민족이 수난을 당하고 있던 시대에 한줄기 빛처럼 나타나 국민에게 희망을 주었던 맑은 영혼을 가진 시인이다. 그를 배경으로 안소영 작가는 〈시인 동주〉란 소설을 집필했다. 안 작가는 윤동주에 대해 "고운 심성을 가진 동시에 여리고 맑은 시인으로"평가하고 있다. 정병욱 교수 역시 자신의 해오던 일 중에서 가장 자랑스런 일이라면 "동주형의 시를 발굴해 낸 것"이라고 밝혔다. 2015년 윤동주 서거 70주년을 기념해 이준익 감독이 제작한 영화 〈동주〉도 볼만하다. 영화에서도 윤동주의 많은 시들을 볼 수 있다. 〈참회록〉, 〈별 헤는 밤〉, 〈자화상〉, 〈서시〉 등. 윤동주의 시는 모두가 쉽게 공감할 수 있는 시다. 모두가 힘들었던 그 시기에 국민들의 마음을 달래주는 그런 시였다.

펜은 검보다 강하다. 마르스와 미네르바. 마르스는 로마의 군신으로 무력을 상징하고 미네르바는 지혜와 예술 학예를 상징하는 여신이다. 억누를수록 강인하게 피어나는 잡초처럼, 민족시인 윤동주는 그렇게 주옥 같은 시를 우리에게 남겨 주었다. 생각없이 살게 되면 막 살게 된다. 어떤 경우에도 삶의 지표가 되는 거룩함을 잃지 말아야겠다.

생육신
부끄러움을 몰랐던 바리새인들,
친일협력자들 그리고 오늘날 부패된 지도자들과 달리

부끄러움을 알았던 시인의 맑은 정신이
나를 부끄럽게 하고 또한 숙연하게 만든다.

어떠한 경우에도
부끄러움이 없는 삶을 살아야겠다.

여호와의 산에 오를 자가 누구며 그의 거룩한 곳에 설 자가 누구인가
곧 손이 깨끗하며 마음이 청결하며 뜻을 허탄한 데에 두지 아니하며
거짓 맹세하지 아니하는 자로다 그는 여호와께 복을 받고 구원의 하나님께
의를 얻으리니 이는 여호와를 찾는 족속이요 야곱의 하나님의 얼굴을
구하는 자로다. (시 24:3-6)

인간의 굴레
<Of Human Bandage> by W. Somerset Maugham

사랑은 서로를 마주보는 게 아니라, 서로 같은 방향을 바라보는 것이다. - 쌩 텍쥐베리

　서머셋 모옴의 <인간의 굴레에서>란 소설이 있다. 주인공 필립은 의미없는 삶을 살아가는 것처럼 보이지만 결국은 안정을 되찾는다. 그는 애정에서도 사랑하는 여자를 붙잡지 못하고 우유부단한 모습을 보일뿐더러 자신의 일과 진로에 있어서도 명확하지 못하다. 공인회계사 화가가 되려고 했지만 결국은 의사가 되어 자신의 종착지를 찾게 된다. 아주 늦은 나이에… 주인공 필립에게 무엇이 그의 굴레였을까?

　예전에 <곰스크로 가는 열차>에서도 언급했지만 남자와 여자의 꿈과 생각이 다르다. 남자는 어딘가 떠나려고 하고 여자는 정착하려고 한다. 밀고 당기는 그것이 인생이 아닐까? <인간의 굴레에서>의 주인공 역시 자신과의 싸움을 하고 있는 것이다. 비록 밀레와 고흐처럼 이름있는 화가의 반열에 오를 수 없다는 것을 알고 포기하지만 하여간 자신이 하고 싶은 일들을 한다. 물론 이것이 어떤 사람이 보기에는 무책임하고 인생을 낭비하는 것처럼 보인다. 그러나 나름 자신의 길을 걸어가고 있는 것이다.

　혹 배우자나 자녀가 한가지 일에 만족하지 못하는 편인가? 또는 한 곳에 집중하지 못하고 이것 하다가 멈추고 또 다른 일을 시작하는 경우라면 어떻게 보아야 할까? 보는 사람은 답답하다. 그러나 때로는 지켜보는 것도 필요하다. 게으르고 무기력하거나 삐딱한 시각으로 인생을 바라보는 사람이 아니라면 말이다.

'굴레'는 말이나 소 따위를 부리기 위해 머리와 목에서 고삐에 걸쳐 얽어매는 줄을 말한다. 부자연스럽게 얽매이는 일을 비유적으로 말하기도 한다. 또한 '멍에'는 달구지나 쟁기를 끌 때 목에 얹는 나무를 말한다. 굴레와 멍에는 둘 다 소를 속박하기 위한 것이지만 조금 차이가 있다. 〈굴레〉는 죽을 때까지 써야만 하는 것이지만, 〈멍에〉는 일을 할 때만 쓰는 것이다.

성경에 '야곱'이란 인물이 등장한다. 그에게 어떤 꿈이 있었을까? 곱상하고 소꿉놀이만 하는 조용한 성격에 어떤 일을 하는 것이 그에게 적당했을까? 팥죽 한 그릇으로 형을 속이고 장자권의 축복을 가로 채기 위하여 아버지를 속이는(물론 엄마인 레베카가 종용했다: 필자 주) 일이 과연 바람직한 일이었을까? 조금 힘들어도 정도로 가면 어땠을까 하는 생각이 든다. 하나님의 섭리와 계획이란 내가 굳이 무리하게 하지 않아도 하나님은 분명 그 길로 인도하신다. 정도로 걷지 않음으로 인해 가시밭길 인생이 펼쳐진다. 사랑하는 아내를 얻기 위해 칠 년, 다시 칠 년, 재물을 얻기 위해 육 년 도합 이십 년의 인생을 허비한다.

예로부터 '집 떠나면 고생'이라 했는데, 야곱의 마음이 얼마나 외로웠을까? 고향으로 돌아오는 길에도 형 에서가 400명의 사병을 이끌고 자기를 기다리고 있다 하니 마음이 초조하고 번민이 심했을 것이다. 얍복강에서 천사(하나님의 사자)를 만나 씨름을 하고 환도뼈를 다치면서 비로소 야곱은 깨진다. 야곱의 이름이 이스라엘로 바뀐다. 그렇다고 그의 인생이 행복했을까? 이후 자신이 사랑하는 레이첼에게서 태어난 요셉을 편애했다. 요셉은 형들의 미움을 받고 급기야는 짐승에게 죽었다. (사실은 형들이 잘난 체 하기 좋아하는 요셉을 미디안 상인에게 애굽의 노예로 팔았다) 야곱은 평생 자신의 죄값을 받는다. 애굽의 바로 앞에서 '내가 험악한 세월을 살아왔다' 고 고백하는 장면이 나온다.

야곱은 성공한 인생이었을까? 그는 과연 행복했을까? 사랑하는 여자와 재물을 꽤 얻었으니 성공한 사람이라고 해도 틀리지는 않다. 그러나 행복했다고는 보이지 않는다. 멍에는 가끔 벗기도 하지만 굴레는 평생 벗을 수 없다. 내가 한번 뱉은 말은 주워 담을 수 없다. 내가 선택한 결혼이나 직장의 삶도 쉽게 바꿀 수 없다. 혹 바꿀 수는 있지만 그에 따른 후폭풍을 감내해야 한다. 야곱이 거짓말하고 사기친 대가는 혹독했다.

찬송가의 가사처럼, '고통의 멍에 벗으려고 주께로' 가고 있는가? 삶은 아름답기도 하지만 때로는 피할 수 없는 비참한 상황을 맞기도 한다. 각자가 받아들여야 하는 멍에와 굴레가 있다. 굴레는 벗을 수 없지만 멍에는 나의 생각에 따라 벗을 수도 있고 바꿀 수도 있다. 내가 지고 가야만 하는 십자가 즉 굴레가 있다. 내가 벗어 버려야 할 멍에도 있지만 반드시 메고 가야 할 굴레도 있다. "수고하고 무거운 짐 진 자들아 내게로 오라 내가 너희를 쉬게 하리라." 현재 나의 삶이 버겁고 힘들다고 느끼는가? 현재의 삶에서 벗어나고 싶다는 생각을 해보았는가? 부자집에서 태어났다면 과연 행복했을까? 현실을 직시하자. 하나님께 직면하자.

인생에는 메고 가야 할 굴레가 있다면, 또한 벗어 버려야 할 멍에가 있다.
나의 멍에와 굴레는 무엇인가?

인생의 다섯 가지 감옥
<Five prisons of Life> by George Elliott

삶에 대한 절망 없이는 삶에 대한 희망도 없다. - 카뮈
비참한 인간들에겐 희망이 약이다. - 셰익스피어
내 비장의 무기는 아직 손안에 있다. 그것은 희망이다. 나폴레옹

우리가 살아가는데 있어 무엇이 가장 중요할까? 물론 사람마다 우선순위가 다르다. 행복의 근원은 어디에서 오는 것일까? 그냥 샘물처럼 흘러오지 않는다. 나의 삶은 과연 행복한가? 이 대답에 확실하게 '예스'라고 대답할 수 있는 사람이 얼마나 될까? 왜 사람들은 자신만 불행하다고 느낄까? 남들도 크게 다르지 않는데 말이다. 과연 행복과 불행의 차이는 어디서 오는 것일까? 바로 기쁨이 없기 때문이다. 특히 비교를 많이 하는 사람일수록 불행하다. 또한 행복은 소유에서 오지 않는다. 혹자는 돈만 있으면 행복하다고 주장하는데 그것도 어떤 선까지 그렇지 그 이상 되면 돈도 행복지수에 큰 영향을 주지 못한다.

기쁨의 영어 단어가 죠이(JOY)다. 죠이선교회에서는 죠이를 이렇게 해석한다. 죠이의 J는 Jesus, O는 Others, Y는 yourself다. 가장 첫 번째 기쁨의 대상이 예수 그리스도요, 두 번째는 나를 제외한 가족이나 이웃의 기쁨이 되는 삶, 마지막 세 번째가 나 자신이다. 사도 바울 선생이 제자교회들에게 보내는

편지에서 자주 강조하는 말이 "기뻐하고 또 기뻐하라"이다. 사도 바울은 빌립보 감옥에서조차 자신의 일보다 다른 이들의 안부를 묻고 또 묻는다. 자주 웃고 기뻐하고 감동을 많이 하는 사람일수록 엔도르핀이 나오고 행복지수가 높아진다. 나만을 위한 삶을 사는 사람일수록 불행하다. 다른 사람을 위해 봉사하고 나눠주고 함께 하는 삶을 살 때 보람도 있고 행복은 절로 다가온다.

나를 향한 하나님의 뜻은 무엇일까? 사람들의 최대의 관심사다. 한편 현재에 삶의 만족하지 못하고 안절부절 하는 것이 미래에 대한 집착일까, 그냥 정상적인 삶의 일부분일까? 사람들은 하나님의 뜻을 깨닫지 못하면 그냥 뭔가 믿음이 부족하다고 느낀다. 순간순간 미래에 대한 두려움에 지푸라기라도 잡고 싶은 심정일 게다. 보이는 게 없으니까 그냥 불안하다. 성경에 답이 있다. "항상 기뻐하라, 쉬지 말고 기도하라, 범사에 감사하라 이는 그리스도 예수 안에서 너희를 향하신 하나님의 뜻이니라." 그렇다. 어떠한 환경 가운데에서도 기뻐하고 감사하자. 감사할 때 나의 환경이 바뀐다. 힘들다고 주저앉지 말자. 내가 환경을 바꿀 수 없지만 나의 부정적인 생각은 바꿀 수 있다. 생각만이라도 바꾸자.

감옥에 갇힌 사람들의 심정은 어떠할까? 두 가지 부류가 있다. 자포자기하는 유형과 그럼에도 불구하고 끝까지 견디고 살아남는 유형이다. 감옥에서 희망을 갖기란 쉽지 않다. 그런데 희망을 갖는 사람이 있다. 최악의 밑바닥에서 자신을 제대로 돌아보게 된다. 후자에 속하는 사람이 바로 신영복 교수, 김대중 전 대통령, 넬슨 만델라 전대통령, 빅터 프랭클, 윤형주 장로, 이종용 목사, 요셉, 바울 등이다. 'In spite of 신앙'의 유형은 그럼에도 불구하고 유형의 신자요, 'Because of 신앙'의 유형은 뭐뭐 때문에 즉 조건 때문에 신앙생활을 하는 사람을 말한다. 매사에 조건을 달고 이해타산이 맞아야만 교회에 마지못해 나가는 신자를 말한다. 이런 사람은 쉽게 상처를 받고 쉽게 교회를 떠나기도 한다.

영국의 여류작가 조지 엘리옷이 "인간은 자기도 모른 채 다섯 가지의 감옥에서 지낸다."고 말했다. 첫 번째는 '사랑의 감옥'으로 자기중심적인 경향이 많은 사람을 말한다. 두 번 째는 '근심의 감옥'으로 일어나지는 않은 일에 대해서도 쓸데없이 걱정이 많은 사람을 말한다. 세 번째는 '과거를 생각하는 향수의 감옥' 네 번째는 '선망의 감옥'이다. 즉 남의 떡이 커 보이고 빼앗고 싶은 심정을 말한다. 당신이 그렇다면 의심해봐야 한다. 다섯째는 '증오의 감옥'이다. 남을 미워하고 평계 대는 유형이다. 틈만 나면 비교를 하는 사람이 문제다. 원망과 불평은 비교의 사촌이다. 누군가를 미워하고 원망하기 시작하면 답이 없다. 내 삶이 수렁에 빠지고 있다는 징조다. 빨리 털어버려야 한다.

가인은 제사 때문에, 아우 아벨을 미워한 결과 살인을 저지른다. 요셉은 아버지의 편애로 인하여 '자신을 물 없는 구덩이에 집어 넣고 애굽에 노예로 팔아버린 형'들을 원망하지 않는다. 보디발 호위대장(오늘날 장관급)의 집에서 부인의 유혹을 거절해 감옥에 보내져도 그는 원망하지 않았다. 가인은 쫓겨나고 방황하는 삶을 살았지만 요셉은 애굽의 국무총리가 되고 형제들을 용서했다. 사울 왕도 다윗을 질투하고 시기한 결과 증오하고 죽이려 했다. 사람을 미워하기 시작하면 잘못된 길로 들어선 것이다. 사울은 결국 비참하게 삶을 마감하고 말았다. 남탓을 멈추자.

내가 생각을 바꾸는 순간 나의 주변 사람이 변화되기 시작한다.
내가 바뀌니 나의 환경도 달라진다.

주홍글씨(A)
<The Scarlet Letter> by Nathaniel Hawthrone

혼외정사를 갖는 것은, 그 동안 저축한 돈을 도박장에서 몽땅 날려 버리는 것과 같다. 가진 돈을 몽땅 잃어버리면 모든 것을 처음부터 다시 시작해야 한다. -존 그레이

나다니엘 호돈의 유명한 작품 중 하나인 "주홍글씨(Scarlet Letter)"를 소개한다. 이 소설은 헤스터 프린과 딤즈데일 목사와의 불륜 그리고 이후의 죄책감과 고통스런 참회의 과정을 그린 작품이다. 배경은 청교도 시대로 당시의 도덕적 이상과 제도적인 상황 속에서 스토리는 전개된다.

헤스터 프린은 영국에서 결혼을 했다. 그러나 사정이 있어 홀로 보스톤으로 이주해 왔다. 곧 온다던 남편은 5년이 넘도록 감감 무소식이다. 딤즈데일은 목사의 신분이다. 아무래도 홀로 살아가다 보니 이런저런 도움이 필요하고 목사로서 자주 만날 수 밖에 없다. 그러나 선을 넘고 말았다. 예쁜 딸 "펄"을 낳았다. 헤스터는 재판장에서 "아이의 아빠가 누구냐?"고 묻는 사람들의 질문에 침묵으로 일관한다. 홀로 모든 죄를 안고 고통 속에 살아간다. 사람들에게 온갖 조롱과 참을 수 없는 수모를 겪지만 담담하게 견디어 낸다. 그런데 정작 불륜의 당사자인 딤즈데일 목사도 모른 척 한다. 나약하고 온순한 성품으로 평생 죄책감을 안고 살아간다. 무책임한 행동이다. 위선이다. 여자는 사회 공동체에서 추방을 당하지 않았고 감옥에 가

지 않았지만 사람들에게 당하는 손가락질이 더욱 마음 아팠을 것이다.

당시 청교도 사회에선 사람들이 죄를 범하였을 때 공동체의 법으로 정죄하였다. 예를 들면, 도둑질을 하게 되면 "T"(Thief)자를, 술 취해 행패를 부린 사람들에게는 "D"(Drunken)의 글자가 새겨진 글자를 목에 걸고 다니게 했다. 헤스터 프린 역시 불륜을 저지르다 보니 가슴에 "A"(Adultery)자 새겨진 글자를 평생 달고 다녀야만 했다. 얼마나 수치스러웠을까? 주홍은 빨강색보다 훨씬 더 진한 색깔을 말한다. 우리 말로 진한 빨강이 맞을까? 성경에도 "너희 죄가 주홍같이 진할지라도"라는 구절이 등장한다. 우리나라에선 오줌을 싸면 아침에 키를 쓰고 소금을 얻어오게 한 풍습이 있다. 아프리카에선 죄를 범한 사람을 서클을 만든 후 가운데 서 있게 하고 그 사람의 평소 선행이나 마을을 위해 애썼던 일들을 기억하며 그 사람의 장점을 말하게 하기도 한다. 그리고는 추방대신 용서를 선택한다.

우리나라도 예전부터 "남녀칠세부동석"이라며 남녀의 관계를 일찍이 조심스럽게 차단시켜왔다. 미국의 부통령 마이크 펜스가 2002년 "나는 아내 외에 여자와는 단 둘이 식사를 하지 않는다."는 발언 때문에 화제가 되었다. 일부에서는 성차별이라며 문제를 제기하기도 했다. 모닝 컨설트가 지난 5월 5,300명을 대상으로 실시한 설문 조사에서 '2/3가 이성 동료와 단 둘이 있어야 할 때 훨씬 더욱 주의를 기울이고 조심해야 할 필요가 있다'고 답했다. 여성 응답자의 대부분, 남성 응답자의 절반 이상도 배우자가 아닌 이성과 단둘이 저녁식사를 하거나 술을 마시는 것은 절대로 받아들일 수 없는 행동이라고 반대의견을 냈다. 배우자가 아닌 이성과 단둘이 있어야 하는 상황을 곤혹스럽게 생각하는 이유는 최근의 직장 내 성희롱

사건과 연관이 있다. 예로부터 미혼 남녀는 문을 열어 놓고 만나든지 불필요한 오해를 만들지 않도록 그렇게 교육을 받아 왔다.

그렇다면 목회자의 경우는 어떠할까? 교회 내 성도들의 1/3를 차지하는 여자 성도들, 그들과의 만남이 잦을 수 밖에 없고 상담이나 심방 등으로 홀로 사는 여성 신도를 만날 수 밖에 없는 목회자의 직분 상 어떻게 처신을 해야 할까? 여성 문제로 교회를 사임하는 목회자를 가끔 목격해 왔다. 그래서 필자는 마이크 펜스 부통령의 발언을 적극 지지한다. 목회자의 신분으로 단 둘이 여성 성도를 만나야 할 경우, 다른 집사님이나 권사님 그리고 아내와 동행하여 불필요한 오해 소지를 줄일 수 있고 교회 안에서도 문을 열어 놓거나 유리창으로 보이는 곳에서 만남을 갖는다면 무방할 것이다. 코너스톤 처치 이종용 목사의 경우, 목사실 안에 cctv를 설치해 교회안에서의 성적인 스캔달을 사전에 차단하는 조치를 했다.

"마이크 펜스 룰"이라는 신조어는 사실 빌리 그레함 목사로부터 시작되었다. 오래 전, 한국의 S 교회 목사, 토론토의 교회 목사 등 대형교회 목사이면서 여자성도와의 부적절한 관계를 가진 것에 대해 고백하고 자진 사임했다. 목회자는 불필요한 만남을 절제하고 불필요한 스킨쉽을 하지 말아야 한다. "아니 땐 굴뚝에 연기 날까?"라는 한국 속담도 있다. 목회자는 영적 리더다. 직위를 빌미로 유혹을 해서도, 당해서도 아니 된다. 어떠한 경우에도 오해의 소지를 만들지 말아야 한다. 목사의 자질 중에서 가장 중요한 것 중 하나가 바로 거룩성이다.

우리 삶에 사랑, 배신, 복수, 회복이 있듯이 소설에도 비슷하게 전개가 된다. 헤스터 프린의 남편 칠링워드가 바로 복수의 화신이다. 불륜을 떠 벌여 두 남녀를 공개적으로 비난하지는 않지만 딤즈데일 목사가 불륜의 대상자임을 알고 조용히 복수하려고 한다. 복수는 복수를 낳을 뿐이다. 딤즈데일 목사의 경우, 목사로서의 위선과 이중적인 삶이 신 바리새인의 모습이자 오늘날 나의 모습과 크게 다르지 않다. 용서가 쉽지 않다. 영화 〈밀양〉에서도 주인공 신애는 "자신이 용서하지 않았는데 어떻게 네가 마음대로 용서를 받고 마음이 편할 수가 있냐?"고 소리를 내지른다. 자신의 죄를 공개적으로 대중에게 고백하기란 더욱 쉽지 않다. 딤즈데일 목사도 오랜 기간 고민해 왔을 것이다. 그래도 마지막 순간에, 자신의 죄를 고백하고 숨진다. 헤스터 프린은 간음을 했지만 이후 공개적으로 수모를 당하며 자신의 죄를 감내한다. 이후 선행과 구제에 힘쓰며 남들이 알아주지 않더라도 평생 사람들을 돕는 일에 헌신하게 된다. 그러면서 헤스터 프린은 점차 사람들에게 그 진심을 인정받는다.

버림 받았던 여인이 버림받은 사람들을 돕는다. 과부가 과부사정을 잘 아는 법, 상처받은 사람이 상처 가득한 사람들을 잘 돌볼 수 있다. 헤스터 프린이 그랬다. 시간이 흐르다 보니 인정받는 여인이 되었다. 헨리 나우웬의 '상처받은 치유자'처럼 주님은 때로는 나를 통해 누군가를 위로하고 치유하기 원하신다. 성경에 등장하는 간음한 여인, 예수님은 그 여인을 두고 정죄하지 않으셨다. 수많은 사람들은 "돌로 치라!" 외쳤지만 주님은 그를 사랑으로 용납했다.

우리가 크리스천으로 바르게 사는 것도 중요하지만, 더 기억해야 할 것은 우리 지체 중 하나가 넘어지고 죄를 범하였을 때 그를 대하는 우리의 자세와 태도다. 정죄하고 손가락질 하는 것은 나의 몫이 아니다. 그리스도인으로서 나는 헤스터 프린을 어떠한 시각으로 바라볼 것인가? 공동체에서 왕따를 당하는 모습은 간음한 여인과 다르지 않다. 주위에서 얼마나 그를 용납해주냐에 따라 내 안에 그리스도의 사랑이 있느냐 없느냐를 알 수 있게 된다.

헤스터 프린은 변화되었다. 간음한 여인에서(A- Adultery), 가능성 있는 여인으로(A-Able), 다시 천사로(A-Angel) 그의 삶은 달라졌다. 비록 한때 실수를 하고 죄를 지었다 할지라도 가능성은 남아있다. 포기하지 말고 회개하면 된다. 과거를 떠나 새로운 삶을 살아가면 된다. 헤스터 프린처럼!

주님은 나를 (통해) 사용하기 원하신다.
다른 사람이 던지는 상처는(그 사람에게) 토스해 버리자.
내가 경험한 상처가 다른 사람을 돕는 귀한 도구로 사용이 된다.
Scar상처는 Star스타로, Adultery 죄는 Angel 천사로

내 이름으로 일컫는 내 백성이 그들의 악한 길에서 떠나 스스로 낮추고 기도하여
내 얼굴을 찾으면 내가 하늘에서 듣고 그들의 죄를 사하고 그들의 땅을 고칠지라.
(대하 7:14)

생각하는 사람
<The thinker> by Rodin

천국에 가장 완벽한 자비가 있는 것처럼, 지옥에는 가장 완벽한 미움이 있다. - 토마스 아퀴나스

　로뎅의 작품이 있는 프랑스는 예술의 도시다. 루부르 박물관, 오르세 미술관, 에펠탑, 몽마르뜨 언덕, 개선문, 루이14세와 마리 앙뜨와네트 등 왕족이 살았던 베르사이유 궁전 등 볼거리가 적지 않다. 미술관이나 박물관에 관심이 많다면 교통수단과 더불어 미술관을 패키지로 둘러 볼 수 있는 원스톱 패스를 구입하면 비용은 물론 시간도 세이브된다. 볼거리가 많은 만큼 기대가 크면 실망도 큰 법. 큰 기대를 않고 가야 얻는 것이 많아진다. 각자 형편에 따라 일정을 세우는 것이 좋다.

　로뎅은 애초 "생각하는 사람"의 청동 조각상을 "시인"으로 이름을 정했다가 후에 바꾸게 된다. 생각하는 사람의 동상 역시 독립된 조각상이 아니라 단테의 신곡에 나오는 지옥문의 일부로 만들어졌다. 지옥문 위에서 지옥에 들어오는 사람들을 바라보는 조각상이었다. 지옥문에 들어오는 사람들을 바라보며 도대체 무슨 생각을 하고 있었을까? "평소에 죄짓지 말고 잘 살다 오지. 불쌍한 사람!" 그랬을까? 아니면 "그렇게 나쁜 짓 많이 하고 살더니 샘통이다."라고 생각했을까?

단테의 신곡은 천국편, 연옥편, 지옥편으로 구성되어 있지만 천국편과 연옥편은 두리뭉실하여 그다지 재미가 없고 지옥편이 가장 읽을만하다. 괴테는 "인간이 만든 작품 중 최고의 문학"이라고 찬사를 보냈다. 3대 고전으로 알려진 존 번연의 "천로역정"역시 지옥과 같은 현실 속에서 고난을 통하여 천국에 이르는 주인공 "크리스천"의 모험담이다. 천국과 지옥 어디가 살기 좋을까? 난 어느 쪽으로 가고 있는가? 한번 생각해보자. 사람이 죽은 뒤에는 반드시 심판을 받게 된다. 영화 〈신과 함께〉에서처럼 지옥의 심판관이 쉽게 천국에 보내줄거라는 생각은 오산이다.

이런 얘기가 있다. 어떤 사람이 천국과 지옥을 갔더니 크게 다를 바 없었다. 천국에서는 지옥에서나 다같이 진수성찬으로 밥을 먹는데 긴 숟가락으로 먹고 있었다. 지옥에서는 혼자 긴 숟가락으로 밥을 먹으려니 낑낑대기만 할 뿐 제대로 먹을 수가 없었다. 그러나 천국에서는 긴 숟가락으로 본인이 먹지 않고 건너 편에 앉아있는 사람에게 먹여주고 있었다. 공동체의 바른 정신을 배우게 된다. 내가 아니라 우리다. 마르던 부버의 말처럼 '우리'라는 공동체를 지키고 존재하기 위해 나를 버리고 '우리'라는 생각을 가져야 한다. 나만 존재하는 사회는 없다. 오직 지옥뿐이다. 공동체는 헌신하고 희생을 하는 곳이다. 함께 더불어 존재하고 아껴주고 배려하는 공동체 마음이 바로 천국의 구현이다.

마음의 평안이 없다면 그곳이 바로 지옥이다. 사람에게 매를 맞거나 육체적인 상해를 당한 것보다 마음의 상처 즉 배신을 당한 것이 더 잊혀지지 않는 법이다. 누군가에게 상처를 준 기억이 있는가? 혹은 누군가에게 상처를 받은 기억이 있는가? 상처는 가장 가까운 사이에서 발생한다. 사실 남이라면 크게 개의치 않는다. 가까우니까 관심을 갖고 친하다 보니까 간섭을 하게 되고, 때로는 알게 모르게 상처를 주게 된다. 물론 상처나 생채기 없는 사람은 없다. 식물도 동물도 작은 상처를 입기 때문이다. 중요한 것은 그 상처를 어떻게 승화시키냐에 따라 나의 삶이 달라진다.

'무릇 지킬만한 것보다 내 마음을 지키자. 생명의 근원이 이에서 나온다'고 성경은 말한다. 엉뚱한데 정신 팔지 말고 영적인 일에 관심을 갖자. 내 마음에 평강이 없다면 그게 바로 지옥이다. 내가 소유한 물건, 내가 만나는 사람, 또는 환경에 따라 행복도가 달라지기도 한다. 그러나 중요한 것은 내 마음이다. 내 마음이 흔들리지 않아애 한다. 끝까지 주님을 바라보고 신뢰를 잃지 말자..

단테는 지옥 문에서 어둠 속에 길을 잃고 방황한다. 영국의 시인이자 화가인 윌리엄 블레이크가 그린 작품에 보면 '단테의 길을 막고 있는 세 마리의 야수 그림'이 있다. 각각 '표범, 사자, 암늑대'로 '인간의 야심, 탐욕, 오만'을 상징한다. 훗날에 로뎅은 지옥 문을 만들 때 여기에서 힌트를 얻어 세 사람의 형상이 지옥문 꼭대기에 서있는 조각을 만들게 된다. 고통스런 몸짓을 하고 있는 세 사람은 지옥편에서 "슬픔의 도시", "영원한 비탄", "망자"를 가리킨다.

지옥 문 앞에 섰을 때 나는 어떤 표정을 짓고 있을까? 후회, 슬픔, 애통, 통곡 아니면 덤덤한 표정일까? 내가 복음을 전하지 않았기에 누군가가 지옥을 간다고 한다면 이는 나의 책임이다. 최소한 나로 인하여 지옥에 가는 사람이 없도록 잘 살아야겠다.

공동체에서 나는 어떤 역할을 하고 있는가? 누군가는 겸손과 믿음으로 헌신하며 하나님께 쓰임을 받고 있다. 그러나 누군가는 갈등, 뒷담화, 후욕, 배신, 탐욕, 이기심, 질투, 교만으로 말미암아 사탄에게 미혹 당하고 마귀에게 쓰임 받는 사람이 있다. 이왕이면 하나님의 도구로 사용을 받아야지 마귀 따위에게 우리의 마음을 빼앗겨서야 되겠는가? 깨어 기도하자. "여기 들어오는 자 희망을 버리라."는 단테의 지옥편의 글귀를 다음과 같이 바꾸어보자. 희망은, 희망적으로 생각하는 자의 전유물이다.

내 영혼아 네가 어찌하여 낙망하며 어찌하여 내 속에서 불안하여 하는고?
너는 하나님을 바라라 나는 내 얼굴을 도우시는 내 하나님을 오히려 찬송하리로다. (시 42:11)

지나친 질투, <오셀로 증후군>
Too much Jealousy, <Othello Syndrome>

시기와 질투는 언제나 남을 쏘려다가 자신을 쏜다. -맹자
증오는 적극적인 불만이고 질투는 소극적인 불만이다. 따라서 질투가 증오로 바뀐다 해도
이상할 것은 아무 것도 없다. -요한 W.V. 괴테

　사랑과 질투는 어떤 역학관계가 있을까? 사랑은 긍정적으로 보는 데 반하여 질투는 부정적으로 보는 경향이 짙다. <로미오와 줄리엣>에 보면 원수의 집안으로 자녀들의 사랑이 비극으로 끝난다. 사랑이 이루어지면 행복하지만 이루어지지 않을 경우 고통과 죽음으로 이어지기도 한다. 많은 청춘 남녀들이 낭만적인 사랑을 꿈꾼다. 오늘날에도 사랑하는 사람을 위해서라면 죽음도 불사할 사람이 있을까? 아마 없을 것이다.

　창세기에 등장하는 야곱과 라헬 그리고 레아의 관계는 삼각관계다. 성경에서는 외삼촌 라반의 간계로 첫째 딸 레아를 첫날 밤에 들여보내 결혼한 것으로 나타난다. 영화 <레드 텐트>에서는 다른 해석을 한다. 물론 감독의 생각이다. 둘째 라헬이 첫날밤을 두려워한 나머지 언니에게 대신 들어가게 하는 것이다. 물론 라헬과 레아 둘 다 야곱을 사랑했다. 그 둘은 큰 질투 없이 야곱과 결혼해 가정을 이루게 된다. 이에 반해 한나(후에 사무엘

을 낳게 됨)를 질투한 브닌나와 아벨을 질투해 살해한 가인의 스토리도 성경에 등장한다. 적당한 질투는 애교로 봐줄 수도 있지만, 지나친 질투는 사람을 피곤하게 만들고 위험한 지경으로 빠지게 한다.

의처증이나 의부증은 부정망상으로 일종의 질환이다. 사랑이 지나쳐 질투로 변해 버리면 생길 수 있는 병이다. 실제는 아닌데 아내가 바람을 피우고 있다고 생각하는 증상이 의처증이고 남편이 바람을 피우고 있다고 착각하는 것이 의부증이다. 이들은 다른 사람들의 말을 잘 듣지 않는 경향이 있다. 배우자가 아니라는 데도 계속 추궁하고 의심하며 증거를 찾으려고 노력한다. 모든 일을 배우자의 불륜으로 연결해 자신이 피해자라고 생각한다. 세익스피어의 4대 비극 중 하나인 〈오셀로〉 작품에서 본 따 이러한 의처증이나 의부증 증세를 보이는 사람을 일컬어 〈오셀로 증후군〉이라 부른다. 이런 사람들은 특징은 배우자만 알고 고통 받고 있을 뿐 기타 증상이 없기에 다른 사람은 잘 모르는 수가 많다.

〈오셀로 증후군(Othello Syndrome)〉을 구체적으로 알아보자. 베니스(베니치아)아의 장군으로 있는 오셀로는 원로의 딸을 사랑하지만 흑인이라는 이유로 거절을 당한다. 그러나 오셀로와 그의 딸 데스데모나는 결국 결혼을 하게 된다. 오셀로의 신임을 받으면서도 부관 자리를 놓친 이아고는 앙심을 품는다. 겉으로는 오셀로를 위하는 척 하지만 속으로는 복수를 계획한다. 이아고의 질투가 절정에 이른다. 데스데모나의 손수건을 훔쳐서 '데스데모나와 부관인 캐시오가 불륜을 나누고 있다'고 의심하게 만든다. 결정적인 증거로 손수건이 드러나자 오셀로 장군은 믿었던 아내가 바람을 피엇다고 생각한 나머지 그녀의 목을 졸라 죽인다. 나중에 부하의 계략이었음이 드러나지만 오셀로는 죄책감에 자살하고 만다.

 오셀로의 아내에 대한 의심과 질투로 벌어진 이러한 상황을 "오셀로 증후군(의처증, 의부증)"이라 부른다. 특별한 이유 없이 '배우자가 나 몰래 외도 즉 바람을 피우고 있을 거'라고 망상에 사로 잡힌 상태를 말한다. 세익스피어의 비극에 나오는 인물 가운데 아마 '이아고'가 가장 교활하고 출세기회주의적인 인물이다. 가룟 유다는 이아고와 다른 성격이지만 욕심과 야망에 눈이 멀어 그의 스승 예수를 배반하고 마는 비극적인 인물이라는 데에서는 공통점을 갖는다. 세익스피어가 묘사한 비극에서 가장 악역으로 등장하는 '이아고', 그는 사실 오셀로보다 자신을 제치고 부관이 된 캐시오를 더욱 질투했다. 그러나 지나친 질투로 말미암아 오셀로는 물론 이아고, 그리고 그의 아내까지 모두 죽음에 몰아넣고 만다. 질투와 의심은 무섭다.

 전문가에 의하면 이런 사람은 '성격이나 심리적 원인'에서 본다. 편집증적 성격의 소유자가 많다. 평소 까다롭고 무슨 일에든지 그냥 넘기지 못하고 곰곰이 생각하고 지나칠 정도로 기억력이 좋은 사람들, 다른 사람의 태도나 행동에 대하여 예민하거나 과장해서 생각하는 사람들, 이기적이고 쉽게 앙심을 품고 불평이 많은 사람에게 자주 나타난다. 그들의 공통점은 남을 잘 믿지 못하고 참을성이 부족한 편이다. 매사에 논쟁적이고 타협할 줄 모르며 상대방의 작은 실수나 행동에 대해 절대 잊지 못하는 사람들이다. 또한 성취 욕망이 강해 사회생활에서도 어느 정도 성공하나 소심하고 비평을 견디지 못하고 고집이 센 편이다. 열등감이 많고 자존감이 손상을 입은 사람들도 이에 속한다. 이는 정신질환이므로 정신과 의사와 상담 후 지속적인 약물치료를 받아야 한다.

사실 질투와 미움 증오는 모두 열등감의 기저에서 시작되는 감정이다. 누군가를 사랑한다면 혹 누군가에게 평안을 느낀다면 아름다운 관계를 지속하게 되지만, 누군가를 미워하는 순간 내 마음의 밑바닥에 있는 열등감이 슬슬 움직이기 시작하기 때문이다. 열등감을 제거하고 배려와 인정으로 승화시켜야 마음의 평안을 되찾는다. 질투는 다른 사람이 아닌 나를 죽이기 시작한다. 질투는 독이다. 프랑스 속담에도 '격렬한 증오는 미워하는 이보다 자신을 더 밑으로 가라앉게 한다'고 했다. 휘티어는 '인간은 미워한다. 그러나 하나님은 사랑하신다.'고 말한다.

요셉은 형제들(이복형제)의 질투로 인해 애굽(이집트)에 노예로 팔렸다. 그러한 상황에서도 요셉은 형들을 미워하지 않았다. 필자가 생각으로는 '미워하는 감정을 품었을 수도 있지만' 부정적인 감정 즉 미움, 질투를 마음에 담아두지 않았다. 오직 하나님께만 집중했다. 그리고 자신이 할 수 있는 일에 최선을 다했다. 그리하여 나중에 형들을 재회하였을 때 오히려 복수를 두려워하는 형들을 안심시키고 용서했다. 용서는 다른 사람이 아닌 나의 마음의 평안을 가져다 준다. 언제나 심판은 신의 몫이고 용서는 우리의 몫이 아닐까? 더 늦기전에 사소한 오해와 불편한 관계를 가진 이웃이나 지인이 있다면 찾아가 사과하고 용서를 구하는 것은 어떠할까? 나를 위해서 말이다.

심판은 오직 신의 몫이다.
오직 용서만이 나의 몫이다.
용서는 상대방을 위한 것이 아니다. 나를 위한 것이다.

내가 용서를 구하고 사과를 해야 할 상대가 있다면 한번 용기를 내어 고백하자.

미워도 미워할 수 없는 사람이 있는가?
미움 자체에 그 사람을 사랑하는 마음이 담겨있다.
애증이라 한다.
나는 어떤 사람일까?

비판치 말라 그리하면 너희가 비판을 받지 않을 것이요, 정죄하지 말라 그리하면 너희가 정죄를 받지 않을 것이요, 용서하라 그리하면 너희가 용서를 받을 것이요.

(눅 6:37)

노인과 바다
<The Old Man and the Sea> by Ernest Hemingway

세상은 내 의지대로 되지 않는다. - 루드비히 비트겐슈타인
'외로움'이란 혼자 있는 고통을 표현하기 위한 말이고,
'고독'은 혼자 있는 즐거움을 표현하기 위한 말이다. - 폴 틸리히

어네스트 헤밍웨이는 미국의 소설가다. 그는 어릴적부터 활동적인 조부와 아버지로부터 운동, 사냥, 낚시 등의 취미를 배웠다. 그는 평생 네 번 결혼을 했으며 결혼 상대도 세 명이 기자 출신이었다. 재미있는 것은 새로운 여자와 만날 때마다 새로운 작품을 발표했다. 아버지는 의사, 어머니는 성악가로 6남매 중 장남으로 태어났다. 그는 적십자 일원으로 참가한 이탈리아 전투에서 중상을 입고 이후에도 스페인 내전, 1차세계대전에도 참여했다. 전쟁에 참여한 경험을 토대로 〈누구를 위하여 종은 울리나〉, 〈무기여 잘 있거라〉 등이 발표되었다.

이후 모두가 헤밍웨이를 잊어가고 있을 때 10여 년의 침묵을 깨고 1952년 〈노인과 바다〉가 출간됐다. 이 작품을 통해 1953년 플리처상과 1954년 노벨문학상을 받는다. 이때 두 번의 비행기 사고로 시상식에 참여하지 못하고 평생 후유증을 앓다가 1961년 아이다호 주에서 엽총으로 62세를 일기로 자살한다. 자살은 정신병원에서 치료를 받다가 집으로 퇴원한 후 일어났다. 말년에 헤밍웨이는 "나는 필라멘트가 끊겨진 형광등과 같다."고 고백했다.

19세기 미국을 대표하는 작가가 마크 트웨인, 허먼 멜빌이 있다면 20세기에는 노벨문학상을 받은 윌리엄 포크너와 함께 바로 헤밍웨이가 손 꼽힌다. 그의 책은 간결하고 수식어가 없는 하드보일드 스타일로 쉽게 읽혀진다.

그가 왜 자살했을까? 가장 훌륭한 작가에게 주는 상이란 상은 지구상에서 다 받았는데 말이다. 사실 나이가 들면 자연스럽게 건망증도 오고 육체도 노화되기 마련이다. 젊은 시절 참여한 전쟁에서 중상을 입고 두 번의 비행기 사고로 인해 육체적약화가 헤밍웨이의 정신상태까지도 악화시킨 것이 아닐까 생각해 본다. 정신적인 공백이 집필 활동도 방해해 그의 계속된 우울증이 자살로 몰고 간 것 같다. 최근 밝혀진 자료에 의하면 아인쉬타인처럼 헤밍웨이도 KGB의 스파이였고 집중감시와 도청으로 인해 강박관념과 우울증까지 넘친 것으로 알려졌다.

더불어 헤밍웨이의 집안에서 네 명이나 자살했다. 그의 아버지, 형제, 누이까지 자살한 경력이 영향을 미친 것이다. 전문가에 의하면, "한 명이 자살하면 친밀한 관계에 있는 여섯사람에게 부정적인 영향을 준다"고 한다. 헤밍웨이의 손녀 마고 헤밍웨이도 모델이자 영화배우였는데 자살했다. 그녀도 고백하길 "우리 집안은 알콜 중독과 자살의 유전이 강하다."고 했다.

학부 시절에 헤밍웨이의 〈무기여 잘 있거라〉를 원서로 읽은 기억이 있다. 미국 군의관인 프레드릭 헨리와 영국 간호원인 캐서린의 사랑과 죽음을 그렸다. 오늘은 〈노인과 바다〉를 통해 독자들과 함께 나누고자 한다. 이 작품은 헤밍웨이가 쿠바의 아바나(하바나) 바닷가 마을에 머물면서 집필을 했다. 〈노인과 바다〉는 헤밍웨이의 삶이 반영된 작품이다. 큰 물고기 즉 청새치를 잡으려다 실패하고 동네 사람들에게 비웃음을 당하는 모습이 침체기에 있었던 헤밍웨이의 삶과 비슷하기 때문이다. 이 작품에는 허무주의적 성향이 짙게 나타난다.

〈노인과 바다〉에서 노인은 84일간 물고기를 잡으러 배를 나갔지만 한 마리도 잡지 못한다. 그럼에도 노인은 포기하지 않고 85일 째 배를 띄운다. 저녁 무렵 드디어 5.5미터의 청새치를 만난다. 사흘간 밤낮으로 밀고 당기는 악전고투. 노인은 포기하고 싶은 마음이 간절하지만 끝까지 자신을 독려한다.

"이보게, 늙은이, 자네나 두려워 말고 자신감을 갖게."
"난 견딜 수 있어. 아니 반드시 견뎌야 해."

결국 청새치를 잡아내고 만다. 그러나 마을로 돌아오는 도중에 상어 떼를 만나 청새치의 몸뚱아리를 다 빼앗기고 뼈만 남는다.

노인 산티아고는 허무했을까? 곧이어 마을 사람들에게 조롱을 당하지만 반응하지 않는다. 상어떼에게 핑계를 대지 않는다. 노인의 육체는 늙어버렸지만 그의 두 눈과 의지는 더욱 초롱초롱했다. "희망 없이 산다는 것은 매우 어리석은 일이다. 심지어 그것은 죄다." 젊은 시절에 읽었던 〈노인과 바다〉를 통해 허무함을 느꼈다면 이번에는 노인 산티아고를 통해 희망을 본다. 절망과 고통 속에서 희망의 빛줄기를 보는 것은 쉬운 일이 아니다. 이미 육체보다 마음이 먼저 주저앉고 말기 때문이다.

어떠한 경우에도 희망을 잃지 말자. 어부 산티아고처럼.
희망은 희망을 낳는 법이다.

어린 왕자 그리고 꽃
<Little Prince> by Saint-Exuper and <Flower> by Chun-soo Kim

친구라면 친구의 결점을 참고 견뎌야 한다. - 윌리엄 셰익스피어
여러분을 더욱 높이 올려줄 사람만을 가까이 하라. - 오프라 윈프리

너는 이세상에서 가장 소중한 장미야.
너는 이세상에서 하나밖에 없는 여우야.
- 생택쥐베리의 <어린 왕자>에서
학창시절 암송했던 김춘수 시인의 시 <꽃>와 널리 알려진 동화 <어린왕자>에서 소중한 삶의 의미와 관계를 통해 생성되는 행복을 더듬어 본다.
내가 그의 이름을 불러주기 전에는...
내가 그의 이름을 불러 주었을 때 그는 나에게로 와서 꽃이 되었다....
그에게로 가서 나도 그의 꽃이 되고 싶다.

길들여진다는 의미는 무엇일까? 사막의 여우에 의하면 '관계가 생기는 것'이다.
여우는 어린 왕자에게 매일 같은 시간 즉 네 시에 와달라고 한다.
"그러면 난 세 시부터 행복해 질거야."
행복감은 기대감에서 온다. 기대는 곧 소망이다. 미우라 아야꼬는 평생 병상 속에 살아가면서도 결코 절망하지 않았다. <희망은 또다른 희망을 낳는다>의 저자 서진규는 두 번의 이혼과 수많은 벽을 절감했지만 포기하지

않고 하버드대학 최초 모녀지간의 기록을 세웠고 수많은 사람들에게 희망의 지표가 되고 있다. 2차세계대전 나찌에 의해 아우슈비츠 감옥에 갇혔다가 살아나 〈죽음의 수용소〉라는 책을 쓴 빅토르 프랭클도 희망에서 삶의 의미를 찾았다.

우찌무라 간조에 의하면 〈길들여진 코뿔소〉는 회심한 이방인을 뜻한다. 나는 어떠한 코뿔소인가? 길들여진 코뿔소인가? 아니면 아직도길들여져 가고 있는 중인가? 아니면 길들여지지 않은 야생 코뿔소인가? 일상의 삶에 길들여진다는 것과 내가 선택한 삶에 길들여진다는것은 큰 차이가 있다. 수동적인 삶, 도피하는 삶, 비관하는 삶, 안주하는 삶이 전자라면 바른 선택과 분별을 통해 최악의 환경이나 나와 다른 사람을 만나더라도 굴하지 않고 내것으로 소화하고 뛰어 넘는 것이 바로 후자의 경우다.

사람은 관계성의 동물이다. 모든 게 관계를 통해 연결된다. 하나의 점이 선을 이루고 면을 만들고 완성체가 된다. 관계가 끊어지거나 불완전하면 고독하고 우울해 진다. 그래서 관계가 좋아야 행복하다. 누군가가 좋아지고 누군가를 좋아한다는 것은 조금씩 빠져들고 있는 상태다. 이것이 중독 전 단계다.

"매일 코크를 마셔야 된다. 식후 반드시 커피를 마셔야 기분이 상쾌하다?"

중독이다. 마르틴 부버 역시 〈나와 너〉에서 위대한 나와 비참한 나를 설명한다. 자기연민에 빠진 채 눈치만 보는 수동적 존재로서의 비참한 내가 적극적이고 자유의지를 가진 소중한 존재로서 자존감을 회복해 나가는 과정이 핵심이다. 가정에서 상처와 트라우마, 일터에서의 갈등과 스트레스 등은 나와 너의 관계에서 기인한다. 그러한 복잡다양한 관계를 통해 인간은 성숙해 간다. 상처를 보다듬고 극복할 때 진정한 회복이 있게 된다. 요셉은 수많은 위기 속에서 믿음으로 이겨내고 관계 회복을 가져왔다.

하나님과 나의 관계는 어떠한가? 하나님은 독생자 예수 그리스도를 이 땅에 보내셨고 주님은 나를 위해 십자가에서 죽으셨다. 나를 사랑하시되 끝까지 사랑하시는 주님. 세상에서 가장 소중한 존재로 나를 지으시고 나와의 관계를 지속하기 원하는 하나님. 매일마다 나를 만나길 간절히 원하신다. 그 주님과 나는 얼마나 영적인 친밀함을 갖고있는가? 나는 주님과 어떠한 교제를 나누고 있는가?

당신은 사랑받기 위해 태어난 사람

당신의 삶속에서 그사랑 받고 있지요.

오직 하나님의 은혜로 하나님과 나와의 관계는 시작됐다. 그 관계는 아무도 끊을수 없다.

나는 무엇에 길들여져 있는가?
하나님보다 더 사랑하는 것이 있다면 그것은 죄(우상)이다.
포도나무를 떠나서는 아무런 열매를 맺지 못한다.
나는 어떤 열매를 맺고 있는가?

누가 우리를 그리스도의 사랑에서 끊으리요 환난이나 곤고나 박해나 기근이나 적신이나 위험이나 칼이랴 기록된 바 우리가 종일 주를 위하여 죽임을 당하게 되며 도살 당할 양 같이 여김을 받았나이다 함과 같으니라 그러나 이 모든 일에 우리를 사랑하시는 이로 말미암아 우리가 넉넉히 이기느니라 내가 확신하노니 사망이나 생명이나 천사들이나 권세자들이나 현재 일이나 장래 일이나 능력이나 높음이나 깊음이나 다른 어떤 피조물이라도 우리를 우리 주 그리스도 예수 안에 있는 하나님의 사랑에서 끊을 수 없으리라. (롬 8:35-39)

누가 내 교회를 훔쳤는가?
<Who stole my church?> by Gordon McDonald

교회에 가까워질수록 하나님으로부터 멀어진다. –독일 속담
교회를 평온케 하는 가장 좋은 길은 교회의 순결을 유지하는 것이다. –매튜 헨리
교회는 사람에 속한 것이 아니라 하나님께 속한 것이다. 따라서 사회 질서의 도구가 되어선 안 된다. –모펫

<내면세계의 질서와 영적 성장>이라는 고든 맥도널드의 탁월한 통찰력이 또다시 이번 책 <누가 내 교회를 훔쳤는가>에서 극명하게 드러난다. 오늘 날 사회는 너무도 경쟁이 심하다보니 내면적인 것보다 외적인 스펙에 중점을 두고 살아간다. 에너지가 고갈되도록 쫓기는 자의 삶을 살아가는 사울왕이 있다, 반면에 부름받은 이의 삶으로 기쁨과 평강을 누리는 세례 요한의 삶도 있다. 나는 어떠한 경우에 속하는가?

'누군가 교회를 훔치고 있다면 바로 하나님이다. 하나님께서 교회를 훔쳐 본래대로 되돌리고 계신 것이다. 우리가 교회를 교회되게 하지 못했기 때문이다.' 고든 맥도널드의 말이다. 우리는 스스로 내가 교회의 주인이라고 착각한다. 그 착각이 똥고집에다 아주 이기적인 동기의 탐욕임을 숨긴 채 말이다. 교회를 교회되게 하고 주의 주되심을 인정하고 고백하는 것이 진정한 신앙의 핵심임을 보여준다. 사실 교회는 하나님이 훔쳐 가셨다. 우

리의 욕심으로 인해서. 교회는 하나님의 소유임을 깨달아야 한다.

이 책은 저자가 미국 동부 뉴잉글랜드 의 어느 교회를 배경으로 가상으로 꾸민 책이다. 고든은 정말 책을 잘 쓴다. 이 책 역시 실망시키지 않는다. 한 교회에 부임하면서 고민을 하는 것 누구나의 고민이다. 개혁을 해 내갈지 현실에 타협해 편안하게 목회를 할지 말이다. 저자인 고든과 그의 아내 게일만 실제 인물이고 나머지는 가상의 사람들로 20여명을 추려내어 이 책 안으로 독자를 끌어들인다.

15만불의 음향장비 업그레이드 요구하는 교회 지도자들과 성도들과의 관계에서 문제가 터진다. 쉽게 통과될줄 알았던 안건이 지리멸렬하게 표류되면서 강력한 반대를 했던 50-60대 성도들에게 미팅을 요구한다. 초컬릿 모임이라 명명한 이 모임은 매주화요일 저녁에 모인다. 목사는 어떻게 말문을 꺼내야 할지 고민하고 성도들 역시 반대편에 섰다고 혼날줄 알았는데…목사는 불편한 마음을 숨기고 이들의 말을 들어보기로 작정한다.

물론 처음에는 의견이 상충되어 갈등을 겪는다. 찬양만 해도 젊은 세대는 복음성가만 부르고, 이미 성가대와 오르간도 없어져 찬송가는 아예 부르지도 않는데 올드 세대는 불편한 마음을 숨기지 않는다. 선교도 다르지 않다. 선교 예산은 점점 줄어들고 단기선교 갔다온지도 옛날일이다. 새신자가 와도 분위기가 영 썰렁하다. 게이의 복장을 한 벤이 교회에 출석하면서 초컬릿 모임의 멤버들이 그를 식사에 초대하고 풋볼 경기도 함께 보게 된다. 교회에 상처받았던 그가 마음을 열고 애초 그의 외모에 불편해 했던 사람들도 생각을 달리한다. 벤이 급기야 찬양팀에 합류하면서 교회 분위기는 달라진다. 세대간의 생각이 달랐지만 부정적인 기류 속에서 서로를 이해해 가기 시작한다.

존은 중간에 자기생각과 다르다며 다른 교회로 옮긴다. 하지만 대부분의 멤버들은 목사의 의견에 동조하며, 육만 불의 음향장비, 시드머니를 내놓고 교회가 안주하는 곳이라는 고정관념에서 벗어나 적극적인 후원자가 된다. 반대를 위한 반대가 아니라 젊은 세대를 이해하고 함께 후원하는 모임으로 바뀐다. 이 모임을 통해 마음을 열고 대화를 하게 된다. 서로의 마음을 교환하고 설득하고 공감하면서 하나된다.

어느 교회든 문제는 있다. 의견이 다른 것이지 틀린 것이 아님을 알아야 한다. 상대방을 이해하려는 마음이 가장 중요하다. 목사와 중직자는 적이 아니다. 나와 생각이 다르다고 무조건 비난하고 멀리 해서는 아니된다. 함께 손잡고 주님의 교회를 세워나가야 한다. '하나님께서 무엇을 우리 교회에 원하시는 지, 나를 통해 무엇을 하기 원하는지'에 초점을 맞추면 성숙한 그리스도인, 교회가 될수 있음을 보여준다.

어느 교회든 세대간 갈등이 있고 변화를 위한 몸무림이 있다. 적고 큰 차이일 뿐이다. 목사가 그 중간에서 어떻게 처신을 해야 할까? 자신의 몸보신에 급급하고 안주하려 한다면 교회는 더이상 비젼이 없다. 교회는 점점 갈등이 심화되고 성도들은 교회를 떠난다. 심할 경우 교회는 두 교회로 나뉘어지게 된다. 올드 세대는 변화에 불안해 하고 안주하기를 원한다. 그렇다고 개혁이나 변화가 없으면 젊은 세대는 교회를 등지게 된다. 익숙해진 찬양 익숙해진 예배방식이 급작스럽게 바뀌길 원치 않는다. 그래서 상호

대화의 자리가 필요하고 오랜기간 커뮤니케이션을 통해 수용의 폭을 넓혀가야 한다. 그래서 목자가 있는 것이다. 두 당사자간 두 세대간의 중재와 화평자의 역할을 하기 위해.

어느 교회든 생산적그룹(영적인 힘을 발휘하는). 유해그룹(비난, 불평으로 죽이는), 습관적 그룹(형식적인 그냥 따라가는)이 있다. 성도들을 잘 훈련시켜 생산적 그룹의 멤버가 되게 하는 일은 목회자의 몫이다. 성도들은 목사와 생각이 다르다. 다르다고 포기하거나 분노할 필요도 없다. 하나님은 바울처럼 즉각적인 회심을 보인 사람도 35년간 기다림 가운데 회심한 아브라함도 사용하시기 때문이다. 언젠가 변화될 사람이라고 여기는 목자의 심정이 있어야 한다.

서두르지 않고 오랜 기간 인내와 대화를 통해 성도들을 설득하여 하나님의 자녀로 성장시켜가는 이 책의 주인공과 같은 사람을 꿈 꿔 본다. 내 의견에 반대한다고 함께 공격하지 않고 기다려 주고 끝까지 함께 가는 목사가 되고 싶다. 참고로 라틴 아메리카에서 사역을 하는 케빈 헬로란 목사는 "인간의 연약함 탓에 능력을 발휘하지 못하는 목회자의 10가지 유형"을 제시했다.

- 지나치게 미래지향적이다. (다음 목회 자리를 생각한다)
- 쉽게 화를 낸다.
- 혼자 일처리를 한다.
- 순종하지 않는다.(교단 권위)
- 돈을 사랑한다.

- 행복하지 않다.(기쁨이 없다)
- 특정한 화제에 빠져 있다.
- 신체적 접촉의 경계선이 느슨하다.
- 자기관리를 못한다.
- 게으르다.

의견이 다르다고, 사람이 틀린 것은 아니다.
상대방의 입장에서 공감하고 이해하려 노력해 보았는가?
내가 보는 관점만 옳고 상대방은 틀렸다고 생각하는가?

누가 교회를 훔치고 있는가?
누가 교회를 지키고 있는가?

이는 성도를 온전케 하며 봉사의 일을 하게 하며 그리스도의 몸을 세우려 하심이라.
(엡 4:12)

다섯가지 사랑의 언어
<The five Love Language> by Gary Chapman

어떠한 충고일지라도 길게 말하지 말라. - 호라티우스
가장 곤란한 것은 모든 사람이 생각하지 않고 말하는 것이다. - 알랭
나의 언어의 한계는 나의 세계의 한계를 의미한다. - 비트겐슈타인

게리 체프먼의 베스트 셀러 <다섯가지 사랑의 언어>라는 책을 소개한다. 잦은 부부싸움이나 오랜 갈등과 상처로 이혼을 앞두고 있는 부부라면 반드시 읽어보아야 할 책이다. 50여년간 수많은 부부를 상대로 부부세미나와 상담을 하면서 체득한 노하우가 '바로 사람에게는 누구나 사랑의 언어가 있다'는 것이다. 이러한 점을 알지 못하고 자신이 좋아하는 대로 살거나, 자기가 좋아한다고 남도 좋아할 거라고 착각하는 경우가 있다. 그래서 오해가 생기는 것이다. 어떻게 오해를 줄일 수 있을까?

존 그레이의 <화성에서 온 남자, 금성에서 온 여자>라는 책에도 남녀의 차이를 이렇게 설명한다.

남자는 업무 효율 능력을 중시하고 여자는 아름다움 관계를 중시한다. 남자는 사실 전달이 목적으로 문제 해결을 제시하지만 여자는 감정 전달이 주 목적으로 그저 내 마음을 알아 달라는 것이다. 남자는 스트레스를 받으면 자기만의 동굴로 들어가는 경향이 있고 여자는 수다로 푸는 경향이

강하다. 남자는 인정받고 싶은 욕구가 강하고 여자는 사랑받고 싶은 욕구가 강하다. 남자는 가끔 집을 떠나고 싶은 경향이 있고 여자는 주기적으로 자신이 불행하다는 우물에 들어간다.

결국 남자와 여자는 많이 다르다. 전혀 다른 환경에서 자라나 호감을 갖고 결혼을 하지만 결혼을 한 다음에는 장점보다 허물이 더 보이는 법이다. 그러다보니 자주 부딪히고 갈등을 겪게 된다. 그저 사소한 말 한마디에 상처를 받고 부부싸움을 하게 된다. 왜 그럴까? 처음부터 잘 맞지 않았을까? 아니다. 처음에는 죽고 못산다고 해놓고 왜 달라지는 것일까? 사실 사람은 자기 중심적이다. 이기적이다. 모두 다 잘난 맛에 살아간다. 어느 날 툭툭 던지는 사소한 말에 자존심이 상하고, 상대방이 날 무시한다는 생각에 잠을 못 이루고 생병이 난다. 부부싸움을 백년 전쟁이라 표현을 한다. 어떻게 부부싸움을 멋드러지게 할 수 있을까? 아니 부부싸움 이후가 포인트다. 어떻게 화해하느냐가 더욱 중요하다.

영어로 이해(understand)는 '아래에 선다'는 뜻이 있다. 즉 눈높이를 맞추고 남의 입장에서 바라보면 오해가 풀리고 이해가 되는 법이다. 나르시시즘이 있는 사람은 '자기사랑'이 강한 편이다. 누구나 나르시시즘 성향을 갖고 있다. 비근한 예를 들면, '사진을 찍고 나서 자신의 사진이 잘 나왔다고 하는 사람'을 거의 보지 못했다. 다들 실물보다 못 나왔다고 말한다. 우습다. 사진은 자신의 모습 그대로 인데, 왜 그런 표현을 하는 것일까? 사람은 다 나르시시즘적이기(자기애 성향이 강한) 때문이다.

배우자를 있는 모습 그대로 인정해 주자. 유독히 남에게는 배려심이 강하지만 배우자에게 함부로 대하는 사람이 있다. 배우자가 원하는 것은 까다로운 것들이 아니다. 그들의 상처와 말을 경청해보면 "그저 내 말좀 들어달라"는 것이다. 내 아픈 마음을 공감해 달라는 얘기다. 그런데 남자들은 사오정이다. 드라마 〈응답하라 1994〉에 나오는 대사다. 여자 친구가 묻는다.

"내가 새집에 이사왔다. 그런데 페인트 칠을 해 머리가 깨질듯 아파고 문을 열자니 매연이 들어와 기침이 나온다. 문을 열어야 할까 닫아야 할까?"

그 자리에 모인 남자 친구들이 골똘히 고민하더니 '문을 열어야지!' 하는 친구와 '문을 닫아야 하지 않을까?' 하는 친구로 나뉜다. 정답은 '병원에 가봐야 하지 않을까?' 인데 남자들은 단순하다. 여자는 공감을 바라지만 남자들은 그저 해답 제시에 급급하다. 그것이 남자와 여자의 차이점이다.

다시 다섯가지 사랑의 언어를 살펴보자. "인정하는 말, 선물, 봉사, 함께 있어 주는 것, 육체적 접촉"이다. 사실 아무리 집안 일을 잘 도와줘도(봉사의 언어) 결혼기념일이나 아내 생일에 선물 한번 사주지 않는 남편도 있다. 만약 아내의 사랑의 언어가 선물이라면 그 부부는 평생 부부싸움과 갈등으로 행복하지 않을 수 있다. 혹 배우자의 비난이나 마음이 상하거나 상처를 받는다면 그 사람은 인정해 주는 말이 사랑의 언어다. 혹 선물을 해주지 않아 자주 삐지거나 기분 나빠하는 경우라면 틀림없이 배우자의 사랑의 언어는 선물이다. 서로 상대방의 사랑의 언어가 무엇인지 알고 그 부분을 채워주고 도와준다면 부부의 친밀감과 행복감은 증진될것이다.

이 사람이 아니다 싶어 이혼하고 다른 사람과 결혼한 경우도 60% 이상의 커플이 다시 헤어진다는 통계가 있다. 즉 현재 살고 있는 배우자 대신

이웃 집의 배우자가 좋아 보이는가? 남의 떡이 커보이는 법이다. 현재 함께 살고 있는 사람의 사랑의 언어를 적극적으로 알아주자. 함께 연애 시절로 돌아가 상대방이 원하는 대로 해주자. 코페루니쿠스처럼 나의 고정관념을 버리자. '죽은 사람 소원도 들어 준다는데' 하는 생각으로 배우자에게 관심을 갖다보면 사랑이 다시 싹트고 샘이 흐르게 된다. 막혔던 관을 뚫어 주는 역할이 사랑의 언어다.

가정 사역자 박호근 목사는 '부부간 치열하게 싸우고 이해하고 사랑하라'고 말한다. 싸울수록 친해진다. 그러나 절대 물건을 던지거나 폭행, 폭언은 절대 금물이다. 참고로 아내의 사랑의 언어는 선물이고, 나의 선물의 언어는 인정해 주는 말이다. 두번째 사랑의 언어를 들자면 아내와 나 둘다 함께 있어 주는 것이다. 부부는 다르다. 완벽함을 추구하는 부부는 행복해 질 수 없다. 성경적인 부부의 모습은 두 사람이 함께 서로의 부족함을 직면하는 것이다. 그리고 상대방의 연약함과 허물을 보완해주고 메워주는 것이 행복한 결혼의 핵심이다.

아내가 옆에서 한마디 한다.
"〈사랑의 언어〉 백번 외쳐봐요."
"이론적으로는 잘 아는데, 행동이 못 따라 가네요."

시애틀 형제교회 목사이자, 아버지학교 미주본부장인 권준 목사의 책 말미에 사모와의 이런 대화가 나온다.
"주님, 제가 아버지입니다!"(권 목사)
"주여, 재가 아버지입니까?"(사모)

나의 배우자가 원하는 것은 공감이다.
공감해야 소통이 된다.
소통을 해야 마음 문을 열고
소통을 해야 담을 허물 수 있고
소통이 회복을 가져오고
소통이 행복을 가져다 준다.

마음의 즐거움은 심령을 얼굴을 빛나게 하여도 마음의 근심은 심령을 상하게 하느니라.
(잠 15:13)

세속화와 <무덤파는 기독교인>
<Secularization and the Gravedigger Christian> by Os Guinness

가난한 교회일수록 더 순수하다. - 윌리엄
책은 청년에게는 음식이 되고 노인에게는 오락이 된다.
부자일 때는 지식이 되고, 고통스러울 때면 위안이 된다. - 키케로

"어쩌면 종말이 오기 전에 교회가 망할지도 모르지.".
"우리들의 목적은 교회를 대항하는 것이 아니라 교회와 함께 활동을 함으로서 효과적으로 교회를 전복시키는 것이다." 오스 귀니이스가 쓴 책에 나오는 대사다. 오늘 날과 같이 교회의 영향력이 시들고 무기력해지는 상황에서 딱 들어맞는다.

사단은 트로이 목마와 같은 위장 전술을 사용한다. 산성비 효과라는 게 있다. 공기 중에 있는 화학물질이 비와 만나면서 식물 건물 동물 등에 해를 가져온다. 죄라는 놈이 그렇다. 한번만 한 번만 하다가 마약과 같이 온 몸이 썩어 들어간다. 개구리를 미지근한 냄비에 집어 넣고 서서히 온도를 올리면 개구리는 뛰쳐 나올 줄 모르고 있다가 서서히 죽어간다. 오늘 날 교회가 그렇다. 점점 무기력한 교회로 전락하고 죽어가고 있다. 과거에는 교회가 신비감, 소속감, 보호막이 있었지만 오늘날은 희미해지고 있다. 안타깝게도 대신 불신감, 무관심, 이기주의가 뿌리깊게 자리잡고 있다. 교회에 다

툼이 시작되면 자체적인 타협이나 해결이 되지 않고 사회 법정으로 가는 경우가 다반사이다.

요즘 동성애에 대한 사회적인 인식이 달라지고 있다. 국가 단체에서의 소수를 위한다는 명목 아래 차별법을 통과시키고 인권이란 이름 아래 그들을 지지하는 사람들이 늘어나고 있다. 물론 소수의 의견, 권리, 인격도 존중 받아야 한다. 이제는 교회에서 목사가 동성애에 대한 설교나 이단에 대한 설교도 하지 못하는 시대가 되어가고 있다. 서구 사회에서는 이미 이런 법이 시행되고 있다. 족쇄 찬 목사가 되어 버렸다. 이제는 다수보다는 소수의 권익을 더 중요하게 대접해 주는 시대가 되었다.

세속은 거룩의 반대어이다. 하나님의 속성은 거룩, 성결로 나타난다. 이에 반해 세속은 하나님을 떠난 세상에서의 삶을 말한다. 정확히 말해 거룩에서 멀어진 상태를 뜻한다. 아이러닐컬하게도 오늘 날 교회는 점점 무덤 속을 향해 나아가는 것 같다. 도덕성과 거룩성을 대표해야 할 영적 리더들의 타락, 세상 것과 하나님의 것을 구별하지 못하고 제멋대로 살아가는 사기와 같은 시대의 사람들. 자신이 얼마나도 세속에 물들어 있는지도 모른다. 세상 것을 즐기다가 나도 모르게 오염이 돼 버린다. 오염된 영성은 쉽게 회복되지 않는다.

오스 귀니이스가 쓴 〈무덤파는 기독교인〉에서 교회를 정복하기 위한 방법을 제시한다. 첫째 침투를 한다. 기독교 모임에 들어가 기회를 엿본다. 두 번째 무력화 단계. 사기저하, 부정적인 말, 불평하는 말로 조직을 흔들어 놓고 찢어 놓는다. 세 번째 전복이다. 핵심 멤버를 공격해 우리 편으로 만든다. 마지막 해방 단계에서는 쿠데타로 교회를 접수한다. 교회를 붕괴되게 한다. 사실 성도들이 교회에서 상처받아 교회를 떠나는 것도 사탄의 전략에 빠지는 것과 다를 바 없다. 이는 요즘 사회적으로 물의를 일으키고 있는 신천지의 전형적인 수법이다..

세상에는 박쥐와 같은 인간이 있다. 적당히 교회와 세상에서 줄타기를 하는 곡예사와 같은 사람들. 이른바 회색지대에 사는 성도다. 술에 술 탄 듯 물에 물 탄 듯 살아간다. 적당히 눈치 보다가 적당히 타협한다. 물론 하나님이 기뻐할 리가 없다. 하나님은 모든 악을 미워한다. 선과 악을 둘 다 취하는 것을 좋아하지 않는다. 성경에서도 '너희가 뜨겁든지 차든지 하라'고 말했다. '미지근하면 토해낸다'고 했다.

세속화의 가장 큰 원인은 문화다. 대중문화 매체 즉 영화, 티비, 드라마, 음악, 연극, 광고, 출판 등 교회는 물론 우리의 삶 깊숙이 침투하고 우리의 마음을 빼앗고 있다. 가랑비에 옷 젖는 줄 모른다. 영과 육을 구분하지 못하면 지옥으로 가는 열차를 타고 있는 것과 같다. 세속화된 문화는 겉보기에 너무도 아름다워 보인다. 불나방과 같다. 어거스틴의 〈하나님의 도성〉에서도 바른 교회관의 예표를 보여준다. 세속화에서 벗어나지 못하는 한 그리스도인의 영성 회복은 요원하다.

'속 빈 강정'이란 말도 있고, '빈 수레가 요란하다'는 속담도 있다. 성경에도 '회칠한 무덤'이란 말이 있다. 겉 모습은 화려한데 내용은 별 것 아니라는 것이다. 무늬만 크리스천이고 믿음 없이 세상에서 먹고 마시고 즐기는 세속화된 그리스도들이 많아지고 있다. 유럽, 미국에 이어 한국의 상황도 다르지 않다. 세속화된 교회는 점점 무기력해져 가고 있다. 타이타닉호, 세월호의 비극을 잊지말자. 지금도 교회호가 언제 좌초할지 모르는 위기 상황이다.

미지근한 물이 때로는 가장 무서운 법이다.
길들여진 개구리(성도, 교회)는 서서히 죽어간다.

하나님이 쓰시는 사람
<The Person God uses> by Hong Sung-gun

기도하는 사람은 절대 쓸모없는 인간이 되지 않는다. - 타튜샤
내가 일하면 내가 일하는 격이 되지만, 내가 기도하면 하나님께서 일하신다.
(오엠 사무실 글귀)

예수전도단(Youth with a Mission)하면 찬양과 경배, 디티에스(DTS), 조이 도우슨 등 떠오르는 단어들이 있다. 교회와 예수전도단(예전 또는 와이웸)은 사역의 형태는 다르지만 예수 그리스도를 닮아가는 성숙함이라는 점에서는 비슷하다. 와이웸 출신들은 자비량 사역이고 주일에는 각자 교회로 돌아가 예배를 드리거나 봉사 한다. 와이웸은 파라처치다. 가끔 교회에서 형제 자매들이 와이웸(DTS) 훈련을 받고 싶다하여 추천서를 써 준 적이 있다. 예수전도단(와이엠)의 영성은 많이 알려져 있다. 하나의 스펙이나 졸업장으로 생각해서 그런지 와이웸 출신이나 디테에스를 다녀온 친구들 중에 일부는 덕이 안 되기도 했다.

홍성건 목사의 저서 <하나님이 쓰시는 사람>을 오래 전에 읽고 큰 도전을 받았다. 이후 교회 임직자들에게 꼭 한 권씩 선물로 주곤 했다. 부제는 예배, 영적전쟁, 중보기도다. 책 내용이 너무 좋다. 하나님께서는 우리를 사역자가 아닌 예배자로 먼저 부르셨다. 일 중심의 사역은 본질을 놓치는

것이다. 너무도 많은 목회자들이 일에 중독되어 있다. 믿음이란? 하나님의 말씀을 듣고 신뢰함으로 순종하는 것이다. 예배는 보는 것이 아니다. 은혜를 받는 곳이 아니다. 먼저 나의 가장 소중한 것을 주님 앞에 내어 드리는 행위가 바로 예배다. 오늘날의 예배는 포기 희생이란 말과 점점 거리가 멀어지고 있다. 안락한 의자 달콤한 메시지 음악회 같은 찬양 등 그럴듯하지 않은가?

오엠 선교회 사무실에 이런 글귀가 걸려 있다.

"내가 일하면 내가 일하는 격이 되지만, 내가 기도하면 하나님께서 일하신다."

중보기도자로서 내가 있어야 할 곳은 어디인가? 결렬된 곳이다. 즉 상처와 갈등이 가득한 곳이다. 기도는 먼저 듣는 것이다. 내 할 말만 쏟아 붓고 마치는 게 아니다. 또한 준비찬송이란 말은 사용하지 말아야 한다. 찬양인도 후 '지금으로부터 묵도하심으로 예배를 시작하겠습니다' 라는 표현도 하지 말아야 한다. 찬양을 시작되는 순간 이미 예배는 시작된 것이다.

믿음과 순종의 관계는? 하나님이 내게 어떻게 말씀하시는 가를 듣는 것이 믿음이고, 그것에 대해 내가 할 수 있는 일이 무엇인지 생각하고 움직이는 것이 순종이다. 오늘날을 흔히 영적 전쟁의 시대라고 한다. 그렇다면 적은 누구인가? 아내 남편 부모 자식 친구 성도가 아니다. 진짜 적은 보이지 않는 하늘의 악한 영이다. 적과 아군을 구별해야 한다. 사단은 하나님의 말씀 그리고 예수 그리스도의 피에 꼼짝 못한다. 나의 생각과 삶의 영역에서 마귀를 대적하고 쫓아내자. 매는 일은 첫째 중보기도, 둘째 예배다. 매는 일은 마귀를 묶는 일이고 푸는 일은 마귀에게 사로 잡힌 자들을 포로에서 놓임 받도록 도와주는 일이다.

제주도 열방대학과 예수전도단 한국 대표를 지냈던 홍 목사님(현재 NCMN 대표)과 대화를 나눈 적이 있다. 요즘은 리더쉽 강의로 유명하다. 이스라엘 역사상 가장 유명하고 존경을 받는 사람이 있다. 바로 다윗이다. 다윗은 모세. 바울과 다르게 비정규학교 출신이다. 즉 가방끈이 짧다. 그럼에도 하나님께서 그를 크게 사용하셨다. 사울의 질투와 박해를 피해 죽을 고비를 여러 차례 넘기며 10여 년간 도피 생활을 했다. 얼마나 힘들고 괴로웠을까? 다윗의 스승은 사무엘이었지만 진짜 스승은 사울 왕이었다. 다윗은 사울 왕을 통하여(outside Saul) 자신 안에 있는 다른 사울의 질투 명예심 경쟁심 비교의식 교만 탐욕 등 사울(Inside Saul's factor)의 모습을 깨닫게 된다. 10년간의 삶이 바로 자신 안에 있는 사울의 모습을 깨뜨리는 부단한 인생 훈련의 과정이었다.

자신에게 창을 던지는 사울 왕에게 다윗은 어떻게 반응했는가? 창을 빼서 그에게 복수하거나 죽일 수도 있었지만 그는 다른 방법을 선택했다. 못 본체 했다. 앙갚음을 하지 않았다. 오늘날 내가 만약 다윗의 상황이었다면 어찌 반응을 했을까?

혹시 불의한 사람들이 내 주위에 많은가? 내게 창을 던지는 사람이 바로 남편이거나 아내일 수도 있다. 때로는 자식이거나 부모일 수도 있다. 때로는 가까운 친구 친척 성도 동료 선후배 일수도 있다. 중요한 것은 내가 어떻게 반응하냐에 따라 나의 삶이 달라진다는 것이다. 상대방과 똑같이 반응한다면 그때는 그것이 의롭고 정당하게 보일지 몰라도 똑같은 사울이 되고 만다. 순간적인 감정보다는 하나님의 뜻이 무엇인지를 분별해야 한다. 하나님께 쓰임을 받는 사람은 뭔가 다르다. 생각이 다르고 행동이 다르다. 나는 다윗과 같은 선택을 할 수 있을까? 하나님이 내게 원하는 모습은 무엇일까?

내게 창을 던지는 사람이 누구인가?
나는 얼마나 오랫동안 고통받아 왔는가?
다윗은 자신을 끈질기게 괴롭히고 죽이려 했던 왕에게 복수하지 않았다.
다윗은 어떻게 반응했는가? 나는 어떤 선택을 할 것인가?

세션 3. 삶(Life),

행복한 그리스도인
Happy Christian

추천사

　캐나다 캘거리에서 20년 동안 목회를 해온 이 목사님은 늘 겸손하고 영혼을 사랑하시는 귀한 분이십니다. 시인으로 문화사역자로 월간 크리스천신문 발행, 홈리스 봉사활동 등 다양한 사역을 통하여 지식적으로만이 아닌 삶 속으로 들어가 함께 소통하고 섬기는 사역을 감당하고 있습니다. 이 책에는 이 목사님이 삶 속에서 몸소 체험하고 성경적인 시각에서 바라본 글들이 주옥같이 담겨 있습니다.

　이번 3번째 책 〈세상속의 그리스도인〉을 출간함을 진심으로 축하합니다. 하나님을 알지 못하는 사람들과 그리스도인들이 이 책을 통하여 하나님을 더 깊이 알고 사랑하는 계기가 되길 바랍니다.

캘거리 한인회장 & 캘거리한인장로교회 서정진 장로

이진종 목사의 3번째 수필집 상재를 진심으로 축하 드립니다. 현재 한국의 문단은 순수문학과 참여문학이 대종을 이루고 있음은 자타가 인지하고 있습니다. 그러나 근래에는 종교문학이란 새로운 장이 펼쳐지고 있음을 잊어서는 안될 것입니다.

이에 3집의 수필집에 이어 4집, 5집의 문집이 출간되어 한국문단에 종교문학으로 자리매김을 하고 세계종교문학의 선구자적 역할을 해 달라는 기대를 하며 인암 문우는 꼭 그렇게 되어야 한다는 주문과 동시에 고봉의 자리를 차지하라는 마음과 문우의 정을 강조해 봅니다.

여기에서 한 예를 듭니다. 일본의 〈시바다 도요〉 시인은 90세에 첫 시집 "좌절하지 마세요"를 출간 150만부가 팔렸고 그의 두 번째 시집 "백세"도 100만부가 판매되었습니다. 이 시바도 도요 시인이 백세를 맞이하여 시집을 출간하면서 한 말은 누구에게나 감동을 줄 수 있는 삶을 살아가라, 그리고 좌절이나 포기는 없다. 무슨 일이던 문학이든 사업이든 잡았다면 일등이 되고 남에게 감명을 줄 수 있는 위치에 오를 때까지 모든 능력을 투자하여 성실히 수행해 나가야 한다는 조언입니다.

인암 문우도 잡았던 필이기에 종교문학의 구도를 개척하시기를 기원함과 동시에 문운이 가득하시기를 기원합니다.

민초 이유식 시인 〈캘거리문협 초대회장〉

기다림, 그 둥글고 환한

유리 이 화실

애초부터 끝을 가늠하지 않는 기다림 이란 없어
만남을 소원하는 모든 기다림에는
둥근 달 같은 박꽃이 가슴에 환하게 피어 난대
언젠가 그를 기다릴 때
그때도 그랬어
지금은 죽은 듯이 시들어 있지만
어둠 속에 뿌리내리고 말라 비틀어진 내 발치 위로
생약 같은 물 한줌 누가 뿌려준다면
금세 얼굴 또 환하게 내밀고
둥글게 뺨 붉히고 말거야

기다림에 시간의 단위 따윈 필요하지 않아
기다림 속으로 미래를 가두어 버리는 것
기다림이 늘 순간이 될 때
그때 비로소 기다림의 끝도 함께 오는 거야

멋지게 사는 법
Wonderful life

문제점을 찾지 말고 해결책을 찾아라. - 헨리 포드
그대의 하루 하루를 그대의 마지막 날이라고 생각하라. - 호라티우스

나이 들수록 약속도 깜빡 잊게 되고 물건도 자주 잃어 버린다. 초기에는 건망증이라 할 수 있지만 나중에는 치매로 발전한다. 사람은 본래가 추잡한 동물이다. 그 본성이 드러나지 않아서 그렇지. 그래서 흔히 '짐승 같은 놈!'라는 말도 듣는다. 나이가 들면 젊은이들에게 잔소리를 하지 말아야 존경을 받는다. 더불어 지갑 문을 여는 할아버지를 좋아하는 게 추세다. 지나치게 인색하다가는 인심도 잃고, 말이 많으면 모든 사람이 기피하게 된다. 나이 들수록 많이 베풀고 말은 적게 해야 한다.

쓸데없이 걱정과 염려가 많은 사람이 있다. 우산 장수와 짚신 장수를 아들로 둔 어머니가 매일같이 걱정이다. 비가 오면 짚신장수 아들이 물건이 안 팔려서 속상해 하고 날씨가 좋으면 우산장수 아들의 물건이 팔리지 않을까 노심초사 걱정을 한다. 반대로 생각하면 어떨까? 역지사지. 사람들이 걱정하는 것의 95%가 이미 일어나지 않았거나 과거에 일어난 일을 가지고 걱정을 한다는 통계가 나왔다. 날씨가 좋아 짚신장수 아들이 잘 되어 좋고 날씨가 나빠도 우산장수 아들이 잘 되어 좋고, 이런 긍정적

인 생각을 할 수 없을까?

세상은 아무도 나 자신에 대해 신경 쓰지 않는다. 어떤 이는 '사람들이 나에 대해 지나치게 관심을 갖거나 해코지를 한다'고 생각한다. 스토크한다고 생각한다. 모두 착각이다. 뉴욕 타임지 에세이스트였던 로저 로젠블라트가 한 얘기다. 쓸데없이 남이 나를 쳐다본다고, 나의 사생활에 대해 이러쿵 저러쿵 한다고 예민하게 반응하는 사람도 있다. 그러나 착각하지 마라. 사람들은 도통 관심이 없다. 나 살기도 바쁜 세상이다. 사람은 본래 이기적이다. 나를 중심으로 세상이 돌아간다고 생각하는데, 실제는 반대다.

최근 지인이 유익한 기사를 보내 주었다. "나이 60이 넘으면 잊지 말아야 할 것들." 몇 가지 내용을 정리해 본다.
"나이가 들면 아무 것도 모르는 척 하라!
보았어도 못 본 척 넘어가라.
과거 무용담을 자랑할 필요가 없다.
가족이나 타인에게 서운한 마음이 있더라도 그 책임은 나의 몫이라고 생각하자.
용서하고 잊어야 한다.
감당할 수 없으면 포기하라.
신변을 정리하고 자식에게 독립하라.
자식은 가장 가까운 남이다."

사람은 기대치가 있기 때문에 실망을 한다. 기대주니 하면서 한껏 응원해 주었는데 예상보다 경기를 잘 하지 못하면 실망을 넘어 손가락질 한다. 그래서 하는 말인데 기대하지 말라. 배우자 그리고 자녀에 대한 기대치를 낮추자. 신데렐라 컴플렉스, 백마 탄 왕자 신드롬이 배우자에 대한 기대치를 높게 만든다. 꿈을 깨라. 담임목사를 초청하면서 생각보다 잘 하지 못하면 쫓아내기까지 하는 경우를 근근이 보아왔다. 사람은 사람이다. 사람은 본래 허물도 있고 실수도 한다는 것을 본질적으로 깨달아야 한다. 목사도 사람인데, 마치 하나님처럼 신봉하고 대접해 오다가 문제가 터지거나 기대에 못 미치면 이상한 소문을 내어 쫓아내려 한다. 착각하지 말자. 기대치를 낮추자.

나이 삼십이 넘으면 부모 탓을 하지 말고, "나이 사십이 넘으면 자신의 얼굴에 책임을 질 줄 알아야 한다"는 말이 있다. 예전에 고등학교 한 후배가 있었다. 말만 꺼내면 "그건 아니구요. " 세상에 대해 비판의식이 강했다. 지나치게 불만을 쏟아 놓으니 마음이 불편해 그를 만나지 않았다. 교회 성도 중에도 비슷한 예가 있었다. "목사님, 있잖아요! 아무개 정말 문제가 많아요. 세상이 불공평해요." 하면서 입만 열면, 원망과 불평을 노래하곤 했다. 남 탓을 습관적으로 하는 사람은, 정말 피곤한 사람이다.

남 탓은 그만 하고 즐겁게 나이 드는 법을 배우자. 화려한 과거사 그만 울겨먹자. 자랑도 그만 하라. 사람 모이는 곳을 그다지 좋아하지 않는 사람도 있다. 오죽하면 프랑스 대통령의 영부인이 사생활 노출 때문에 이혼을 했을까? 편안하게 살고 싶다고 영부인을 포기했다. 사람은 태어나는 순간부터 번민과 고통의 연속이다. 나이가 들수록 말수를 줄이자. 멋지게 사는 법을 배워야 한다. 감사하고 봉사활동에 앞장서자. 먼저 나의 가족과 이웃을 사랑하고 아끼자. '형제를 사랑하지 아니하면 하나님을 볼 수 없고 형제와 다투고 미워하면서 하나님을 사랑한다고 하면 위선이요, 가짜' 다.

나이들수록 많이 베풀고 말은 적게 하자.
나이 삼십이 넘으면 부모 탓하지 말고, 나이 사십이 넘으면 자신의 얼굴에 책임지자.

무릇 더러운 말은 너희 입 밖에도 내지 말고 오직 덕을 세우는데 소용되는 대로
선한 말을 하여 듣는 자에게 은혜를 끼치게 하라.

(엡 4:29)

사랑의 감정탱크
Emotional tank of Love

결코 답할 수 없었던 위대한 질문, 30년간 연구했음에도 내가 대답할 수 없는 그 질문은
"여자는 무엇을 원하는 가?"이다. - 지그문트 프로이드

최근 어떤 동영상을 보았다. 길거리에서 레모네이드를 파는 한 소녀가 있었다. 마침 길을 지나다 레모네이드를 사 먹으면서 한 경찰관(캐나다)이 소녀에게 질문한다.

"무엇 때문에 이런 일을 하지?"

"네, 집이 가난해서 아이 패드를 갖고 싶어 용돈을 모으고 있는 중에요."

마침 경찰관이 자신이 사용하지 않던 아이패드를 갖다 주려고 했다, 그러나 고장이 난 것을 안 그는 아예 새것으로 구입해 그 소녀에게 선물로 주었다. 경찰관의 미담이 훈훈한 화제가 되고 있다. 그의 마음 탱크는 사랑의 감정으로 채워져 있었다.

사람이 살다 보면 좋은 일뿐 아니라 나쁜 일도 경험하게 된다. 즉 인생이란 오르막 길만 있는 게 아니고 내리막 길도 있는 법이다. 전체적으로 보면 긍정적인 삶이 결국 좋은 결과를 가져오게 된다. 어떠한 반응을 보이느냐에 따라 내 삶이 좌우된다.

이미 안양에서 은퇴하신 김상수 목사님으로부터 선물로 받은 〈물 목회〉란 책이 있다. 캘거리를 방문할 때마다 교제를 가졌다. 유난히 '물 목회'를 강조하셨다. 물은 강하면서도 때로는 큰 바위를 돌아갈 정도로 유연성을 보인다. 성령의 역사는 때로는 불같이 임하고 때로는 바람같이 때로는 물같이 역사한다. 사람마다 성격과 기질이 다르다. 때로는 부딪히기도 하고 좌충우돌하면서 살아가는게 인생이다. 많이 부딪히는 사람일수록 힘들다. 스트레스가 가중된다. 온전한 분량에 이르는 믿음을 가진 사람은 유연하다. 피할 줄 안다. 스펀지처럼 사랑으로 흠뻑 빨아들인다.

에덴동산에서 아담과 하와는 아무런 불편함 없이 풍성한 삶을 누렸다. 하나님이 허락한 은혜의 동산에서 우리도 그 기쁨과 평강을 누려야 한다. 호수에 강물이 가득할수록 고기들도 자유롭게 노니는 법이다. 주변에 나무들도 뿌리 깊이 수분을 받아 들여 그늘을 만들고 사람들에게 즐거움을 주게 된다. 그러나 강물이 마를수록 은혜도 메말라진다. 강물이 바닥이 드러날수록 고기들도 부딪히게 되고 강물 바닥에 가라앉아 있는 쓰레기들이 눈에 띈다.

부부관계에서도 비슷하다. 관계가 좋을 때에는 그냥 넘어가는 일도 때로는 사소한 일에도 쉽게 다투게 된다. 가정에서 금전 애정 자녀 집안 문제 등 잠재적인 일들이 폭발하는 계기는 바로 작은 것에서 시작이 된다. 그러므로 평소 좋은 관계를 잘 유지해야 할 필요가 있다. 상대방의 허물이 보이더라도 그것을 감싸 안아주고 품어주는 것이 바로 은혜다. 은혜란 받을 수 없는 자격 미달자에게 위로부터 부어주는 것이다. 은혜가 있으면 쉽게 넘어가는 일도 은혜가 없으면 자꾸 시비에 말려든다.

사랑의 감정탱크가 있다. 탱크에 사랑이란 감정이 많이 저장되어 있을수록 인간관계에서 유연하게 대처하게 되지만 반대로 사랑이란 감정이 고갈이 되면 자주 다투게 되고 불편한 감정을 드러내게 된다. 다툼에 말려들지 않기 위해서는 감정 탱크에 사랑과 감사를 수시로 저장해 놓아야 한다. 은혜의 보좌 앞에 나아가는 사람은 은혜 안에 거하는 사람이다. 메마른 사람일수록 고정관념에 사로잡혀 아집에서 벗어나지 못하는 경향이 있다. 사소한 것으로 따지기 좋아한다. 정말 피곤한 사람이다. 자신의 기분이나 감정을 잘 다스려야 한다. 은혜가 충만한 사람은 자기를 주장하지 않고, 부딪히지 않는다.

교회 안에서도 늘 문제는 도사리고 있다. 문제없는 가정이 없듯이 문제없는 교회가 있을까? 교회는 병원이다. 가정도 마찬가지다. 교회와 가정 안에 은혜의 강물이 메마르면 결국 부딪힌다. 가까이 있는 사람들의 결점과 허물만 보이게 된다. 우리가 좋은 관계를 유지할 수 있는 힘은 그 안에 있는 사랑과 감사의 감정들이 저축이 되어 있기 때문이다.

부딪힘은 인간관계의 부정적인 부산물이다. 자신이 속한 공동체에서 자주 부딪히는 사람들은 자신의 언어 습관과 성격을 돌아봐야 한다. 은혜가 있는 사람은 품는다. 다투지 않는다. 감사함으로 그 상황을 잘 이겨낸다. 불편한 일을 당해도 기도하면서 하나님의 지혜를 구하고 최악의 상황을 만들지 않는다. 신중하게 대처한다. 그리스도를 따르려면 '자신을 부인하고 자신의 십자가를 지고 좇아야 한다'고 말한다. 성숙한 삶은 인격에서 비롯된다. 마음이 메마른 사람은 감정의 탱크가 메말라 있기 때문이다. 바닥뿐인 인생은 메마른 인생이다. 내 마음에 무엇을 담고 어떤 감정을 저축해야 할까?

나의 삶이 메마르지 않도록 늘 주의 말씀으로 가득 채우자.
나의 사랑의 탱크가 비워지지 않도록 하자.
내가 가는 곳마다 기쁨이 흘러 넘쳐 아름다운 공동체가 되게 하자.

미움은 다툼을 일으켜도 사랑은 모든 허물을 가리우니라. (잠 10:12)
무엇보다도 열심으로 서로 사랑할지니 사랑은 허다한 죄를 덮느니라. (벧전 4:8)

만지히 농부와 인위쩐
Farmer Manjihi and Inzhen "There is a forest in the desert"

인내는 가장 좋은 치료약이다. - 아랍 속담
인내는 용기와 굉장히 비슷해서 용기의 언니 또는 어머니로 보일 정도다. -아리스토텔레스

인도에 다쉬라트 만지히라는 농부가 있었다. 그는 큰 산으로 가로막힌 마을에서 아내가 다쳐 병원으로 제 때 가지 못해 죽게 되자 그때부터 산을 깎기 시작했다. 인근 마을이 1.6km 떨어져 있었지만 큰 산 때문에 55km 돌아가야만 했다. 아들에 의하면, '염소 세 마리를 팔아 망치와 정을 구입했다'고 한다. 마을 사람들이 부질없는 짓이라고 만류했지만 그의 결심을 돌릴 수 없었다. 새벽 네시부터 시작해 어두컴컴해질 때까지 멈추지 않았다. 1960년에 홀로 시작한 공사는 22년이 지난 1982년에 마쳤다. 그가 완공한 길은 총 100m, 폭이 9m였다. 높은 언덕을 지나가야 했지만 옆 마을로 가는 길이 15km로 단축되었다. 오직 만지히 한 사람의 노력과 열정으로 마을 사람들은 병원이나 학교를 더 이상 돌아가지 않아도 되었다. 지금은 지방정부의 지시로 아스팔트가 깔렸고 만지히의 삶은 영화화 되었다.

황량한 사막에 나무를 심는 여인이 있었다. 스무 살의 나이에 아버지가 강제로 사막에 버려두고 떠나 버렸다. 친구의 아들에게 시집을 보낸 것이다. 여인은 40일간 울고 불고 하다가 생각을 바꾸었다. 막막한 모래만 바라

보다가 어느 날, 나무를 심기로 결심을 한다. 남편에게 말했다.

"이곳에 나무를 심으면 어떨까요?"

어린 나무 한 그루를 얻기 위해 매일 19km를 걸어야만 했다. 나무가 말라 죽지 않도록 매일 40번씩 물동이를 짊어지고 사막을 오갔다. 모래 바람이 한번 불면 초토화되곤 했지만 멈추지 않았다. 밥보다 모래알을 더 많이 먹었다. 이 일은 무려 20년 간 계속 되었다. 아무도 생각치 않는 일이었다. 결국 절망의 땅, 사막에 숲을 만들었다. 한 여인의 결심과 인내로 거대한 숲이 만들어진 것이다.

그곳은 중국의 4대 사막 중 하나인 내몽고 자치구 마오우쑤 사막에 위치한 징베이탄이었다. 황폐화된 사막에서 유산을 하면서도 여자는 포기하지 않고 기적을 만들어 냈다. 정부도 포기했던 사막을 사람들이 모여들어 현재 80가구가 사는 마을로 만들었다. 그녀의 이름은 인위쩐. 그녀는 〈사막에 숲이 있다〉라는 책을 내고 환경상을 받고 중국은 물론 세계적으로 알려졌다. 여전히 그 땅에 살고 있지만 예전과는 전혀 다르다. 지금은 전기도 가설되고 신선한 물을 마시며 옥수수밭과 채소를 재배하며 기름진 땅에 살고 있다. 인위쩐은 수많은 이들에게 희망을 주었다. 희망은 기적을 가져오는 법이다.

창세기에도 노아라는 사람이 등장한다. 당시 사람들이 죄가 만연해지자 하나님은 사람 지으심을 후회했다. 오직 노아만이 당대의 의인이었다. 결국 하나님은 인간을 심판하기로 작정하고 노아에게 방주(큰 배)를 지으라고 명하셨다. 축구장 크기만한 배를 그 옛날에 변변한 장비 없이 만들려고 하니 얼마나 시간이 많이 소요되었을까? 마을 사람들이 점심까지 준비해 와 구경하면서 대놓고 조롱하였다. '마른 하늘에 무슨 홍수가 온다는거야?' 하고 사람들은 무시했다. 그럼에도 불구하고 노아는 꾸준히 배 만드는 작업에 최선을 다했다. 노아와 세 아들 즉 네 명이 천천히 일을 한다고 가정할 경우, 성서 해석자들에 의하면 최소 40년에서 63년 정도 걸렸던 것으로 추정한다. 하나님의 약속의 말씀을 믿고 그 오랜 기간 배를 만든 노아의 열정과 믿음이 대단하다.

만지히나 노아는 공통점이 있다. 환경이나 동기는 달랐지만, 도중에 포기하지 않았다는 것이다. "만지히 미친거 아냐." "노아도 맛이 갔어." 사람들의 조롱을 어떻게 견딜 수 있었을까? 그들은 결국 해냈다. 대다수의 사람들이 만류하고 손가락질 하고 인정해 주지 않았어도 그들만의 길을 끝까지 걸어갔다.

오늘날 많은 사람들이 참지를 못한다. 기다리지 못한다. 쉽게 포기한다. 스탠더드 유전을 발견하게 된 일화가 있다. 캘리포니아의 금광(노다지)에 이어 석유가 각광을 받기 시작했다. 이때 유전을 찾으려고 혈안이 되어있던 수 많은 사람들이 포기했던 곳에서 1m를 더 파자 석유가 쏟아져 나오기 시작했다. 결국 조금 더 노력하고 인내한 사람이 이른바 성공이라는 가치를 얻어낸 것이다. 조급증을 고쳐야 한다. 조급한 마음은 실패를 가져올 뿐이다. 중국이라는 대국의 여유로운 정신 "만만디"는 배워야 할 점이다.

이른바 접두어 "철새"가 붙은 말이 유행하고 있다. 철새교인은 철새처럼 이러저리 교회를 자주 기웃거리고 좋은 교회를 찾아 다닌다. 그러나 '어디 내맘에 딱맞는 그런 교회가 있을까?' 내가 좋은 성도가 되지 않는한, 그 어디에도 좋은 교회는 존재하지 않는다. 교회는 모두 주님의 교회다. 주님의 핏값으로 세워졌다. 요즈음은 한 교회에서 뿌리박고 오랫동안 신앙생활을 하는 성도를 보기가 쉽지 않다. 이민생활 10년이 넘으면 보통 두 세 곳의 교회를 옮겨 다니는 것으로 통계가 나왔다. 안타까운 일이다. 교회의 주인은 주님이고, 나는 청지기라는 것을 모르는 것일까? 그래서 가끔 한 교회에 정착해 평생 묵묵히 믿음생활 하시다가 은퇴하는 장로님, 권사님을 만나보는 게 드물다. 그런 분들을 축복한다.

가정에서의 부부는 또 어떠한가? 참지 못한다. 쉽게 분노하고, 쉽게 갈라선다. '기다림의 미학'이라는 말이 있다. 상대의 마음을 헤아리지 못하니 도무지 이해할 수가 없는 것이다. 오해할 수 밖에 없다. 성질만 나고 불쾌지수만 높아진다. 아드레날린만 분비되어 스트레스는 심화되고 우울증은 가중된다. 상대방의 마음을 쉽게 바꿀 수 없다. 어릴 적, 친척 누나에게 들은 말이 있다. "백인불성". 백 번 참으면 이루지 못할 일이 없다는 뜻이다. 야고보 기자도 말한다. "인내를 온전히 이루라."(약 1:4)

내가 환경을 바꿀 수 없는 상황이라면 내 마음을 바꾸면 된다. 기다리자. 조금만 더 기다리자. 아무리 힘든 상황일지라도 포기하지 말자. 하나님이 모든 문을 닫은 것 같아 보이지만 하나의 문은 열어 놓으셨다. 노아의 방주도 밖에서는 아무런 문이 보이지 않았지만, 방주 위의 문은 열려 있었다. 인도의 만지히 농부는 22년간 망치로 산길을 뚫었고, 인위쩐은 20여년간 사막에 숲을 만들었다. 절망의 땅에서 기적을 만들어냈다. 길이 없다고 불평하지 말자. 모세와 같이 믿음으로 첫발을 내딛는 순간 길은 열린다. 지금 내 삶에 어떠한 문제가 있는가? 불평하지 말자.

환경을 탓하지 말라.
한 발을 내 디뎌 보라.
만지히와 인위 은 가만히 앉아서 기다리지 않았다.
내가 마음의 문을 여는 순간, 그때부터 내 삶이 달라지기 시작한다.
내가 할 수 있는 일에서부터 시작해 보자.

"인내를 온전히 이루라 이는 너희로 온전하고 구비하여
조금도 부족함이 없게 하려 함이라."(약 1:4)

"성도들의 인내가 여기 있나니
저희는 하나님의 계명과 예수 믿음을 지키는 자니라." (계 14:12)

플라시보 효과
Placebo effect

나는 사람들을 고용할 때 3가지를 본다. 첫째는 성실성이며 둘째는 지능이고 셋째는 열정이다. 하지만 성실성이 없으면 나머지 3가지가 당신을 망칠 것이다. – 워런 버핏

"플라시보"라는 말은 라틴어에서 왔으며 "I will please"라는 뜻이다. 우리는 어떠한 때에 '플라시보 효과'(placebo effect)는 말을 사용할까? 위약 즉 '가짜 약이 효과를 내는 경우'를 뜻한다. 감기에 들거나 소화가 잘 안 되는 사람에게 아무 효능이 없는 알약을 감기약이나 소화제라고 주면 그것을 먹고 실제 나아지는 경우가 있다. 그런데 이와 반대로 노시보라는 말이 있다. 노시보는 라틴어로 "I will harm"이라는 뜻이다. '노시보 효과'(nocebo effect)는 정상적인 약을 먹으면서도 효과가 전혀 나타나지 않는 경우를 말한다. 즉 의사를 믿지 못하거나 자포자기한 사람에게는 별 효과가 없을 수도 있다는 것이다.

그래서 우리의 삶 속에 신뢰가 중요하다. 신뢰가 없으면 다 무너진다. 아무런 소용이 없다. 흔히 믿음이라고 하면 종교적인 용어라고 생각하는 경향이 강하다. 그렇지 않다. 우리는 버스, 택시, 비행기를 타면서 운전자와 조종사를 믿고 탑승한다. 나를 목적지까지 안전하게 데려다 줄 것으로 믿는다. 이것을 일반적인 믿음 또는 일반은총이라 부른다. 그러나 내가 죽은

이후에 천국과 지옥이 있으며, 신이 존재한다고 믿는 믿음이 있다. 이것이 특별한 믿음 또는 특별 은총이라 부른다. 그래서 우리는 사는 날 동안에 신앙생활을 잘해야 한다. '믿음이 없이는 주님을 기쁘시게 하지 못한다'고 했다. 결국 믿음이 이긴다. 신이 없다고 믿는 사람은 그냥 그렇게 살다가 갈 뿐이다. 불신은 불행으로 연결이 되고 무신론은 지옥으로 직행하게 된다.

정말 힘들어하는 사람에게는 백 마디 말보다 함께 토닥토닥 어깨를 두드려 주거나 안아주는 것만으로 위로가 된다. 물론 때에 따라 위로와 격려의 말도 필요하다.

'다 잘 될 거야', '힘 내.' '좋은 일이 생길거야.' '그래 힘들지.' 등.

실제로 일이 잘 풀리지 않은 사람이나 죽을 병에 걸린 환자에게 플라시보 효과는 높다. 매사 긍정적인 사람의 경우와 불평을 입에 담고 사는 사람의 경우 행복지수 차이가 난다. 어떤 경우에도 긍정적인 사람은 생존할 가능성이 높다. 그래서 전쟁터에서 약이 부족한 경우 영양제를 주면서 처방을 해 주어도 환자들은 회복될 가능성이 높다고 한다.

매사에 비관적인 사람은 성공과는 거리가 멀다. 스스로 격리한다.
'나는 안돼', '사람들이 다 나를 무시해', '왜 나만 미워하는 거지',
'나는 못생겼어', '나는 할 수 없어',
'나는 환경이 나빠서 아무리 노력해도 소용이 없어' 등

자신감이 없거나 자존감이 떨어진 사람들의 특징이다. 이런 사람들은 육체적인 질병도 많은 편이다. 생각을 바꾸어야 한다. 하나님은 우리를 가장 귀한 존재로 창조했다. 나와 똑 같은 사람은 지구상에 아무도 없다. 물론 태어나면서부터 금수저 은수저(부자 집안을 말함: 필자 주)로 태어나는 특별한 경우도 있다. 그러나 소수다. 대부분의 경우는 밑바닥 인생부터 시작하거나 금수저 은수저로 태어난 사람조차도 위기와 어려움을 겪는다.

나를 지으신 그분이 나를 가장 잘 안다. 이 땅에 태어나는 순간 나만의 사명을 갖고 태어났다. 예전에 "그건 너, 바로 너, 때문이야"라는 노랫말이 있었다. 남의 탓만 하다가 평생 불행하게 살 뿐이다.

성경에도 이스라엘 백성들이 출애굽(애굽에서 탈출)하면서 광야로 진입한다. 가도가도 사막뿐이다. 젖과 꿀이 흐른다는 풍족한 가나안 땅이 보이지 않자 이스라엘 백성들이 불평을 한다. 물이 없다고 빵이 없다고 고기가 없다고 춥다고 날마다 불평이 끊이지 않는다. 부족한 것만 들춰낸다. 모세와 하나님에 대하여 목소리를 높인다. 시내산 아래에서 금송아지를 만들며 춤을 춘다. 불신이 팽배했다.

가나안 땅을 정탐하고 나서도 열 두명(12족속)의 대표 중 열 명은 가나안 땅에는 도저히 들어갈 수 없다고 부정적인 보고를 한다. 인간은 상황이 악화될수록 이기적으로 변하고 누군가를 희생양으로 삼으려 하는 경향이 있다. 나약한 인간성, 부패한 인간성을 보여준다. 하나님께서는 이러한 이스라엘 백성들을 심판하신다. 광야에 불 뱀을 보내 독사에 물려 죽게 된다. 이때에도 장대에 구리로 만든 놋 뱀을 달아 놓고 사람들에게 기회를 준다. 놋 뱀(예수 그리스도를 상징)을 바라보는 자들은 살아나고 그렇지 않는 사람들은 죽을 것이라고. 그런데도 불구하고 대다수의 사람들이 그 말을 믿지 못해 독이 퍼진 채 죽어갔다.

여호수아와 갈렙을 제외한 부정적인 보고를 한 열 족속의 대표와 그 정탐꾼들의 말을 믿은 20세 이상의 사람들은 모두 가나안 땅에 들어가지 못하고 광야에서 죽었다. 무엇의 차이일까? 바로 믿음의 차이다. 긍정적인 사람들은 플라시보 효과를 보지만 부정적인 사람들은 노시보 효과로 손해 보는 인생을 살게 된다. "엄마 손은 약손 OO 배는 똥배"하면서 배가 아픈 아이의 배를 만져주면 정말 감쪽같이 통증이 사라지기도 한다. 물론 배를 문질러 주면서 혈액순환을 따뜻하게 해주기도 하지만 아이들이 엄마를 신뢰하는 믿음에 회복이 되기도 한다.

의사들도 자신감이 없이 수술을 할 때 환자들의 사망률이 높다는 통계가 나왔다. '믿음은 바라는 것들의 실상이요 보지 못하는 것들의 증거"라고 했다. 내가 살아가는 인생, 한 번뿐인 인생이다. 내가 죽은 다음에 천국을 믿든, 믿지 않든 하나님의 심판이 나를 기다리고 있다. 어떻게 살 것인가? 나의 삶을 한번 돌아보자. 나만을 위한 삶에서 소외된 이웃을 돌아보자. 현재의 힘든 상황을 조금만 더 참고 견뎌내자. 오직 믿음으로 말이다. 조금만 더 인내하고 조금만 더 버티면 좋은 날이 오는 법이다. 그때까지 조금만 더 믿어보자. 신뢰가 사라지면 곧 불신이 팽배하고 공동체가 무너지는 법이다.

상대방 입장에서 함께 생각해보자. 내입장만 고집하지 말고 양보하자. 윈윈(공생)하는 방법을 찾아보자는 것이다. 배가 침몰하면 다 함께 죽는다. 공멸이다. 격려 칭찬 배려 기다림 신뢰의 키워드로 아름다운 후반기 인생을 살아보자. 신뢰하는 마음으로 행복한 삶을 기대해본다.

"너 때문이야"라는 단어는 사용하지 말자.
후회, 핑계, 원망, 미움, 불평 등 온통 부정적인 의미가 내포되어 있다.
"(아니, 어떻게) 그럴수가 있어?"에서
"그럴 수도 있지!"라고 생각을 바꾸자.

내 생각(마음)에서 모든 부정적이고 더러운 생각, 감정들을 몰아내자.
내 영이 살기 위함이다.
내 영이 자유함을 얻는 비결이다.

우리가 사방으로 우겨쌈을 당하여도 싸이지 아니하며 답답한 일을 당하여도 낙심하지 아니하며 박해를 받아도 버린 바 되지 아니하며 거꾸로 뜨림을 당하여도 망하지 아니하고 (고후 4:8-9)

비교는 암이다
Comparison is Cancer

사람의 불행과 행복을 좌우하는 하는 것은 비교다. - 토마스 풀러
우리가 항상 어떤 것이나 어떤 사람과 비교하는 것이 갈등의 가장 큰 원인이다. - 탈무드

2002년에 캘거리 아버지학교1기를 수료했다. 마침 친구가 시애틀에서 여행차 왔다 만났는데, 그 친구의 추천으로 등록했다. 그 친구가 미주아버지학교 지도 목사 및 시애틀 형제교회 권 준 목사다. 네 번의 만남을 통해 극히 많은 변화가 있었다고 볼 수는 없다. 그러나 예전보다 가정을 생각하는 관점이 변했다. 자녀와 아내를 바라보는 관점이 달라졌다. 사역이 늘 우선순위였던 나는 조금씩 생각이 바뀌어 가고 있음을 고백한다. 그렇다. 가정이 무너지면 무슨 소용이 있으랴. 자녀들이 탈선하고 배우자와 관계가 악화되면 이는 열차가 탈선하는 것과 같이 위험천만한 일이다. '아내와 자녀와 부모에 대해 감사하는 마음 스무가지'를 작성하는 숙제를 하면서 내가 얼마나 이기적인 존재임을 깨달았다. 눈물이 한없이 쏟아졌다.

아버지학교에 가보면 대부분의 아버지들이 "나만큼 잘 하는 아버지, 남편이 어디 있어? 내가 아버지학교에 온 이유는 순전히 아내에게 등 떠밀려서 왔다"고 말하는 장면을 심심찮게 본다. 반대로 어머니 학교에 가보면 정 반대다. 어머니들은 모두들 "제가 너무 부족해서 좋은 어머니, 좋은 아

내가 되고 싶어 이 자리에 왔다."고 고백을 한다. 이렇게 보면 아버지들은 거만해 보이고 어머니들은 겸손해 보이기도 한다. 아버지들은 자신을 너무 모르고 있고, 어머니들은 자신을 너무 잘 알고 있다.

주일 아침, 아내가 준비해 준 브런치 빵 한 조각과 커피 한잔에 감동을 받는다. 아내는 남편의 설거지에 행복해한다. 감사가 넘친다. 일상에서 우리는 너무 감사의 조건을 놓치고 살고 있다. 감사할 줄 모르고 당연시 여기는 태도가 문제다. 북미에서는 입만 열면 "댕큐"를 연발하는데 유교사상에 젖어있는 우리로서는 '감사하다'는 말이 입에서 잘 떨어지지 않는다. 사소한 것을 당연하게 여기지 말고, 진정으로 감사해 보자. 감사가 행복의 원천이다. 감사가 기쁨을 가져온다. 매일매일의 감사가 불평과 불행을 쫓아낸다.

헬렌 켈러는 '보지도 못하고 듣지도 못하고 말하지도 못하는' 장애인(지체 부자유자)이었다. 그가 쓴 글 〈내가 3일 동안 볼 수만 있다면〉을 글을 읽은 적이 있다. 첫째 날에 지금의 자신을 있게 만들어 준 설리만 선생을 찾아가고 친구들을 만나고 예쁜 꽃들과 나무들, 저녁 노을을 보고 싶다. 둘째 날에는 일출, 박물관, 미술관, 밤하늘의 별을 보고 싶고, 셋째 날에는 길가에 출근하는 사람들, 오페라 하우스, 영화감상, 도시를 감상하고 싶다. 그리고 3일 동안이라도 볼 수 있게 해 준 하나님께 감사의 기도를 드리고 영원히 암흑의 세계로 돌아가겠다.

행복지수는 감사에서 나온다. 불행한 사람들은 자신들이 갖고 있는 것(장점)을 바라보지 못하고 다른 곳에서 행복을 찾기에 불행하다. 똑같은 감옥 속에서 어떤 이는 반성하고 감사하는 반면에, 어떤 이는 자신의 처지를 비관하고 남 탓을 하고 불평을 쏟아낸다. 헬렌 켈러는 우리가 지나치는 사소한 일상에서 행복해하고 감사했다. 중증 장애자인 송명희 시인도 고통 중에 '공평하신 하나님'을 노래했다. 나에게 부족한 것이 어떤 것이 있을까? 남들이 갖지 못한 장점이 내게도 있다. 사도 바울의 고백처럼 자족하자. 사람들은 비교를 많이 한다. 비교를 하니까 자꾸만 나는 무언가 부족한 것처럼 느낀다. 열등감, 질투, 불평은 내 삶을 망가뜨리는 기제다. C.S. 루이스는 '교만이 암'이라고 했는데 비교의식도 그에 못지 않는 암덩어리다.

어느 공동체나 투덜이가 있다. 괜시리 분위기를 망치는 사람이 있다. 이것도 골치거리, 저것도 문젯거리 하면서 태클을 건다. 이러니 사람 참 피곤해진다. 같이 사는 사람은 얼마나 불행할까? 불평한다고 상황은 달라지지 않는다. 비난, 험담, 뒷담화, 불평, 비교, 낙심… 이러한 단어들은 내 마음속에서 몰아 내야 한다. 하루 빨리 내쫓지 아니하면 언젠가 내 등뒤로 날라와 나를 찌르는 부메랑이 될 것이다. 좋은 환경에서는 모두 쉽게 감사한다. 문제는 나쁜 환경, 고난에 처할 때이다. 그때 나의 진짜 모습이 보여진다.

현재 내가 함께 살고 있는 가족 특히 자녀와 배우자를 존중하고 배려하고 칭찬해주자. 더불어 일터, 교회 공동체도 다르지 않다. 함께 일하는 동료, 지인들을 인정해 주고 축복해주자. 우리네 삶은 한날 피고지는 풀과 같고 안개와 같이 짧다. 감사함으로 버티자. 비록 환경이 달라지지 않았어도 내 생각을 바꾸면 좋은 일이 생긴다. 거꾸로 사는 삶, '자살'의 반대는 '살자'다. 사람의 준말이 "삶"이다. 감사의 습관을 들이자. 하나님께서 내게 주신 삶을 불평과 비교로 망가뜨리지 말자.

하루 세 번 감사하자. 코너스톤처치의 성도들, 임은미 선교사도 매일같이 감사노트를 기록하고 감사의 내용을 고백한다. 내 묵상노트에 기록하든 배우자에게 고백하든 좋다. 감사가 삶을 풍성하게 만들어 준다. 혹 마음이 지쳐 있는가? 하늘 한번 쳐다 보자. 자연을 바라보자. 하나님의 세미한 음성을 들어보자.

감사가 풍성한 삶을 만들어 준다.
감사가 천국 문을 여는 열쇠이다.

진주, 아름다운 보석
Pearl, beautiful jewelry

위트가 있는 여자는 보석과 같다. 위트가 있는 아름다움은 곧 힘이다. - 조지 메레디스
누가 현숙한 여인을 찾아 얻겠느냐 그의 값은 진주보다 더 하니라. - 잠언

다이아몬드가 '남자의 보석'이라면, 진주는 '여자의 보석'이다. 진주는 6월의 탄생석으로 장수와 건강을 상징한다. 진주는 광물이 아닌데 보석 취급을 받는다. 모든 보석은 땅에서 캐낸다. 그런데 바다 속에서 나는 유일한 보석이 바로 진주다. 진주 목걸이 하나 정도는 갖고 싶어하는 게 모든 여자의 로망이 아닐까? 진주는 둥글수록, 클수록 값이 나간다. 그래서인지는 몰라도 우리 자랄 때는 '진주'라는 여자 이름이 흔했었다. 진주(Pearl)는 다이아몬드와 같이 캐럿으로 무게를 나타내지 않는다. 천연 진주의 무게 단위는 그레인(grain)으로 표시하는데, 4그레인은 1캐럿과 같다.

진주는 연체동물인 조개나 굴에서 생성이 된다. 조개 속에 모래와 같은 이물질이 들어오면 조개는 이를 밖으로 내뱉는 수천 번의 작업을 되풀이한다. 우리가 놀이터에서 놀다가 자갈이나 모래가 신발에 들어와도 불편해 바로 털어버린다. 장거리 행군을 하다 조그만 자갈 하나 때문에 발 바닥이 상처를 입기도 한다. 그런데 조개나 굴은 원치 않음에도 불구하고 자신의 터전에 침입하는 이물질 때문에 평생 고생을 한다.

조개는 외부에서 이물질이 들어오면 자신을 보호하기 위해 본능적으로 체액을 만들어 이물질을 감싼다. 이 체액을 나카(Nacre)라고 부른다. 체액은 탄산칼슘으로 수백 번에서 수천 번의 층을 이루어야만 하나의 진주가 생성된다. 실제 조개가 진주를 만들기 위해 보통 2~3년 정도 걸리며 이 기간에 대부분의 조개는 적조현상 태풍 등의 영향으로 다 죽고 가치가 있는 조개나 굴은 약 28% 정도 남는다. 진주를 만들어 내는 조개는 1만지 분의 1이라고 한다. 모든 조개나 굴에 진주가 들어있지 않다. 그 가치만큼 큰 고통이 뒤따르기 때문이다.

시인 정호승씨도 말한다.
'조개조차도 상처를 감내하며 영롱한 빛의 진주를 탄생시키는데, 나란 사람은 외부에서 던지는 자그만 상처에도 쉽게 분노하는 연약한 존재임'을 토로했다. 그 상처를 직면하며 수없이 아픔과 고통을 겪어야만 했던 조개. 그래서 조개는 '눈물과 고통의 진주'라고도 불린다.

외부에서 이물질이 들어올 때 조개나 굴은 둘 중의 하나를 선택해야 한다. 이물질이 나를 힘들게 하고 고통스럽게 하지만 포기하면 바로 죽음이다. 살아남으려면 끊임없이 '나카' 라는 체액을 만들어내고 오랫동안 이물질을 감싸는 작업을 수개월에서 몇 년까지 감당해야 한다. 고통 없이 영광도 없는 법이다. 가장 강한 자가 살아남는 것이 아니라 끝까지 살아 남는 자가 강자라고 말한다. 진주조개 하나를 탄생키 위해 얼마나 오랜 기간 몸부림을 쳐야 했을까? 상처(scar)를 별(star)로 승화시키자.

어머니학교 강사 중 한 분이 이런 말을 했다. "여러분에게 누군가 상처를 준다면 그 상처를 그냥 받지 마시고 상대방에게 바로 토스해 주세요." 그렇다. 사람들은 "나, 상처 받았어!" 라는 말을 자주한다. 누가 상처를 주었는가? 상처의 신호는 이렇다. "내 마음이 아프다. 슬프고 우울해진다." 누군가 내게 상처를 주었다면 즉 내 마음이 아프다고 느껴지는 순간 바로 그 상처를 돌려주자. 실제로 아무도 상처를 주지 않았는데(상대방은 상처를 주었는지 조차 모른다) 나 혼자 끙끙 앓고 있는 사람이 있다. 힘들게 살지 말자. 내면의 고통을 안고 있으면 화병만 생기고 나만 손해다.

헨리 나우웬도 〈상처입은 치유자〉란 책을 통해 '고통을 승화시키자'고 말한다. 키에르 케고르도 〈죽음에 이르는 병〉에서 절망을 말한다. 조개나 굴이 절망하고 상처를 입은 채로 포기하면 아무런 희망이 없다. 어둠의 터널은 반드시 통과해야만 한다. 주님도 어둠의 골짜기를 통과하였듯이 우리도 이 과정을 통과해야만 '아름다운 진주'가 될 수 있다. 이사야 선지자의 "남는 자" 키워드와 같이 살아 남아야 한다. 도태될 것인가 끝까지 살아 남을 것인가?

약물 중독 부모에게 버림받고 노숙자가 됐던 미국 여고생이 하버드대에 입학해 화제가 된적이 있다. 하버드대에서는 그에게 전액 장학금 및 기숙사 생활비도 제공하고 교내에서 일자리까지 안내해 주기로 했다. 그는 청소부로 일하면서 학업을 병행한 끝에 이러한 합격을 안게 됐다. 미국 노스캘로라이나 주 론데일에 위치한 번스고등학교를 졸업한 그녀는 집에 전기와 수도가 들어오지 않아 밤에는 숙제를 할 수 없었다. 밥을 해먹으려면 공원까지 20분 걸어가야만 했다. 목욕도 물론 공중화장실에서 해결을 했다. 밀린 집세를 내지 못한 부모는 아이들을 버리고 가출해 버렸다. 그런 악조건 상황속에서도 다운 로진스 양은 고등학교 내내 A학점을 유지했다. 론데일에서 최초로 하버드대학에 입학한 학생으로 기록이 됐다. 상처 악조건 이물질 불우한 환경 장애물 등 그녀가 불평할 조건은 셀 수 없을 정도로 많았지만 그녀는 절망하지 않았고 원망하지 않았다. 자신의 삶을 바꾸기 위해 학업에 최선을 다한 결과 '진주와 같은 보석'이 되었다.

이물질이라는 상처는 누구에게나 동일하게 다가온다. 다만 선택의 길이 있다. 어떤 길을 선택하던지 나의 책임이다. 누구를 탓해봤자 유익이 없다. 부모, 친구, 불우한 환경을 탓하는 것은 아담과 하와가 변명하고 책임 전가하는 것과 다를 바 없다. 부끄러운 일이다. 우리가 환난 중에도 걱정할 필요가 없는 것은 '환란은 인내를, 인내는 연단을, 연단은 소망을 이루기 때문이라'고 성경은 말한다. 하나님이 내게 허락한 삶을 헛되이 보내지 말자. 상처나 고통을 승화시키는 것은 내 몫이다. 보석과 같은 삶을 기대해 본다.

풀

김재진

베어진 풀에서 향기가 난다.
알고 보면 향기는 풀의 상처다.
베이는 순간 사람들은 비명을 지르지만
비명 대신 풀들은 향기를 지른다.
들판을 물들이는 초록의 상처
상처가 내뿜는 향기에 취해 나는
아픈 것도 잊는다.
상처도 저토록 아름다운 것이 있다.

'눈물과 고통의 진주'
상처를 감내하며 영롱한 빛의 진주를 탄생시키는 조개와 같이
나의 상처와 고통을 승화시키고 있는가?

혹 힘들어하고 아파하는 사람들이 눈에 띄는가?
그들에게 내가 해 줄 수 있는 것이 무엇인지 생각해보자.

그는 실로 우리의 질고를 지고 우리의 슬픔을 당하였거늘
우리는 생각하기를 그는 징벌을 받아서 하나님에게 맞으며 고난을 당한다 하였노라
그가 징계를 받음으로 우리가 평화를 누리고
그가 채찍에 맞음으로 우리가 나음을 입었도다. (사 53:4-5)

어머니
Mom

여자는 약하나, 어머니는 강하다. - 셰익스피어
온갖 실패와 불행을 겪으면서도 인생의 신뢰를 잃지 않는 낙천가는
대개 훌륭한 어머님의 품에서 자라난 사람들이다. - 앙드레 모루아.
고운 것도 거짓되고 아름다운 것도 헛되나
오직 여호와를 경외하는 여자는 칭찬을 받을 것이라. - 잠언

   영국 문화원에서 2004년 "세상에서 가장 아름다운 단어는 무엇일까?" 라고 102개국 4만 명을 대상으로 설문 조사한 적이 있다. 그때 정답은 사랑(love)도 뷰티플(beautiful)도 아니었다. 바로 '엄마(어머니, mom or mommy)'라는 단어였다. 엄마라는 단어는 지구촌을 통틀어 인종과 나라를 초월하여 모두에게 가장 친밀하고 아름다운 단어로 손꼽혔다.

   '엄마와 어머니 중 어떤 단어가 정감이 좋을까?' 라고 질문을 받는다면 당연 엄마다. 철부지 어릴 적에는 엄마라 부르다가 성년이 되면 보통 어머니라 부른다. 그런데 여자들은 엄마라 부르고 남자들은 어머니라 부르는 것 같다. 나도 어머니란 호칭을 더 선호하고 아내는 엄마란 호칭을 더 많이 사용한다. 국어학자들도 "어머니"란 호칭은 자신을 낳아준 친모에게 그 외 사람들 예를 들면 친구 어머니나 시어머니, 장모님에게 보통 "어머님"이란

호칭을 쓰는 것이 바르다고 한다.

　세상에서 가장 따뜻한 품이 어디일까? 사람이나 짐승이나 가릴 것 없이 어미 품이다. 엄마의 품보다 안정감을 누리고 평화를 누릴 수 있는 곳은 없다. 따뜻한 아랫목도 좋지만 엄마 품이 아무래도 정감이 있다. 사람이 힘들 때는 엄마를 찾는다. 그래서인지 "우정의 무대" 편에서도 군대간 자식들이 '어머니 이름'을 부르기만 해도 눈물을 흘린다. 필자도 유격훈련을 받을 때 레펠을 타면서 '어머니'를 세 번 외치며 강을 건너기도 했다. 어머니란 단어는 우리의 가슴을 뭉클하게 해준다. 어머니는 언제나 우리들의 따뜻하고 영원한 안식처이다.

　필자도 어릴 적에 유난히 엄마에게 느끼는 감정은 살갑지 않았다. 야단만 치고 매를 대는 엄마보다 친구 엄마가 더 좋았다. 왜냐하면 친구 엄마는 늘 반갑게 대해주었기 때문이다. 나중에 철이 들면서 '세상의 엄마는 자기 자식에게 다 똑같이 대한다'는 것을 알았다. 남의 자식에게 야단을 칠 일이 있을까? 남의 자식에게 매를 댈 일이 당연 없을 것이다. 자식 잘 되기를 바라는 어머니의 마음을 나중에 깨닫게 되면. 이미 어머니는 움직일 힘이 없거나 하늘나라에 계실 때가 많다. 그래서 고등학교 때 은사님이 해주던 말씀이 생각이 난다.

樹欲靜而風不止　子欲養而親不待 (수욕정이풍부지 자욕양이친부대)
"나무는 고요하고자 하나 바람이 그치지 않고,
자식이 부모에게 효도하고자 하나 부모는 기다려주지 않는다."
〈한씨외전(韓氏外傳)〉 나오는 구절이다.

예전에 영화 〈공공의 적〉을 본 적이 있다. 자식이 부모를 살해한 사건이 발생했다. 그러나 어머니는 죽어 가면서도 아들의 범행을 숨기려고 아들의 흔적인 손톱을 삼킨다. 그것이 엄마의 마음이다. 우리는 우리의 어머니를 어떻게 대하는가? 다 자라서도 더 많이 못해 준다고 엄마를 폭행하거나 무시하고 있지는 않은지? 오월을 맞이하여 부모님의 마음을 조금이라도 헤아려보는 시간을 가졌으면 좋겠다. 나를 위해 희생하는 어머니를 당연시 하기보다 그 마음을 편안하게 해드리는 것이 진정한 효도라는 것을.

고등학교 시절 우산 들고 마중 나오던 어머니의 모습이 오버랩 된다. 이미 비를 맞을 만큼 맞은 나는 어머니의 호의를 거절하고 집에 들어가 버렸다. 어머니의 마음을 아프게 했다. 이제 그 어머니를 위해 내가 우산을 들고 마중 나갈 차례다. 평생 고되게 살아온 어머니의 상처와 아픔을 달래기 위해 내가 할 수 있는 일은 하나도 없다. 그저 사랑의 우산을 들고 어머니에게 달려가야겠다. 어머니가 자주 하던 말이 있다.

"네가 결혼을 해서 애를 낳고 키워봐." 예전에 그 많은 자식들을 낳아 기르던 어머니의 강인함이 존경스럽다. 오늘날은 한 두 명 키우는 것도 쩔쩔매고 있는데 말이다. 요즘 나도 자녀들에게 똑같이 말한다. "애낳고 키워봐!"

그런데 엄마(부모)의 사랑은 내리사랑이다. 하나님의 사랑과 다르지 않다. 자식을 위해서는 물불 가리지 않고 가장 좋은 것을 주려고 하는 엄마, 자식이 잘되기 위해서라면 불 구덩이도 뛰어드는 엄마, 무조건적인 희생이 배여 있는 단어 "엄마"다. "여자는 약하지만 어머니는 강하다."는 말이 있다. 어머니는 억척스럽고 인내하며 고단한 삶을 부지런하게 살아간다.

주위에 싱글맘, 미혼모를 자주 본다. 어찌 그렇게 되었냐는 상황보다 그러한 현실을 받아들이고 열심히 살아가는 강한 어머니의 모습에 도전을 받는다. '어머니가 아버지보다 자식에게 더 애정을 갖는 것은 직접 자식을 낳는 고통을 겪었기 때문'이라는 아리스토 텔레스의 말에 격하게 공감하며, 모든 어머니에게 존경을 표한다.

너희가 악할찌라도 좋은 것을 자식에게 줄줄 알거늘 하물며 하늘에 계신
너희의 아버지께서 구하는 사람에게 더 좋은 것을 주지 않겠느냐! (마태 7:11)

불효
유순

나도 같이 가자.
노인네는 집에서 애들이나 보세요.

나도 용돈 좀 다우
노인네가 어디 쓸데가 있어요.

나도 이런 옷 입고 싶다.
노인네가 아무거나 입으세요.

힘들어 못 가겠으니 오너라.
노인네가 택시 타고 오세요.

그렇게 하면 안 된다.
노인네가 가만히 방에나
들어가 계세요.

자녀들아 너희 부모를 주 안에서 순종하라 이것이 옳으니라
네 아버지 어머니를 공경하라 이것이 약속있는 첫 계명이니
이는 네가 잘 되고 땅에서 장수하리라. (엡 6:1-3)

정리의 힘
Good Organizing

사람의 마음을 안정시켜 주는 세 가지 - 좋은 음악, 조용한 풍경, 깨끗한 향기 - 탈무드

사람은 두 가지 타입이 있다. 정리를 잘하는 사람과 정리를 못하는 사람으로 분류한다. 보통 성격이 차분하거나 맏이들이 정리를 잘하는 편이다. 또한 남자들에 비해 여자들이 정리를 잘한다. 깔끔하고 감성적인 면이 발달해 파티 플래너나 비서 패션 디자이너 디스플레이를 하는 감각이 훨씬 뛰어나다. 나는 후자다. 정리를 잘 하지 못한다. 내 책상과 내방은 물건들이 어지럽게 늘어져 있다. 아내는 이에 반해 차분하고 정리를 잘 한다. 심지어는 집안이나 방안의 물건이 정리되어 있지 않으면 무언가 불편해 한다. 혹 여행을 가도 아내는 2~3일 전부터 미리 다 챙겨놓는 성격이다. 나는 물론 대부분 당일 또는 하루 전에 챙기는 편이다. 그렇다 보니 가끔 빠뜨리기도 한다.

한국의 정리전문가 1호 자격증을 가진 윤선현 씨는 예전부터 잘 알고 있다. 그는 세 가지를 강조한다. 즉 공간정리(수납), 시간정리, 인맥정리(명함 버리기). 예전에 어느 집을 갑자기 방문했는데 현관 문 앞에서부터 완전 쓰레기장이다. 거실은 물론 방, 주방 등 모든 곳이 엉망진창이다. 머리가 지끈지끈 쑤신다. 조금만 신경을 쓰면 될 텐데. 사람은 제각기 제 마음

대로 살아가지만 때로는 다른 사람을 배려하는 측면에서 최소한의 정리를 해두어야 서로 행복하다. 부부가 자주 다투는 경우도 남자와 여자의 정리 스타일이 달라서 인 경우도 있다.

정리를 주기적으로 할 필요가 있다. 왜? 보다 쾌적한 환경에서 사랑하는 사람과 풍성한 삶을 살기 위해서라고 할까? 그렇잖아도 밖에서도 스트레스가 심한데 집안에 들어와 난장판이 된 모습에 기분 좋을 사람은 거의 없을 것이다. 선택과 집중의 원리라는 말이 있다. 필요한 물건이 어디 두었는지 잘 생각이 나지 않는다면 무슨 소용이 있을까? 평소 정리를 잘 해 둔 사람이라면 전혀 문제가 없다. 지혜로운 사람은 정리를 잘 하는 사람이다. 일목요연하게 분류를 해두면 시간도 아끼고 물건 찾기가 수월해서 좋다.

오랜만에 대청소를 하려니 너무도 힘들었던 기억도 있다. 정리전문가에 의하면 '물건 하나를 구입하면 잘 사용하지 않는 물건 하나를 버리라'고 충고한다. 그렇지 않으면 온갖 물건들로 차고 넘쳐 복잡해진 집에서 평생 살아가야 하다. 요즘 미니멀라이즈 흐름이 대세다. 불필요한 물건들을 버리거나 괜찮은 물건은 주위 필요한 사람들에게 팔거나 나누어 준다. 물건이 두 개 이상이면 반드시 처리를 한다. 아무 생각 없이 샤핑하다가 세일이라고 패키지로 사다가 집에 쟁여 놓기도 하는데 사실 다 낭비다. 필요 시 조금씩 구입하여 사용하는 것이 오히려 지혜로운 방법이다. 또한 1년에 한 두 번 사용하는 물건도 정리 대상이다. 손에 집었을 때 설레지 않은 물건은 버린다. 사진첩이나 상장 등 기념이 되는 물건 이외에 과감이 버려야 집안에 깨끗해진다. 마음도 상쾌해진다. 능률이 오른다.

인도에서 평생 가난한 자와 버림받은 자를 돌보았던 테레사 수녀가 사람을 뽑을 때의 선발 기준이 있다. "잘 웃는가, 잘 먹는가, 잘 자는가"를 물어본다고 한다. 우리가 배설을 잘 해야 건강하듯이 집안에 물건을 쌓아두는 그릇된 습관을 바꿔야 한다. 우리 몸의 피도 역시 순환이 잘되지 않으면 고혈압, 당뇨, 콜레스테롤 등 혈관 질병에 걸리게 된다. 운동을 하고 땀을 몸 밖으로 배출해야 건강하듯이 정맥이란 피가 우리 몸의 노폐물을 콩팥 등으로 적절히 보내주어야 건강한 법이다.

윤선현씨는 관계정리에 대한 팁을 알려준다. 때로는 야박하게 들리기도 하겠지만 정리를 하지 못하고 끌려 다니면 삶이 고단해진다. 그렇다고 잘못했다가는 상처를 입고 원수가 될 수도 있다. 행복한 인간관계는 잘 비우고 나누고 채워가는 과정이다. 첫 번째 빛이 바래도록 자연스럽게 거리 두기, 즉 자연스럽게 만나지 않으면 거리가 멀어진다. 두 번째는 방어 매뉴얼 만들기, 즉 성적인 농담을 던지는 직장상사에게는 정색하고 습관적으로 늦는 동료와의 약속은 캔슬한다는 행동규칙을 세운다. 세 번째는 거절의 기술 활용하기, 즉 한 시간 후에 다른 약속이 있다며 잠깐이라도 괜찮다면 수용해주는 것이다. 네 번째는 연락처 정리하기, 즉 더 이상 고민하지 말고 연락처에서 이름을 삭제해 버린다. 혹은 이름대신 "받지마," "검은 빨대"로 저장해 두면 좋다.

성격적으로 잘 버리지 못하는 사람이 있다. 내가 그렇다. 내방에는 온통 잡동사니로 가득 차 있다. 언제부터인가는 이래선 안 되겠다 싶어 주기적으로 안 입는 옷이나 물건들 챙겨 버리고 있다. 이에 반해 아내는 잘 버리는 스타일이다. 언젠가 내 물건이 보이지 않아 아내에게 물어보면 버렸다고 한다. 카네 멜론 대학교의 심리학자 비키 헬지슨은 연구를 통해 '자신의 행복을 고려하지 않고 계속 베풀기만 하는 사람은 정신적 육체적으로 건강을 해칠 염려가 많다'고 지적했다. 불필요한 물건, 별로 도움이 되지 않는 사람은 과감히 정리해보자. 부정적인 감정도 내다 버리자. 단순하게 살자.

물건 정리만 잘해도 속이 시원하다.
내마음 속에 자질구레하고 부정적인 감정들도 정리하자.

지랄총용량의 법칙
The rule of the total capacity, 'madness'

절제와 노동은 가장 훌륭한 두 의사들이다.
노동은 식욕을 돋우고 절제는 지나친 탐닉을 막는다. - 장 자크 루소

얼마 전에 지인으로부터 재미있는 얘기를 들었다. 표현이 조금 거시기 하지만 이른바 "지랄총용량의 법칙"이다. 사람에게는 각자의 지랄용량이 있는데, 어떤 사람은 어릴 적에 지랄 부리고 어떤 사람은 나이 들어 부리기도 한다고. 필자는 "지랄총용량의 법칙"이란 어원을 찾아보았다. 경북대 김두식 교수가 쓴 〈불편해도 괜찮아〉라는 책에 나오는 말이었다. 사실 김 교수도 사춘기에 들어간 딸 때문에 고민을 하다가 지인에게 고민을 털어 놓았다. 그때 지인이, 사람에게는 일생 동안 써야 할 지랄총용량이 있는데 너무 걱정하지 말라고 위로해 주었다. 학창시절에 문제아로 찍혀 부모는 물론 학교에서도 요주의 인물로 지탄을 받았던 사람이 자라서는 잘 사는 경우도 있고, 반대로 학창시절에는 얌전하고 모범학생으로 손꼽혔는데 자라서는 성질 부리고 사람들에게 못되게 하는 경우도 있다.

요즘 각종 지수가 유행이다. 행복지수, 감성지수, 짜증지수, 지랄지수, 한계지수, 역경지수, 감사지수 등. 나의 행복지수는 얼마나 될까? 궁금하기도 하지만 역으로 행복지수가 낮은 사람일수록 짜증지수나 지랄지수가 높

게 나타난다. 더 쉽게 말하자면 불평을 많이 하거나 삶에 만족하지 못하는 사람들의 경우 훨씬 높은 편이다. 물론 흙수저에 비해 금수저 출신들이 평균 행복지수가 높기는 하다. 그러나 부자들이 가난한 사람들보다 항상 행복한 것은 아니다.

원래 "지랄하다"는 욕이다. 지랄병은 간질병이다. 지랄의 사전적 의미는 "마구 법석을 떨거나 분별없는 행동을 하다"이다. 간질병의 증세는 대체로 눈을 허옇게 뒤집으며 입에 거품을 물고 온몸에 경련을 일으킨다. 요즘 사리분별 하지 못하고 날뛰는 사람들이 있다. 이른바 묻지마 살인도 지랄병(정신의학계에서는 정신이상자로 분류하겠지만)에서 기인한다. 최근 라스베이거스의 총기난동사건이나 히틀러의 유태인 혐오로 인해 600만 명을 학살한 사건도 그 원인을 지랄병에서 찾아볼 수 있지 않을까?

사람이나 기계나 모두 그 용량이 초과하거나 부족하면 문제가 발생한다. 때로는 불량품이 나온다. 때로는 약을 과용할 경우도 위험한 상황에 처하게 될 수도 있다. 필자도 최근 처방 받은 약을 잘못 복용하여 고생한 경험이 있다. 12일치 약을 2일만에 먹어 버린 것이다. 우째 그런 실수를! 용량이 초과되면 위험해 진다. 몸에 좋은 꿀이든 밥이든, 적재 트럭이든 용량이 초과하게 되면 좋지 않은 결과를 초래한다.

사람은 태어날 때부터 완벽한 존재로 태어나지 않았다. 겉으로는 완벽해 보여도 동물들과 비교 시 생존에서 훨씬 불리하다. 사자나 호랑이에 비해 걸음도 느리고 발톱도 예리하지 않다. 바로 태어난 어린 아이는 어느 정도 연령이 되기까지 자신을 방어할 수도 없다. 오랜 시간 누군가 대신 양육과 돌봐주어야 한다. 인풋이 없으면 아웃풋도 없다. 이왕이면 좋은 것으로 채우자. 사람의 입으로 들어가는 것이 더러운 게 아니고 사람의 입 밖에서 나가는 것이 더럽다고 했다. 사랑과 기쁨의 언어로 가득 채우자.

주어진 하루하루의 삶의 현장에서 감사하고 또 감사하자. 행복은 사실 사소한 것에서 시작한다. 아파도 슬퍼도 힘들어도 짜증이 나도 분노가 나도 …. 적당히 넘어가자. 선을 넘지 않는다면 때로는 지랄도 그냥 애교로 봐줄 만도 하다. 가까이 있는 사람일수록 더욱 조심하자. 친한 관계일수록 함부로 하지 말자. 어떤 이는 '참는 것도 한계가 있다, 차라리 그때마다 터트려 주는 게 정신 건강에 좋다'는 식으로 말하기도 한다. 이는 틀린 말이다. 오히려 관계를 악화시킬 뿐이다.

사춘기와 사추기에 때로는 지랄지수가 높아지면서 상대방을 힘들게 할 수도 있다. 그렇다면 혹시 나는 현재 지랄용량을 얼마나 많이 사용해왔는지 점검해 보자. 어릴 적 거의 다 사용해 버린 사람은 걱정이 덜 되지만 아직까지 크게 사용하지 않는 사람은 시한폭탄처럼 한번에 뻥 터뜨릴 수도 있다. 사실 평소 인생을 잘 살아온 사람은 지랄용량에 크게 좌우될 필요도 없다. 지랄지수니 짜증지수와도 거리가 멀 수도 있다.

사람이 힘들면 짜증이 나는 법이다. 그때마다 남탓만 할 것인가? 지혜롭고 건전하게 넘어가자. 아무리 훌륭한 만찬도 적당히 먹어야 체하지 않는 법이다. 그래서 인생은 정도를 걸어야 한다. 자기용량을 초과하지 말자. 뭐든지 오버하면 탈이 나는 법이다.

지랄(성질 부리는)도 적당히 해야 애교가 된다.
지랄용량은 길 바닥에 쏟아 버리자.

"온유한 자는 복이 있나니 그들이 땅을 기업으로 받을 것임이요."(마 5:5)
"나는 마음이 온유하고". (마 11:29)

행복의 비결
The Secret of Happiness

행복은 지배하여야 하고, 불행은 극복해야 한다. -독일속담
행복의 원칙은 첫째 어떤 일을 할 것, 둘째 어떤 사람을 사랑할 것,
셋째 어떤 일에 희망을 가질 것이다. -임마누엘 칸트

〈머리 아픈 남편 가슴 아픈 아내〉란 책을 쓴 가정사역자 박호근 씨에 의하면 그 역시 부부갈등 끝에 이혼직전까지 갔었던 전력이 있다. 재미있는 말이 있다. 대부분의 남자들은 아내의 잔소리에 머리가 지끈지끈해지고, 여자들은 공감해 주지 못하는 남편 때문에 가슴이 아프다. 사실 남자들은 "감치"다. 즉 감정을 잘 표현하지 못한다. 아내가 "아프다."고 하면 남편은 "약 먹어!"라고 말한다. 여자의 감정을 잘 이해하지 못하는 면들 때문에 종종 대화의 결핍이 일어난다. 1.2.3 법칙에 의하면 1번 말하고 2번 듣고 3번 맞장구 치라는 뜻이다. 부부 관계가 좋다는 것은 신뢰감 공감 배려 인정 감사 칭찬이 비난 불평보다 훨씬 많이 사용한다는 의미다. 이왕이면 짧은 세상 미워하며 살기보다 행복하게 살아야 하지 않겠는가? 배우자가 세상을 떠나면 나중에서야 후회한다. 살아생전 마음껏 사랑의 표현을 못해서 말이다.

하버드대에서 75년간 연구한 바에 의하면 1938년부터 10대 남성 두 그

룹 724명의 인생을 추적해왔다. 현재는 60여명만이 살아 있고 그들의 나이는 대부분 90대이다. 한 그룹은 하버드대 2학년생들이었고 다른 한 그룹은 보스톤에서 빈민지역의 사는 청소년들을 대상으로 삼았다. 이들 중 노동자, 의사, 변호사, 대통령, 벽돌공, 알코올 중독자, 정신분열증 환자 등도 나왔다. 연구팀의 결론은 좋은 관계가 행복과 건강과 상관관계가 있음을 밝혀냈다. 가족 친구 지역사회와 좋은 관계를 맺은 사람이 행복하였다.

많은 사람들이 힘들어하고 불행하다고 생각하는 경향이 있다. 어떤 이유에서일까? 기대치가 높아서일까? 기대치가 낮아서일까? 이도저도 아니라면 도대체 무엇 때문에 사람들이 힘겨워하는 것일까? 가난, 돈, 질병 때문에 다른 사람과 비교하기 때문에도 이유가 될 수 있다. 그러나 가장 큰 이유는 관계성이다. 좋은 관계를 맺지 못하기 때문에 힘들어 하는 것이다. 부부갈등이나 일터에서 직장 선후배와 갈등 교회 안에서도 다르지 않다. 관계를 잘 갖지 못한다는 의미는 상대방을 잘 이해하지 못하고 상대방의 뜻을 곡해하기 때문이기도 하다. 사람은 감정의 동물이다.

불행한 사람들의 10가지 특징을 소개한 글이 있다.

험담을 하거나 부정적인 말을 한다.

SNS 중독 및 타인의 시선에 대한 우려

이미 지난 일을 두고 계속해서 생각한다

쉽게 포기하는 경향이 있다.

타인의 잘못을 용서하지 않는다.

자신의 장점이 아닌 단점에만 집중한다.

수면의 질이 떨어져도 불행을 느낀다.

건강에 해로운 음식을 자주 먹는다.
성취 불가능한 목표를 세운다.
운동하지 않는다.

용서는 남을 위해서가 아니라 나를 위해서 하는 것이다. 부정적인 말을 입에 달고 사는 사람은 결코 행복할 수 없다. 지인은 '자신이 남을 행복하게 해줄 수 없다고 깨달았으며, 대신에 다른 이에게 불행을 주지 않겠다'는 고백을 했다. 동의한다. 남을 불행하게만 해주지 않는다면 그 사람은 행복한 사람이고 또한 동시에 남을 행복하게 만들어 줄 수 있는 사람이다. 필자 역시 부정적인 생각과 말은 절대 금물이다. 주위에서 그런 말을 하는 사람들은 신뢰하지 않는다. 건강과 인생에 도움이 되지 않는 가쉽거리나 험담을 하는 사람들을 절대 피하라. 한 두 번 권면하고 듣지 않으면 내가 피하는 게 상책이다. 쓰레기를 계속 주워들게 되면 스트레스로 내 삶이 망가질 수 있기 때문이다.

마틴 셀리그먼 박사는 강조한다. 행복을 결정하는 가장 큰 요인은 '그가 속한 사회그룹의 질과 연관성이 깊다'고 했다. 즉 아내가 죽으면, 남편은 자신을 돌볼 수가 없기 때문에 따라 죽는 것이 아니라 그에게 지지해줄 사회그룹이 없기 때문이라고 말이다. 사회그룹은 취미활동 동호회 가정 교회 공동체 등을 들 수 있다. 은퇴 후나 질병에 걸린 뒤에도 자신을 잃지 않는 것이 중요하다. 적절한 사회그룹을 유지한다. 행복한 사람과 어울린다. 행복한 사람과 만나면 네배 이상 행복해진다. 아이들은 하루 300번 웃지만 어른은 하루에 15번 밖에 웃지 않는다고 한다. 억지로라도 웃거나 썰렁한 유머를 하더라도 웃게 되면 엔도르핀이 몸에서 나와 몸의 긴장을 없애

주고 행복감이 솟게 된다.

　다윗과 요나단의 우정, 요나단은 다윗을 만남으로 행복했다. 엘리사는 스승 엘리야를 만남으로 행복했다. 룻은 믿음을 갖지 않은 죄악의 공동체에 발을 담금으로 불행한 삶을 살았지만 룻은 시어머니 나오미를 따라 믿음의 공동체에 속한 결과 행복한 삶을 살게 되었다. 사람이 싫다고 무조건 관계를 끊는 것도 문제다. 부정적인 사람과는 당연히 발길을 삼가야 한다. 그러나 일반적인 사회그룹과 아무런 교제와 관계를 갖고 있지 않다면 고독감 우울감이 상승될 뿐이다. 작년부터 몇 곳에 장례식을 다녀왔다. 어떤 곳은 사람이 넘쳐나고 어떤 곳은 사람이 거의 없었다. 사람이 없다는 것은 평소 고인에 대한 사회그룹의 결여는 물론 유가족에게도 큰 위로가 되지 못함을 알 수 있었다. 나를 지지해주는 친구 또는 좋은 믿음의 공동체와 긴밀한 관계를 유지한다면 단순한 도움을 떠나 행복을 유지하는 중요한 요인이 된다.

　행복해지고 싶다면 긍정적이고 열정적이고 진취적인 사람과 교제하라. 책을 읽는 사람과 만나라. 나의 말에 귀 기울여 주는 사람과 만나라. 입만 열면 비판만 하는 친구들을 만나봤자다. 전혀 도움이 안 된다. 네가티브한 사람들은 어느 곳에 가더라도 인정받지 못한다. 할 말을 해야만 적성이 풀리는 사람이 있다. 그러나 때로는 적당히 절제를 하는 것이 관계에 도움을 준다. 말 한마디 때문에 좋은 관계가 순식간에 무너질 수도 있다.

　아내가 잘 흥얼거리는 노래가 있다. 자이언 티(Zion T)의 노래 "양화대교"다. "아프지 말고 행복하자구!" 크리스쳔인 자이언티의 아버지는 택시 운전사다. 어릴적 홀로 집에 있던 그가 "아빠 어디야?" 하면, 아빠는 "양화대교야!"라고 답했다는 스토리가 뭉클함을 더해준다. 이 땅에서는 고난을 피할 수 없다. 고난도 슬픔도 우울도 삶의 과정일 뿐이다. 외로움이 가장 큰 독이다. 헤밍웨이도 고독 끝에 '죽음에 이르는 병'에 이르렀다. 그 절망을 이기는 길은 예수 그리스도를 만나는 것이다. '길이요 진리요 생명되신 주님'을 만난 사마리아 여인, 삭개오는 기쁨을 회복하고 변화된 삶을 살았다.

고통이나 절망을 믿음으로 승화시키는 것은 나의 몫이다.
나를 믿어주는 사람을 만나는 것이 곧 행복이다. "아프지 말고 행복하자구!"

습관적으로 불평하는 사람이 있다.
가쉽거리, 험담을 말하는 사람을 피하라.
쓰레기(부정적인 말과 생각)는 쓰레기통에 던져 버려라.

이에 내가 희락을 찬양하노니 이는 사람이 먹고 마시고 즐거워하는 것보다
더 나은 것이 해 아래에는 없음이라 하나님이 사람을 해 아래에서 살게 하신 날 동안
수고하는 일 중에 그러한 일이 그와 함께 있을 것이니라

(전 8:15)

중년의 위기(사추기)
Middle-age Crisis

만약 당신이 한 시간의 행복을 원한다면, 낮잠을 자라.
만약 당신이 하루의 행복을 원한다면, 낚시를 가라.
만약 당신이 일 년의 행복을 원한다면, 재산을 물려받아라.
만약 당신이 평생의 행복을 원한다면, 다른 사람을 도와라. -중국 속담

사춘기(puberty)는 틴에이져(요즘은 빠른 경우 초등학교 때 시작한다) 때의 감정의 기복이 심한 상태로, 이를 심리학자들은 질풍노도의 시기라 부른다. 사춘기에 예민해지는 여자아이들에 비해 남자아이들은 공격적이고 반항적인 특징이 나타난다. 신체적인 성장이 두드러지는 반면에 정신적으로는 아직 미숙하기 때문이다.

사추기 역시 중년에 일어나는 감정의 갑작스런 변화다. 계절로 치자면 사춘기는 봄이고 사추기는 가을에 해당이 된다. 물론 봄과 가을을 잘 타는 사람이 있다. 급작스런 환경의 변화에 잘 적응하지 못하는 사람이 있다. 흔히 '계절을 탄다'고 말한다. 갑자기 우울해지고, 갑자기 외롭고 인생이 허무해지는 등 극단적인 경향으로 치닫기도 한다. 여성들은 빈둥지 증후군에 갱년기까지 겹치면 우울증이 더 심해진다.

'빈둥지 증후군(Empty Nest Syndrome, ENS)'은 자신이 빈껍데기 신세가 되었다는 심리적 불안에서 오는 정신질환이다. 평생 자식 뒷바라지에 온 힘을 다 쏟고 출가까지 시켜놓은 후에 나타나는 심리상태를 말한다. 가정에 아무도 없다. 부부만 남았다. 배우자끼리 잘살면 좋을 텐데. 눈에 가시처럼 허물만 보이고 잔소리가 늘면 그야말로 설상가상이다. 피곤한 직장생활과 부모 봉양까지, 은퇴하고 나니 남은 게 없다. 그때서야 자신의 인생을 뒤돌아보니 허전하다. 무언가 이루어 놓은 것 하나 없어 보이는데 인생의 종착지가 가까이 온다. 진한 아쉬움이 밀려온다. 그래서 유명한 사람들도 자살을 하는가 보다. 헤밍웨이도 노벨 문학상까지 받고 최고의 작가로 찬사를 받았지만 결국 중년의 위기를 넘기지 못했다.

무엇이 성공의 기준일까? 과연 성공하면 행복할까? 세상말로 돈을 많이 벌면 행복할까? 2012년도 통계에 의하면 코스타리카가 행복지수에서 세계 1위를 차지했다. 재미있는 것은 중남미 국가가 세계 행복지수 탑 10에 일곱개 국가가 속했다. 어떤 이유에서 그랬을까? 일단 그들은 낙천적이다. 시골에 거주하는 사람일수록 순박하고 인심이 후하다. 물론 인심이야 세계 어느 나라를 막론하고 도시가 각박한 편이다. 아르헨티나 브라질 파라과이 코스타리가 멕시코 등 그들은 걱정을 모른다. 아니 걱정을 하지 않는다. 때로는 제3자가 볼 때는 걱정스러워 보이지만 그들에게는 아무런 문제가 아닌 듯하다. 그냥 주어진 삶을 살아갈 뿐이다. 행복해 보인다.

인도 사람들도 다르지 않다. 환생을 믿는 인도 사람들이나 카톨릭을 믿는 중남미 사람들은 종교는 다르지만 공통점이 있다. 바로 더운 지역에 산다는 것이다. 성경에도 "한날 괴로움은 그날에 족하니라. 내일 일은 내일 염려하라"고 했다. 단순하게 살자. 일어나지 않을 미래에 일에 대해 95%의 사람들이 걱정하며 자신의 삶을 허비하고 있다.

성경에도 사추기를 잘 못 넘겨서 마지막이 은혜롭지 못한 예도 나타난다. 솔로몬과 다윗의 경우다. 솔로몬도 사춘기를 잘 넘기고 어릴 적부터 지혜의 왕으로 모든 것을 다 갖게 되지만 그것이 빌미가 되어 노후에 다른 나라의 수많은 여인들을 아내로 삼고 그 나라의 우상이 들어와 아들의 시대에 나라가 분열되는 아픔을 겪게 되었다. 다윗도 이웃나라를 통합 정복하고 나서 노후에 유혹을 이기지 못했다. 사추기가 위기다. 즉 중년이 큰 위기다. 부부간에 가족간의 관계와 친밀감이 결여되어 있다면 결정적인 시기에 이혼 등의 위기를 맞이하게 된다. 요즘 황혼 이혼이 유행이다. 아이들 때문에 이혼하지 못하고 살다가 정작 둘이 남았을 때 문제가 심각해진다. 노후에 부부간 함께 마음을 열고 둘 만의 시간을 더 가져야 하는데 그러지 못하고 따로 시간을 보내는 경우 심각한 위기를 겪을 가능성이 크다.

캐나다인들이나 중남미 사람들 역시 저축 개념이 약하다. 중남미 사람들은 가족과 함께 있으면 행복해 한다. 무언가 큰 것을 기대하지 않는다. 기대하는 바가 없으니 실망할 일도 없다. 캐나다는 노후연금 등 사회보장제도가 잘 되어 있기에 오히려 사람들이 이를 악이용(?) 그때 벌어 그때 다 사용하는 편이다. 갑자기 사고 등의 이유로 목돈을 쓸 경우가 생기면 무척 힘들어 한다. 이에 반해 한국인들은 평소 저축 습관이 있어 비교적 노후를 대비하는 편이라 다소 나은 상황이다. 중요한 것은 행복지수다. 사춘기에 비해 사추기에 더욱 감정기복이 심하다. 은퇴 이후 갑작스럽게 닥치는 변화에 사람들이 쉽게 적응하지 못한다. 아이들 때문에 그나마 살아 왔는데 배우자만 보고 살려니 남은 생애가 부담스러운 게다.

　가정의 행복이 성공의 기준이다. 사회보장제도가 잘 되어 있다고 행복지수가 높은 게 아니다. 선진국인 미국이나 유럽도 행복지수는 낮다. 사람이 살아가는데 물질이 전부가 아님을 보여준다. 관계가 좋아야 행복감도 높다. 일을 떠나 취미 등 자기개발의 시간을 갖고 건강을 위해 약만 먹는데 그치지 않고 꾸준히 운동을 한다면 밥맛도 좋아지고 자신감이 증진이 된다. 마음 먹기에 달려 있다.

　중년의 위기, 사추기에는 여성들은 생리도 끊어지고 잦은 질병에다 우울증까지 생긴다. 외부접촉을 기피하는 사람과 대인관계에 어려움을 겪는 사람일수록 외로움이 더해진다. 가까이 있는 가족이나 배우자가 잘 보살피고 배려를 해 줄 필요가 있다. 기타 건강이 허락 된다면 봉사활동, 등산, 선교활동에도 참여한다면 아름다운 노후를 보낼 수 있다. 평균 수명이 늘어나면서부터 부부가 함께 하는 시간이 20~30년 늘어났다. 제2의 신혼을 위해 다가오는 사추기(갱년기)를 슬기롭게 극복해 나가자. 신 중년이란 경제적 여유가 있어 비교적 노후준비가 잘 되어 있고 여가생활도 즐기는 6075세대를 의미한다.

　캘거리에서 시인으로 다작을 하시는 박충선 장로님은 중국, 인도, 남아공화국 선교지를 방문한 뒤에 선교에 대한 시각이 달라졌다고 고백한다. 윤승용 장로님 역시 교회와 노인회의 봉사활동에 적극적으로 참여하고 세미나도 여는 등 활발하게 사추기를 지나고 있다. 나의 노후는 건강한가? 혹 건강하지 못하다면 이유를 살펴보자. 주위에 노인들을 위한 취미, 봉사활동을 알아보고 가능한 자주 동참해보자. 나의 후반기 삶이 달라지기 원한다면 말이다.

신 중년의 행복한 부부생활을 위한 4계명을 소개한다. (likumc.org에서 발췌)
1. 하루 최소 4시간은 집 밖에서 각자 놀자. (알바, 자원봉사 등)
2. 취미생활 따로 하자. (운동, 문화센타 등록 등)
3. 남편은 최소 한끼 스스로 해결하고 집안 일도 돕자.
4. 애정 표현, 수시로 적극적으로 하라.

나이들수록 자존감이 낮아지는 경우가 있다.
혼자사는 경우, 우울증, 불안감, 외로움이 심해진다.
공동체 모임이나 취미, 봉사활동에 참여하라.

나의 노후(후반기 삶)는 어떠한가? 만족하는가?

사람이 마음으로 자기의 길을 계획할지라도 그의 걸음을 인도하시는 이는 여호와시니라
(잠 16:9)

끝으로 부부생활 16계명을 기억하고 실천해 보자.

1.두 사람이 동시에 화내지 말자.
2.집에 불이 났을 때 이외에는 고함을 지르지 말자.

3.눈이 있어도 흠을 보지 말며 입이 있어도 실수를 말하지 말자.

4.아내나 남편을 다른 사람과 비교하지 말자.

5.분을 품고 침상에 들지 말자.

6.처음 사랑을 잊지 말자.

6.서로의 잘못을 감싸주고 사랑으로 부족함을 채워주도록 노력하자.

7.잔소리로는 배우자를 바꾸지 못한다.

8.가정의 가장 좋은 상비약은 칭찬과 감동이다.

9.가족의 결정에 대해 "나와 다른 것이지 틀린 것은 아니다"라고 생각하자.

10.배우자의 부족함을 채우기 위해 나를 그에게 보냈다고 생각하자.

11.배우자를 위해 특별한 음식을 만들어 보자.

12.먼저 "사랑해." "고마워."라고 말하자.

13.스킨쉽을 자주 하자.

14.결혼기념일, 생일을 잘 챙겨 주자.

15.공동취미를 갖고 새로운 것을 함께 배우자.

16.모든 결정은 둘이 함께. 집안일에서는 아내에게 더 많은 결정권을 주자.

남자와 여자는 원래 다르다.
비교하지 말자.
남자는 스포츠, 일렉트로닉, 게임을 선호하지만 여자는 쇼핑, 수다를 좋아한다.
남자는 하루 7000단어, 여자는 21000단어를 말한다.
남자는 성취지향적, 여자는 관계지향적이다.
아내의 기념일을 챙겨주자.

이와 같이 남편들도 자기 아내 사랑하기를 제 몸같이 할지니

자기 아내를 사랑하는 자는 자기를 사랑하는 것이라. (엡 5:28)

그러나 너희도 각각 자기의 아내 사랑하기를 자기같이 하고
아내도 그 남편을 경외하라. (엡 5:33)

2018년 4월 1일, 만우절을 기념해 "부부간 가장 많이 하는 거짓말이 무엇인지?" 경기도 무료 평생교육사이트가 남녀회원 5362명을 대상으로 하여 조사했다. 남편이 아내에게 가장 많이 하는 거짓말 1위는 "오늘 일찍 들어갈께.", 아내가 남편에게 가장 많이 하는 거짓말 1위는 "이거 싸게 주고 산거야."가 꼽혔다. 남자들이 많이 하는 거짓말 순위는
"오늘 일찍 들어갈께."
"나 이제 술 담배 끊고 운동해서 살 뺄거야."
"딱 한 잔 밖에 안 했어."
"마시기 싫은데 억지로 마신거야."
아내들이 많이 거짓말하는 1,2,3 위는
"이거 싸게 주고 산거야."
"화 안 낼 테니까 솔직히 말해 봐."
"이번 달도 마이너스야." "돈 안 벌어도 돼, 건강만 해!"

"한번쯤 어때서"
"딱 한번만 해봐!"
"남들도 다 하는데."
"한번쯤 경험해 보는 게 나쁘지는 않을거야" 하고

사람이 감당할 시험 밖에는 너희가 당한 것이 없나니 오직 하나님은 미쁘사 너희가 감당하지 못할 시험 당함을 허락하지 아니하시고 시험 당할 즈음에 또한 피할 길을 내사 너희로 능히 감당하게 하시느니라. (고전 1-:13)

하나님을 알되 영화롭게도 아니하며 감사하지도 아니하고 오히려 그 생각이 허망하여지며 미련한 마음이 어두워졌나니 스스로 지혜있다 하나 어리석게 되어 썩어지지 아니하는 하나님의 영광을 썩어질 사람과 새와 짐승과 기어 다니는 동물 모양의 우상으로 바꾸었느니라. (롬 1:21-24)

하얀 코끼리 선물
White elephant gift (Gift steal)

만일 남편이 아내에게 선물을 하지 않으면 그녀는 불쾌해 한다.
만일 남편이 아내에게 선물을 너무 많이 하면 그녀는 화를 낸다. – 프리츠 에크하루트

크리스마스하면 무엇이 연상될까? 싼타 할아버지. 선물, 예수님, 공휴일 등 싼타 클로스 할아버지가 착한 아이들에게 좋아하는 선물을 갖다 준다고 요즘도 아이들은 믿는다. 그 점을 이용해 엄마 아빠는 아이들에게 엄포를 놓는다. "음, 말 잘 듣지 않으면 올해 크리스마스에 싼타 할아버지가 선물 가져다 주지 않아." 누구나 한번쯤 들어봤던 말이 아닐까? "사실 나도 그랬다." 어릴적 받은 선물의 추억이 평생 간다. 사람은 추억을 먹고 산다. 좋은 추억을 아이들에게 많이 만들어주는 게 부모의 역할이 아닐까?

최근 송년 모임에 부부동반으로 모였다. 아무래도 모이기에는 집이 편안했다. 특별히 선물교환을 한다고 지인들에게 공지를 했다. 이른바 " 하얀코끼리 선물교환게임" 즉 기존의 선물을 무작위로 교환하던 방식에서 벗어나 '다른 사람이 받은 선물을 빼앗고 내가 받은 선물 역시 빼앗기는 게임 형식'(Gift steal game)으로 재미가 있다. 나 역시 집에 사놓은 물건 그리고 선물받은 물건 중에 한번도 사용치 않는 물건을 골라봤다. 꽤 많았다. 이토록 사용하지 물건이 많았다는 것을 이번에 정리하면서 알았다.

진행자가 이름을 부르면, 순서대로 자기 번호를 확인한 다음에 앞에 쌓여있는 선물 중에서 마음대로 골라가는 자격이 주어진다. 물론 모든 선물은 포장이 되어 있다. 선물 역시 다양하다. 아무도 모른다. 한 사람씩 번호 순대로 자기가 받은 선물을 공개한다. 다음 사람이 호명받으면 두번째 부터는 선택이 주어진다. 앞에 놓여진 선물 중 하나를 골라 가거나 앞에서 다른 사람이 골라간 선물이 좋다고 판단이 된다면 그것을 가져올 수 있는 권리를 준다. 정말 좋은 선물은 오픈되는 순간 다른 사람의 표적이 된다. 물론 자기 차례에만 빼앗아 올 수 있다. 뺏기는 사람은 역시 다른 사람의 선물을 가져올 수 있다. (단 조금 전에 빼앗긴 선물은 다시 가져올 수 없다) 그리고 시간을 줄이기 위해 빼앗고 빼앗는 선물도 단 세 번으로 제한을 한다, 즉 세번 째 선물을 가져간 사람의 것은 영원히 그 사람의 차지다. 하다 보면 은근히 재미있다. 배꼽을 잡는다.

위키(Wikipedia) 에서는 하얀 코끼리를 이렇게 설명한다.
'하얀 코끼리는 미얀마, 태국, 라오스, 캄보디아 등 동남아에서 신성시되는 동물이다. 생물학적으로는 단순한 돌연변이에 불과하지만 사람들은 이 코끼리가 군주가 나라를 정의와 능력으로 다스리는 것을 상징하고, 이로 인해 나라는 평화와 번영의 축복을 받는다고 생각했다. 그래서 오랫동안 많은 군주들이 소유하고 싶어했다. 하지만 이 코끼리는 유지하는 데 돈이 아주 많이 들었다. 이를 위한 별도의 황금 궁전과 사원을 지어야 했고, 별도의 요리사, 음악가 등을 두어야 했기 때문이다. 마음대로 죽이거나 학대하는 것은 물론 일을 시키는 것도 법으로 금지되어 있었다. 이러한 점을 이용하여 오래 전 태국 왕들은 골치를 썩이는 신하들에게 하얀 코끼리를 선물했다고 합니다. 그러면 왕이 준 선물이니 거절할 수도, 버릴 수도 없고, 결국 하얀 코끼리를 선물받은 신하는 이를 관리하다가 망하게 되었다고 한다."

여기에서 유래한 하얀 코끼리는, '값진 것이기는 하지만 쓸모가 별로 없는 것'을 뜻한다. 즉 '가치에 비해 비용이나 유지비가 많이 드는 물건'을 말한다. 일상생활에서 '하얀 코끼리란 집에 굴러다니면서 거추장스러운, 그러면서 버리기는 아까운 물건들'을 말한다. 그러므로 '하얀 코끼리 선물 교환'은 쓰지 않는 물건들을 서로 교환하는 일종의 물물교환, 거라지 세일 비슷한 것이다. 쓸 만한 물건을 교환하기 때문에 받는 사람도 기분이 좋고, 주는 사람은 집안도 깨끗해지니 서로 유익하다. 처남 좋고 매부 좋은 격이다.

'선물'은 영어로 프레젠트(present)이지만, '지금'의 뜻도 역시 프리젠트(present)다. 과거 현재 미래가 있는데 그중 가장 중요한 것은 현재다. 인도에 가보면 거지들이 많다. '미래에 더 좋은 직업을 가진 사람으로 태어날 텐데 현세에 뭐그리 고생하면 살 필요가 있느냐?'고 말한다. 겉으로는 행복해 보일 줄 모르지만 제3자가 보는 입장은 전혀 다르다. 환생론 때문에 사람들의 생각이 잘못되어 있다. 현재에 충실한 사람에게 보너스로 주어지는 것이 바로 선물이다. 행복이란 선물!

**과거는 이미 지나갔고 다가오지 미래에 대해
염려한다고 해도 바뀌지도 않고 콘트롤 할 수 없는 일이다.
그러나 현재는 내가 선택할 수 있다.**

프레젠트(현재)에 충실하자. 곧 프레젠트(선물)가 뒤 따라온다.

그런즉 누구든지 그리스도 안에 있으면 새로운 피조물이라
이전 것은 지나갔으니 보라 새것이 되었도다. (고후 5:17)

로또와 같은 존재
Lotto-like Existence

함께 살 수 있겠다는 생각이 드는 사람과 결혼하지 마라. 없으면 살 수 없는 사람과 결혼하라.
- 제임스 돕슨

아내가 남편의 눈을 살며시 바라보며 조용히 속삭입니다.
"당신은 내게 로또와 같은 존재야!"
"내가, 정말?"
"응, 하나도 안 맞아!"
"???"

처음 연애를 할 때는 하루도 안 보면 못살겠다고 하더니만 결혼하고 나서는 달라진다. 사랑의 촉매기간이 약 3년이라는 결과가 있다. 평균적으로 연애를 시작하면 3년 안에 결혼을 서두르는 것이 좋다. 시간이 오래 지나면 사랑하는 감정이 식어진다. 즉 눈에 콩깍지가 씌어질 때 빨리 하는 것이 좋다. 서로 다른 환경에서 자라온 두 사람이 (그것도 남자와 여자가) 똑 같은 생각을 가지고 한 번의 부부싸움도 없이 살아간다는 것은 쉽지 않은 일이다. 해가 거듭될수록 서로에 대한 애정이 식어지고 결점만 눈에 띈다. 자녀 경제 취미 인생 신앙관 등 매사에 충돌하고 의견차이가 심해진다.

전문가에 의하면 나이 50이 인생에서 가장 힘들 때라고 한다. 집안 안팎으로 스트레스가 심해진다. 은퇴는 물론 자아 상실감으로 우울증에 빠지기도 하지만 이 50대를 잘 넘기면 60대 부터는 행복도가 높아진다고 한다.

제임스 패커의 〈나이 드는 내가 좋다〉에서 살다 보면 길을 잃고 헤맬 때가 있다. 그 때 필요한 것이 나침반이다. 영적으로 방황할 때 우리에게 필요한 것이 기도와 명상(묵상)이라고 제임스 패커는 말한다. 군대에서 행군을 많이 했다. 하루 이틀도 아니고 한 달 두 달을 행군을 하다보면 방향이 얼마나 중요한지 알게 된다. 혹 잘못 길을 들면 백도(지금까지 왔던 길을 되돌아 가는)해야하기 때문이다. 정해진 시간 내에 목적지에 도달하지 못하면 휴식도 없고 밥 먹을 시간도 놓치고 만다. 영적으로 방황할 때 역시 영적 나침반이 필요하다. 영적 나침반은 기도와 말씀 즉 예수 그리스도다.

오늘 날은 스마트 폰이나 자동차에 네비게이션이 장착되어 있어 쉽게 길을 찾아갈 수 있다. 영적 네비게이션은 예수 그리스도이다. 하늘 나라 가는 길을 쉽게 찾아가는 방법은 주님 뜻대로 따라가면 된다. 예전에 네비게이션은 물론 변변한 지도 한 장 없이 여기저기를 헤매고 다녔던 기억이 난다. 참으로 많이 해맸다. 그때마다 아내와 아이들의 인내에 감사한다. 〈말을 안 듣는 남자, 지도를 못 읽는 여자〉라는 책에서와 같이 남자들은 여자들 앞에서 우쭐대는 경향이 강하다. 모르면서도 길을 물어보지 않고 무작정 자기 마음대로 가는 경향이 있다. 30분 또는 한 시간 헤매다 그 때서야 전화를 하거나 길가에 가는 사람들에게 마지못해 물어본다.

나이가 든다는 것은 무엇을 의미하는 것일까? 고집. 아집, 교만, 자기 주장이 강해진다. 더불어 젊은이 갖지 못한 노련함과 경험이 재산이다. 나이가 들수록 자꾸 깜빡하는 경우가 많아진다. 건망증이 심해지는 듯하다. 가끔 셀폰이나 열쇠뭉치를 분실한다. 그럴 때마다 기억을 되살리고 갔던 곳을 다 찾아 헤매곤 한다. 샤핑몰에서 계산하다 옆에다 카드를 두고 온 경우도 있고 어떤 때는 실수로 가배지(빈병을 모으는 쓰레기 봉지) 백에다 자동차 열쇠를 실수로 떨어뜨린 다음 한 달 후에 빈 병을 팔려다 찾는 경우도 있다. 또한 트렁크 문이나 자동차 문을 닫다가 손이나 머리를 빼지 않고 그냥 닫다가 부딪히는 경우는 아예 다반사다.

나이가 들수록 조심해야 할 것 중의 하나가 '자기 자랑을 피하자. 말을 많이 하지 말자'는 것이다. 나이든 많은 사람들이 자주 하는 말이 있다.
"옛날에는 나도 잘 나갔었어!"
"예전에는 이런 것은 식은 죽 먹기였어!",
"과거에 아빠가 말이야…."
과거를 많이 말하는 사람일수록 미래지향적이지 않다. 발전이 없다. 자기 자랑과 허세가 많다. 그나마 들어줄 사람이 있다면 다행이지만 말이다. "했었는데…"하는 말 뒤에는 후회와 미련이 남아 있다. 과거를 잊어 버려라. 남은 인생을 훨씬 아름답게 살고 싶다면 말이다. 지금 하는 일에 충실하자. 내게는 후반기 인생이 남아있다.

"오십이 지천명"이라는 공자의 유명한 말이 있다. 나이 50이면 하늘의 뜻을 안다고 했는가? 솔직히 이 말에 동의하지 않는다. 사십이 불혹이라 했지만 나이40에 유혹을 이겨내지 못한다. 나이 오십이 넘어도 욕심은 그치지 않는다. 인간은 욕심덩어리다. 링컨도 '나이 사십이라면 자신의 얼굴에 책임을 질 줄 알아야 한다'고 말했다. 나이 오십이 넘어도 주책이 심해지고 자기 망상에 빠져 산다면 부끄러운 일이다. 버릴 것은 버리고 겸손하게 살자. 나이에 합당한 살아야 존경을 받는다. 내 나이 오십을 넘어 중반에 들어섰다. 가족을 소중히 여기고, 더 베푸는 삶을 살아야겠다.

나이 오십이 되면 이제 곧 빈 둥지 증후군을 느낄 때이다. 자녀들이 결혼을 하고 남편이나 아내에게도 매력이 떨어진다. 폐경기와 제2의 사춘기를 맞이하는 아내 남편 모두에게 유혹이 다가온다. 매사가 싫증이 나고 건강에도 적신호가 다가온다. 가까이 있는 남편이나 아내를 더 챙겨야 할 때이다. 가족을 홀대하거나 챙기지 못하면 가정전선에도 먹구름이 낀다. 황혼이혼을 각오해야 한다. 나이 오십이 넘으면 내가 그동안 모은 것들을 나눌 때다. 소외된 이웃에게 더욱 관심을 가져야 할 때이다. 내 가족, 내 교회 주의에서 벗어나 봉사활동에도 관심을 가져보자. 육체는 물론 정신적인 건강에도 도움이 된다.

아브라함 마슬로가 말하는 인간의 욕구(Need)에서처럼, 나이 오십이 되면 공동체에 소속이 되어 보람있는 삶을 살아야 할 때이다. 나는 영적으로 건강한가? 나는 행복한가? 나이 오십이 넘어서도 행복하지 않다면 체크업을 해보라! 얼마나 붙들고 있는 것이 많은가 말이다. 물질도 사람도 내려 놓아야 할 때다. 남은 삶을 하나님 앞에 드리자.

존 파이퍼의 하나님께서 인도하시는 4가지 방법을 알아보자.
1. 천명(Decree): 하나님의 주권적 섭리. 계획.
2. 지시Direction): 십계명, 산상수훈, 서신서

3. 분별(Discernment): 하나님이 기뻐하시는 일

4. 직접 말씀하심(Declaration):

자랑은 그만 하자.

과거에 잘 나가지 않았던 사람은 아무도 없다.

40이불혹 욕심을 내려놓을 때, 나눔과 베풂의 삶에 동참하고 있는가?

50이지천 하늘의 뜻을 아는 때, 하나님의 뜻을 분별하고 있는가?

60이순 귀가 열릴 때, 어떤 말을 들어도 상처받지 않는가?

항상 기뻐하라, 쉬지말고 기도하라, 범사에 감사하라

이는 그리스도 예수 안에서 너희를 향하신 하나님의 뜻이니라.

(살전 5:16-18)

세션 4

순례하는 그리스도인
A Pilgrim

추천사

"이십여 년 전, 내가 사역하던 인도 첸나이로 섬기던 교회의 어리 어리한 단기 팀들과 함께 방문하여 빌리지 사역을 함께 하면서 첫 만남을 가졌던 이 진종 목사님은 큰 체구(?) 와 선한 얼굴에 어울리지 않게 특전사 출신임을 알게 되었을 때, 치열한 영적 전쟁터인 척박한 인도에서 함께 사역을 하면 어떨까"라는 생각을 해 본적이 있었습니다. 특전사 출신이 주는 뭔가의 신뢰감도 있었지만, 진지하며 조용한 그의 성품이 더 맘에 들었기 때문이었습니다.

그 후로도 쉽지 않는 이민 목회에서의 삶과 사역이 인도의 영적 전쟁터 못지 않는 역경과 어려움을 겪으며 살아간다는 소식이 같은 주의 종으로서 동지감을 아릿하게 느끼게 되었고, 끝까지 그 자리를 탈영(spirit)을 하지 않고, 오히려 거듭난 목회자의 삶이 세속의 브릿지(bridge)가 되어 꿋꿋이 자리를 지켜내는 모습을 보면서 오늘날 진한 커피 향내 같은 이 진종 목사님의 귀한 저서들은 해산의 고통을 겪은 산부(pregnant women)의 기쁨에 비교할 수 있으리라 생각합니다.

애독가이며 묵상가로서 다방면의 주제를 묵상하며 세속의 진한 삶의 매케한 연기를 주님 성전의 향기로운 향내(fragrance)로 이어주는 더 깊은 성찰을 기대해 봅니다."

송 문규 / 인도 선교사

선교지에서 선교를 하면서 느끼는 것 중 한 가지가 일은 많은데 내가 너무 부족하구나 하는 것이다. 다양한 방법으로 복음을 전파하고 싶은 마음에서다.

이번에 세 번째 책을 출간하는 저자의 20년 세월의 이민 목회를 경험하면서 정리한, 건강한 교회와 정직하고 투명한 삶, 시인이자 수필가로 캐나다의 아름다운 자연에서 받은 영감을 성경적인 관점으로 바라보는 시선을 볼 수 있다. 오래 전 여의도순복음교회 교회학교 교사시절부터 특별히 문서선교에 관심을 갖고 학생들의 눈높이를 맞추는 저자를 지켜봐 왔다.

저자의 이러한 삶과 영적인 시선이 책을 통해 많은 독자들에게 신선한 바람을 일으키면 좋겠다는 생각을 해봅니다.

목사님 축하합니다~

김영미(김종오) / 캐냐 선교사

진정한 여행

나짐 히크메트(터키)

가장 훌륭한 시는 아직 씌어지지 않았다
가장 아름다운 노래는 아직 불려지지 않았다
최고의 날들은 아직 살지 않은 날들
가장 넓은 바다는 아직 항해되지 않았고
가장 먼 여행은 아직 끝나지 않았다.
불멸의 춤은 아직 추어지지 않았으며
가장 빛나는 별은 아직 발견되지 않은 별.
무엇을 해야 할 지 더 이상 알 수 없을 때
그 때 비로소 진실로 무엇인가를 할 수 있다
어느 길로 가야할 지 더 이상 알 수 없을 때
그 때가 비로소 진정한 여행의 시작이다.
시집, '사랑하라 한번도 상처받지 않은 것처럼'에서

아, 갑파도기아(터키)
Oh, Cappadocia (Turkey)

여행에서 지식을 얻어 돌아오고 싶다면
떠날때 지식을 몸에 지니고 가야한다. <사무엘 존슨>

　이번 갑파도기아까지 비행기를 네 번이나 탔다. 캘거리에서 출발한 비행기는 미니애폴리스, 파리, 이스탄블을 경유해 최종 갑파도기아에 도착했다. 갑파도기아에 도착한 다음 날 충격적인 소식을 들었다. IS가 설립2주년 이벤트로 유럽에서 3번째, 세계에서 11번 째로 큰 터키의 이스탄블 공항에서 소총과 폭탄으로 무장 테러를 일으켰다. 이로 인해 약 40 여명이 죽고 240여 명이 부상을 입었다. 이스탄블에서 하룻밤 자고 새벽 여섯 시에 공항을 통과해 왔는데, 같은 날 저녁 열 시에 테러가 일어난 것이다. 역시 죽고 사는 것은 하나님께 달렸다. 모든 게 하나님의 은혜다.

　이스탄블에서 갑파도기아까지는 2000년 전대까지만 해도 비행장이 건설되지 않았을 때는 자동차로만 접근이 가능해 보통 13시간이 걸렸다고 한다. 갑파도기아는 비행기로 약 2시간도 걸리지 않는다. 터키 일정이 빡빡하므로 시간을 절약하기 위해선 비행기 이동을 추천한다. 갑파도기아는 그 뜻이 "친절하고 사랑스러운"이다. 대부분의 고지가 1300고지로 우리 캘거리보다 200m 높다. 그리고 예전에 화산이 활동했던 지역으로 곳곳에 아직도 그 분화구와 돌맹이 등 잔재가 남아있다. 동쪽으로는 아르매니아, 유브라테스강 서쪽으로는 갈라디아와 소아시아, 남쪽으로는 길리기아와 안디옥 북쪽으로는 본도지역이다. 그 가운데 있는것이 갑파도기아이다. 또한 윗쪽에 흑해가 있고 왼쪽에 에게해 그리고 아래쪽에는 지중해가 있다. 흑해는바다가 사나워 일년에 한달만 해수욕이 가능하고 아래쪽은 바다가 잔잔해 지중해라는 말보다 백해라고 부른다.

　이곳 갑파도기아는 성지순례를 하는 기독교도인들은 물론 일반 여행객들에게도 널리 알려져 있다. 이곳에서 열기구를 타고 기암괴벽을 구경하는 것이 절경이기 때문이다. 우리 일행 역시 기대감이 남달랐다. 괴레메 지역에 도착하자마자 기암절벽에 압도 당한다. 셀리메 수도원 뒷편 계곡에 가면 어디선가 많이 본듯한 버섯 모양의 기암괴석 무리를 찾아볼 수 있다. 영화〈스타워즈〉의 배경이 된 것으로 알려져 있다. 일명 스머프 마을이라고 불리는 파샤바 계곡이 있다. 화산 폭발로 이러한 기이한 모양의 계곡이 형성되었다고 한다.

　캘거리에서 가까운 드럼헬라지역이 약간 특이한 지형이 있지만 이곳 갑파도기아하고는 차원이 다르다. 동굴식당에서 점심을 먹고 동굴호텔에서 잠을 자는 체험이 나쁘지 않다. 기온이 서늘하였다. 터키의 전통음식 케밥 항아리에 800도의 온도에서 세 시간 동안 기다려 요리해 먹는 음식인데 제법 맛이 괜찮다. 케밥은 '불에 구운 고기'로 우리 입맛에 딱이다. 고기를 꼬치에 꽂아 화덕에 구워 빵이나 밥을 곁들여 먹는 음식이다. 터키의 케밥은 프랑스, 중국요리와 함께 세계 3대 요리에 들어간다.

동굴 곳곳마다 기독교도인이 살았던 흔적이 엿보인다. 동굴마다 큰 바위로 막아 놓아 외부인들의 침입을 막기도 했다. 또한 밧줄을 이용 높은 곳까지 이동했다고 한다. 동굴에는 그들이 기록해 놓은 그림 즉 프레스코화가 있어 사진을 촬영하지 못하게 했다. 부식 방지를 위한 방책이었다. 그림만으로 은혜가 되었다. 예수님의 그림은 물론 마리아, 네 명의 제자 마태마가 누가 요한의 얼굴은 물론 말을 타고 있는 모습 등 다양한 조각이 새겨져 있었다. 각 동굴마다 비슷비슷한 모습이 많아 나중에는 생략하고 건너뛰기도 했다. 하여간 적게는 100년에서 길게는 1300년 동안 로마 황제의 핍박을 피해 이곳으로 건너와 신앙을 지키려 했던 선조 신앙인들의 모습에 큰 도전을 받았다.

더불어 가까운 곳에 데린쿠유라는 지하도시 유적지가 있다. 지하 8층까지. 총 55m 깊이에 총 30,000명 까지 수용했다는 곳이다. 이곳은 두 도시 마을사람들이 공동체로 이곳에서 주거하며 오랫동안 살아온 곳이다. 깊은 우물이 있고 환기구가 흔적으로 여러 곳에 남아 있었다. 동물들은 2층에, 신학교 터와 제자들을 양성하기 위한 흔적도 있었고 지하 7층엔 주거지로 십자로 모양으로 된 큰 예배터도 남아 있었다. 그리고 밥을 짓고 포도즙을 으깬 도구 그리고 세례를 주던 흔적도 볼 수 있었다. 올라가고 내려가는 곳곳마다 머리를 숙이고 간신히 한 사람씩 통과해야 할 정도로 출입구가 비좁았다. 맷돌이나 큰 바위로 안 쪽에서 막아 놓으면 외부에서 쉽게 안으로 들어올수 없는 지형으로 만들어 놓았다.

갑파도기아에는 바실, 바실의 친구 그레고리 또 다른 형제 그레고리 등 3대 교부가 있다. 그중3위1체론으로 신학적 토대와 이단에 맞서 신학적 깊이를 제공한 아르메니안 교부 그레고리가 유명하다. 로마의 기독교 박해를 피해 있던 그리스도인 350여 만명은 터키가 오스만 투르크에 의해 이슬람 제국화 된 뒤 그리스 등으로 떠나갔다. 현재는 터키 주민들 일부가 동굴에 살다가 1980년 유네스코 문화유산 지정 이후 정부에서 철저히 관리하고 있다. 동굴에 간혹 현지인들이 깃발을 꽂고 살고 있는 모습도 볼 수 있었지만 지금은 더 이상 살 수 없도록 철저히 통제하고 있다.

로마의 카타콤베는 로마 황제들의 핍박을 받아 죽은 그리스도인들의 무덤이 주로 묻혀 있다면 이곳 터키 갑파도기아 지역(괴레메 동굴, 1980년에 유네스코에서 문화보존 유족지로 선정)은 그리스도인들이 들어와 동굴에 구멍을 뚫고 살았던 흔적이 남아있는 역사의 현장이다. 곳곳을 들러보면서 선배들의 신앙 핍박 인내 생존에 오늘날 만연된 우리들의 신앙생활과 비교가 된다. 다시한번 그들의 희생적인 신앙에 머리를 숙이며 주님 오실 때까지 안주하지 않고 순교자들의 피를 이어 받아 힘차게 달려 나갈 것을 다짐해 본다.

● 키포인트: 갑파도기아, 카타콤베, 괴뢰메 동굴지역, 데린쿠유 지하도시,
3대교부, 바실, 바실의 친구 그레고리, 또다른 형제 그레고리
동굴식당, 동굴호텔, 항아리케밥

주님 다시 오실 때까지

〈소향〉

주님 다시 오실 때까지 나는 이 길을 가리라
좁은 문 좁은 길 나의 십자가 지고
나의 가는 이 길 끝에서 나는 주님을 보리라
영광의 내 주님 나를 맞아 주시리
주님 다시 오실 때까지 나는 일어나 달려가리라
주의 영광 온 땅을 덮을 때 나는 일어나 노래하리
내 사모하는 주님 온 세상 구주시라
내 사모하는 주님 영광의 왕이시라

소아시아 7대교회를 돌아보며(1): 두아디라, 버가모, 빌라델피아
Seven Major Churches in Asia Minor

사람이 여행을 하는 것은
도착하기 위해서가 아니라 여행하기 위해서이다. 〈괴테〉

　이번 터키 그리스 순례는 특별한 의미를 담고 있는 곳이다. 목숨을 걸고 자신의 생명을 지키고 사수했던 초대교회 성도들의 모습에 더 큰 은혜와 감동을 받는다. 이스라엘은 유태교를 믿고, 그리스는 동방정교를 믿고, 나머지 이집트, 요르단, 터키는 이슬람 국가다. 중국에서 시작한 비단길 즉 실크로드가 이곳 터키에서 끝난다. 영국에서 출발하는 고속 열차는 유럽을 모두 연결하는데 이곳 터키가 마지막 종착지이다.

　이번에 동행한 어떤 권사님께 한번 질문을 던져 보았다.
　"혹시 이곳 터키와 그리스 중에 어떤 나라가 더 살기 좋을까요?"
　"터키는 매일 마다 사원에서 방송으로 기도문을 내보내는 게 시끄러워서, 조용한 그리스가 더 나아요." 라는 답변을 했다. 이슬람 교도는 하루 다섯 번 정해진 시간에 사원을 찾거나 아니면 메카를 향하여 기도를 한다. 마치 바벨론에 포로로 잡혀갔던 다니엘이 하루 세 번 예루살렘을 향해 기도했던 것 처럼 말이다. 무려 국민 대다수 즉 95%가 이슬람이지만 실제 열성적인 신자들은 많지 않아 보인다.

먼저 두아디라 교회는 도시 가운데 터만 남아 있다. 그것도 공동묘지로 사용되다가 발견되었기에 그나마 볼 수 있어 감사하다. 버가모와 사데를 잇는 교통 요충지다. 사도 바울은 2차 전도여행 때 빌립보에서 두아디라에서 온 자주장사 루디아를 만난다. 루디아는 옷감 장사를 했고 두아디라는 자칭 선지자라고 하는 이세벨을 용납한 도시다. 루디아는 하나님을 잘 믿는 사람이었고 후에 사도 바울을 물심양면으로 돕는 동역자가 되었다. 이곳에서는 예로부터 물감이 유명했고 자주 염료가 나는 유명한 상업도시로 발달되었다. 이 도시에서는 무당과 무녀들이 많아 기독교인을 유혹했다고 한다. 시장조합을 중심으로 우상숭배가 성행했던 도시로 주님의 책망을 받았다.

다음으로는 버가모 교회다. 기원전 3세기에 독립된 왕국으로 멀리 지중해가 보이는 높은 언덕에 자리잡고 있다. 이곳을 올라가려면 힘들다고 케이블카가 설치되어 있어 더운 날씨에 얼마나 감사했는지 모른다. 물론 입장료에 케이블카 탑승료도 포함되어 있다. 여기저기 곳곳에 널려진 돌 무더기들의 잔재, 역사의 현장이 다른 곳에 비해 잘 보존된 곳이다. 버가모는 의학의 아버지 히포크라테스의 고향이기도 하다. 당시 큰 병원이 있었고 세계에서 제일 큰 도서관이 있었고 헬라문화의 영향을 받았고 오래동안 외침으로부터 잘 지켜진 곳이기도 하다. 애굽에서 정치적인 이유로 파피루스 종이를 수입할 수 없게 되자 큰 상급을 걸었는데 그때 양가죽에 글을 쓰는 아이디어를 냈다고 한다. 버가모란 뜻은 양피지(Parchment) 혹은 피지문서라는 뜻이다.

버가모는 소아시아 지역의 수도였고 아크로 폴리스(언덕)에는 제우스 신전을 비롯하여 디오니소스 극장터와 트라얀 로마 황제 신전이 지금도 남아 있다. 헝하니 큰 터에 소나무 3그루가 있어 더위를 식혀준다. 기타 아테네 신전터는 위는 도리아식 아래는 이오니아식의 기둥으로 되어 있다. 이 기둥의 석가래에 "유메네스 왕으로부터, 그에게 승리를 내려준 아테나 여신에게!" 라는 비문이 새겨져 있고 신전 중앙에는 아우그스투스 황제의 조각이 새겨져 있다. 아래쪽에는 디오니소스 신전과 극장터가 하얀 대리석으로 터가 남아 있고 위쪽에는 트라얀 황제의 신전이 붉은색으로 비교적 잘 보존이 되어 있다. 아직도 발굴작업은 계속되고 수리작업도 더불어 병행되고 있다.

인솔자의 말에 의하면, 이곳은 입장하는 데에만 최소30분 이상 줄 서서 기다려야 했다고 한다. 테러 영향으로 관광객이 줄어 편안하게 돌아보게 되어 감사하다. 헬라 신화에 의하면 '제우스 신은 가장 큰 신이고 이곳 버가모가 출생지'라 한다. 제우스 신전터는 독일의 고고학자들에 의해 발굴이 되었고 신전의 유물들이 현재 동베를린 박물관으로 옮겨져 보관되어 있다.

빌라델피아교회는 동방으로 가는 길목이자 대륙을 통과하는 관문이다. 기원후 17년과 23년에 큰 지진으로 도시가 파괴되었다. 당시 로마 황제 티베리우스가 도시 건설에 힘을 쏟고 주민들은 감사의 표시로 황제를 위한 신전을 세우게 되었다. 주위에 포도원이 많아 주일마다 교회에서는 성찬식을 했다고. 필라델피아는 현재 알라세히르이다. 현재의 유적은 로마 제국 비잔틴 시대(AD600년경)에 세워진 것으로 성요한 교회로 세워져 있다. 입구에서 부터 큰 기둥 두 개가 눈에 띄었다. 아직도 발굴 작업 중이지만 그리 많아 보이지는 않는 여러개의 돌 무더기들과 새겨진 문양들이 시대의 흔적을 보여줄 뿐이다. 서머나 교회와 함께 책망은 받지 않고 예수님께 칭찬을 받았던 교회다.

교회는 건물이 아니다. 역사는 흘러간다.

소아시아 7대교회(2): 사데, 라오디게아
Seven Major Churches in Asia Minor

사람들은 종교를 위해 말다툼하고, 글을 쓰고,
전쟁을 하고, 죽기도 하지만 단 한 가지가 없다.
사람들은 종교를 위한 삶을 살지는 않는다. – 찰스 케일럽 콜튼

사도 요한이 소아시아 7대교회에 편지를 보낸 이유는 교회를 굳세게 하고 성도들을 위로하기 위해서이다. 요한 계시록은 로마 도미티안 황제 말기에 기록되었다. 그는 스스로 "주 하나님"으로 자칭하며 그리스도인들을 박해했다. 로마 에베소 거대한 신전을 짓고 황제 참배를 강요했으며 버가모의 "사탄의 권좌(계 2:13)"도 황제의 신전을 뜻한다고 말한다.

네번째 사데교회는 아데미 신전 뒷쪽에 있어 가이드 없이는 위치를 알아내기가 쉽지 않다. 사르디스(사데)의 현재 지명은 살리히리로 "남은 물건"이라는 뜻을 가졌다. 사르디스는 날씨가 좋고 풍요로운 옥토를 가졌다. 사르디스는 이즈미르에서 동쪽으로 약 85km 정도 떨어져 있다. 사데교회는 사도바울의 제자이며 일곱 집사 중의 하나였던 클레멘트가 사데교회의 첫 감독이었던 것으로 본다. 히잡을 쓴 아낙네들이 삼삼오오 모여 앉아 이끼가 끼인 시꺼먼 신전의 기둥이나 대리석을 열심히 닦아내고 있는 모습을 보았다. 수많은 유적들이 여기저기 쓰러져 있는 모습에서 로마의 위용

도 잠시뿐이고 사데 도시의 무상함을 보여주고 있었다.

주위에 올리브 나무가 무성하게 자라고 있고 근처에 있는 강물에는 금모래가 흘러 넘쳤다고 전해진다. 그래서 BC. 560년에는 고대 리디아왕국의 수도이기도 했다. 고대 7대불가사의에 속하는 아데미 신전은 그리스 파르테논 신전보다 네 배가 크다. 아데미 여신은 유방이 여러개고 다산과 풍요의 상징이다. 아데미 신전은 폭이 70m, 길이가 130m, 높이가 20m나 되는 엄청난 건물이었다. 건물의 둘레에 127개의 돌기둥이 둘러 있어 특히 아름다운 건축미를 자랑했다. 지금은 잔재만 남아있지만.

팍톨로스 강가에서 금이 많이 발견되는 이유는 다음과 같다. 황금의 손 미다스(Midas, 마이다스)가 이곳에서 목욕을 했기 때문이라고 전해진다. 여기에서 신화가 탄생했다. 술과 곡식의 신인 디오니소스의 방탕한 아들이 있었다. 어느날 술에 취해 소용돌이에 휘말려 죽게된 아들을 마이다스 왕이 구해주자 답례로 무엇이든 소원을 말하라고 했다. 그래서 왕은 '자기 손에 닿는 것은 무엇이든지 황금으로 변하게 해달라'고 말한다. 처음에는 갖고 싶었던 황금을 마음껏 소유하게 되자 기뻐했던 왕은 배가 고파 음식에 손을 대자 황금으로 변해 버렸다. 딸이 다가와 안아주다가, 사랑하던 딸마져 황금으로 변했다. 그때서야 후회를 한다. 디오니소스는 마이더스 왕의 간절한 호소를 듣고 황금의 손길을 걷어 들인다.

무엇이든 절제하지 않고 욕심을 부리면 탈이 나는 법이다. 먹을 것이 풍성하고 난공불락의 도시로 알려진 사데교회를 향해 하나님은 책망하셨다. "살아 있으나 죽은 교회"로 말이다. 오늘날의 선진국이나 부자들이 많이 살고 있는 지역일수록 하나님을 잘 믿지 않는다. 혹 믿어도 미지근하다. 안이하게 믿는 상황은 예나 지금이나 다르지 않다.

다섯번째 라오디게아 교회는 현재 지명도 라오디케아다. 라오디게아 교회 근처에는 골로새, 히에라폴리스가 있다. 부요하다고 하지만 실상 가난하다고 책망을 받은 교회다. 이곳에는 과수원이 많고 유황온천이 있는 곳이다. 라오디게아는 에베소에서 약 180km 떨어져 있다. 알렉산더가 죽은 후 셀루시드 왕가의 안티오쿠스 2세가 그의 부인 라오디아스의 이름을 본따 도시 이름을 명명했다. 성서시대에는 소아시아 프리지아(성서상의 부르기아)의 수도로 라커스 계곡에 위치하고 상업도시로 발달했다.

라오디게아는 폼페이와 같이 지진으로 땅속에 묻혀 버렸다. 현재는 교회터가 정확히 어디인지 모른다. 안타깝다. 작은 언덕에 올라 보니 우측으로 산밑의 라오디케아 타운이 보인다. 좌측으로는 히엘라볼리(현재 파묵칼레 온천)가 보인다. 이곳에서 6.5km 떨어진 히에라볼리에선 온천물이 나온다. 이 온천물이 질병치료에 도움을 주기 때문에 귓병을 치료하는 특효약과 콜로니온이라 불리는 안약사업이 발달하게 된다. 이곳 주변에서 로마식 야외운동장과 원형 극장 터가 발견되었다. 윗쪽에선 사도 빌립의 무덤과 기념교회가 발견되었다.

하나님이 라오디게아 교회를 어떻게 책망하였는가? "네가 차지도 아니하고 덥지도 아니하고 미지근하니 너를 토해내리라." 미지근하다는 말은 사실 이곳의 지형과 밀접한 관련이 있다. 라오디게아 우측 산에서 흘러내리는 차가운 물과 좌측 히에라볼리(현재 파묵칼레로 목화섬이란 뜻이다)

에서 흘러 내리는 온천물이 만나 미지근해지기 때문이다. 실제 파묵칼레를 가서보니 석회석 물이 계속 흘러내려 아름다운 색깔의 빛을 내고 있었다. 석회물이 흘러내리지 않는 곳은 차츰 시꺼멓게 변질되고 있음을 목격하였다. 오늘날도 적당히 예수 믿는 사람들이 있다. 주님은 미지근한 성도를 책망하신다. 나는 어떠한가?

소아시아 7대교회(3): 서머나, 에베소
Seven Major Churches in Asia Minor

여행하지 않은 사람에겐 이 세상은
한 페이지만 읽은 책과 같다. 〈아우구스타누스〉

여섯번 째로 서머나 교회는 현재 이즈미르(izmir) 지명이고 에베소 윗쪽에 위치하여 있다. 이즈미르는 터키의 3대 도시 중 하나다. 일리아드 오딧세이로 유명한 호머의 고향이기도 하다. 에게해의 아름다운 해변과 풍광으로 에게해의 진주라는 별명을 갖고 있다. 빌라델피아 교회와 더불어 주님께 책망을 받지 않은 유일한 교회다. 사도요한의 직접 제자인 폴리캅 기념교회가 시내 중앙에 위치하여 있다. 소아시아 7대 교회 중 현재까지 서머나교회(폴리캅 기념교회)만이 건물로 남아 예배를 드리고 있는 유일한 교회다. 물론 현대식으로 다시 세운 교회다.

이곳에서 현지인 제자를 길러낸 지인과 교제를 나누었다. 현지인 제자는 미국에서 박사학위를 받고 현재 이곳 모대학에서 교수 직과 더불어 목회를 하고 있다. 선교의 가장 큰 핵심은 내가 선교하는 것보다 현지인 제자를 길러내는 일이다. 열매가 다르다. 서머나는 충성스러운 교회다. 폴리캅은 11-116년까지 서머나 교회의 감독을 맡았다. 전해진 일화가 있다. 폴리캅이 86세에 지명수배를 받고 있었다. 제자들이 피신을 권유했는데 폴리

칩은 도망하지 않았다. 화형을 당해 죽기 전에 서머나 총독이 폴리캅과 어려서부터 친구였다. 친구가 죽는 것을 가엽게 여겨 제안을 했다. 솔깃한 제안이었다.

"예수를 모른다고 한 번만 말해주게." "그러면 살려주겠네."

그러나 폴리캅은 거절했다.

"우리 주님은 86년 동안 한 번도 나를 모른다 하지 않았네. 내가 어찌 주님을 모른다고 부인할 수 있겠나." 폴리캅이 화형을 당하면서 마지막으로 드렸다는 기도문을 소개한다.

"하나님이시여 당신께서 오늘 이시간 나로 하여금 순교자의 반열에 그리고 그리스도의 잔에 참여하게 하시어 내몸과 영혼이 성령의 썩지 않는 축복 속에서 영생의 부활을 얻기에 합당하다고 여겨주시니 감사합니다. 아멘."

로마는 나라를 정복하는 곳마다 그 정복지를 무자비하게 다스리지 않았다. 각나라마다 독특한 문화 사상 종교를 인정하고 존중해 주었다. 그러나 네로 황제 때부터 기독교 핍박이 시작이 되고 기독교인 역시 황제 숭배를 금지하였다. 수많은 고통과 핍박 속에서 서머나 교회는 유혹을 이겨내고 신앙을 지켜 주님께 칭찬을 받았다.

일곱번 째로 에베소 교회다. 에베소는 사도 바울이 사도 요한에 앞서 시리아 안디옥으로부터 제1차, 2차 전도여행을 왔을 때에 복음을 전하고 교회를세웠다. 사도 요한이 밧모섬에 유배에서 풀려난 뒤 이곳 에베소로 돌아와 요한1,2,3서를 기록했다. 사도 요한의 예수 그리스도의 어머니 마리아를 모시고 이곳에 죽을 때까지 돌보았다고 한다. 사도 요한의 기념교회

무덤 세례터를 돌아보면서 하나님께 제자들 중 요한을 살려 두신 특별한 이유를 알듯했다. 우리 각자에게도 특별한 은사를 주시고 그 사명을 감당케 하심을 깨닫는다.

에베소는 고대 허영의 도시로 지금까지 돌아본 소아시아 7대교회 중 가장 크고 화려했다. 아직도 수많은 유적지들이 그대로 남아 있고 아직도 발굴 중이다. 에페소스의 현재 지명은 셀주크이다. 예베소는 당시 소아시아의 수도라 할 만큼 항구도시이자 정치와 종교의 중심지였다. 유적지에는 수 천명이 들어가는 야외 음악당(원형경기장)이 잘 보존되어 있었고 약 1만 5천명을 수용하는 위용을 자랑한다. 우리가 방문할 당시에도 모 방송국에서 촬영을 하고 있었다. 성경에도 데모트리우스의 은장도 소동 내용이 나오는데 바로 이곳이 배경이다.

유적지에는 원형경기장(야외 음악당이자)외 에도 셀수스 도서관, 하드리나우스 신전이 유명하다. 기타 아고라 시장터와 광장 목욕탕(기본적으로 어느 도시에나 건설되는 도시 형태다) 티베리우스, 트랴얀, 하드리안, 도미시안 황제 등의 신전 터와 아테네, 아데미 신전도 있다. 로마의 독립 행정관이 다스렸고 순회 재판소도 있었다. 하드리아누스 신전터는 기존의 건축양식과 달리 독특한 문양및 세련된 디자인이 돋보였다. 셀수스 도서관은 그 형태가 그대로 남아 있어 힐러리와 클린턴이 이곳에서 석양을 배경으로 기념 사진을 촬영했다고 하여 더 유명해진 곳이다.

도미시안 황제 터 근처에 월계관을 쓴 니케여신 상이 세워져 있다. 니케여신은 지금의 나이키(승리라는 뜻) 이름이고 나이키 회사의 로고로 유명하다. 에베소 사람들은 당시 다산의 상징이자 복의 상징인 아데미 여신(유방이 많이 달림)을 섬기고 있었다. 에베소는 고대 그리스 철학자인 헤라클레이토스와 탈레스가 활동하던 곳이고 수학의 천재로 알려진 피타고라스는 이 근처에서 태어나고 활동을 했다. 클레오파트라도 이곳을 자주 방문했다고 한다. 그러나 에베소 도시의 화려함과 달리 교회는 가난했고 주님의 책망을 받았다. "회개치 아니하면 네 촛대를 옮기리라."

하나님이 내게 주신 복을 감사하게 여기자. 어떠한 환경 속에서도 폴리캅처럼 주님을 배반하지 않고 복음의 사명 감당할 것을 다짐해 본다. 오르띠즈 목사의 책 "제자입니까"에서 읽은 구절이다. 내가 복음으로 만들어 낸 제자는 오래가지 못한다. 내 제자만 양성하면 인본주의적 목회와 신앙인이 되어 쉽게 변질된다.

인터넷에서 화제가 되었던 예레미야 스티펙 목사의 이야기다.

"그는 만 명의 신자가 모인 대형교회 담임목사로 부임하던 주일 아침, 노숙자로 변장하고 30분간 교회에 들어오는 신자들 앞에서 서성댔다. 그런데 그 많은 신자들 중 단 세 명이 그에게 인사를 했다. 그리고 음식을 사먹게 동전을 요구하자 아무도 동전을 주는 사람은 없었다. 교회에 들어가 앞자리에 앉자 안내자는 뒤에 가서 앉아 달라고 했다. 사람들은 그를 못마땅한 눈초리로 쳐다보았고, 일부는 멸시하는 사람도 있었다."

"예배가 시작되고 광고를 마친 다음, 장로들이 일어나 새로 부임한 담임목사를 청중에게 소개하였다. "제레미야 스티펙(Jeremiah Steepek) 목사님을 소개합니다!" 신자들은 기대에 넘쳐 박수를 치며 환호했다. 그런데 뒤에 앉아 있던 그 노숙자가 앞으로 걸어 나왔다. 박수는 멈추고 모든 눈이 그를 주시했다. 장로에게 마이크를 넘겨받은 스티팩 목사는 그날 본문 말씀을 또박또박 읽어 내려갔다. 그러자 신자들 중엔 흐느끼면서 회개하는 사람들이 있었고, 부끄러움에 고개를 떨군 사람이 대부분이었다. 말씀을 읽고 나서 스티팩 목사는 이렇게 말했다.

"오늘 아침 교인들이 모이는 것을 보았습니다.
하지만 예수 그리스도의 교회는 아니었습니다.
세상에는 교인들이 많습니다. 하지만 제자는 부족합니다.
여러분은 언제 예수님의 제자가 될 것입니까?"
그리고 이렇게 끝을 맺었다.
"그리스도인이 된다는 것은 당신이 믿는 것 이상으로,
이웃과 함께, 그리고 그들 옆에서 더불어 사는 것입니다.
그리스도를 믿는다는 것은 사랑을 실천하는 것입니다."

우리는 말과 행동이 다르다. "반짝인다고 해서 다 금은 아니다." 라는 격언이 있다. 주일마다 종교행위에 참석한다고 그리스도인은 아니다. 하나님의 말씀을 듣고 실천을 하지 않으면 위선자일 뿐이다. 이런 일이 우리 교회에서 일어났어도 아마도 결과는 다르지 않았을 것이다. 머리에서 가슴으로, 가슴에서 손과 발로 그 간격이 좁혀져야 한다. 우리의 마음을 넓히는 경건의 훈련이 이어져야 한다. 그렇지 않다면 세상속의 그리스도인의 모습으로 살아가는 우리의 모습은 여전히 미성숙한 교인으로 남아 있을 뿐이다.

우리는 살아도 주를 위하여 살고 죽어도 주를 위하여 죽나니
그러므로 사나 죽으나 우리가 주의 것이로라. (롬 14:8)

밧모섬에서의 하루
Patmos Island

여행을 떠날 각오가 되어 있는 사람만이
자기를 묶고 있는 속박에서 벗어날수있다. <헤르만헤세>

    그리스와 터키를 순례하면서 밧모섬을 가보자 못했다면 아무것도 보지 못한 것과 같다는 말이 있다. 밧모섬(Patmos)은 그리스 와 터-키 사이에 있는 수많은 섬 들 중의 하나로써 34Km2 작은 면적으로 섬 전체의 총 길이는 63Km로써 우리나라 제주도의 약 1/3 에 해당되는 작은 섬에 속한다. 터키에서 가장 더운 곳이 바로 남서쪽에 위치한 이즈미르(옛지명은 서머나)오 에게해가 바로 옆에 자리잡고 있다. 이곳에 두란노 서원이 있었던 곳으로 알려지지만 아직까지 정확한 위치는 모른다. 사도 요한은 로마 도미티나우스 황제 때 밧모섬으로 유배를 갔다. 동쪽인 갑파도기아는 온도가 낮은 편이고 겨울에는 눈이 많이 내리는 지역이다. 이에 반해 이스탄블(옛지명 콘스탄티노플) 은 시원한 편이다.

    밧모섬은 전체가 화산암으로 되어 있고 포도나 밀이 재배되고 있으며 남북으로 길쭉하게 연결되어 있는 섬이다. 로마 시대에 중죄인들이 이곳으로 유배되어 강제 노역을 했던 곳으로 유명하다. 도미티아누스 황제는 기독교를 핍박했다. 그의 조카 도미틸라를 예수를 믿는다는 이유로 폰티아 섬에 유배를 보냈고, 그녀의 남편은 사형시켰다. 밧모섬은 그리스에서 약 250km, 터키에선 65km로 터키가 훨씬 가깝다. 2차세계대전이 끝난 후 파리협정에 의하여 에게해의 모든 섬은 터키가 아닌 그리스로 귀속이 되었다. 그래서 밧모섬도 그리스 영토다. 출발하기 전에 여권 수속을 받아야 했기에 우리는 새벽 여섯 시에 도착했다.

밧모섬은 그리스어로 파트모스(송진의 뜻)이고 터키 밀레도(사도 바울이 고별설교를 했던 곳)에서 약 56 km 떨어져 있고 지금 쿠사다시 항구에서는 약 100km 떨어져 있다. 터키에서 밧모섬으로 가려면 쿠사다시 항구에서 가게 되는데 약 네 시간이 소요된다. 우리는 중간에 파도를 만나 조금 더 소요되었다. 선상에서 끝없는 바다를 바라보며 사도 요한과 사도 바울이 배를 타고 다니며 얼마나 수고를 했는지 알듯 싶다. 섬이 점점 가까워오자 모든 집들이 온통 하얀색이다. 스웨덴 출신 가이드에게 물어보니 '평균 기온이 30-40도에 육박하고 너무 더워서 건축을 할 때 하얀 대리석으로 집을 짓는다'고 답한다.

쿠사다시 항구(옛지명 에베소)에서 주후 95년부터 18개월간 밧모섬에서 유배생활을 했다. 일곱집사 중의 하나인 브로그루가 사도 요한을 시중들며 그의 계시를 받아 적어 현재의 계시록을 남겼다. 이곳에 가면 사도요한의 계시 동굴과 요한 기념교회가 유적으로 남아 있다. 사도 요한의 계시 동굴은 생각보다 작았다. 계시동굴 오른편 안쪽에 경사진 천장이 있다. 요한이 하나님의 음성을 들을 때 동굴 일부의 천장이 세 갈래 틈으로 갈라졌는데 이는 섬삼위일체를 상징한다고 전해진다. 그리스는 터키와 달리 국민 90% 이상이 동방정교를 믿는다. 동방정교는 프레스코화가 많은데 벽화 보존을 위해 사진이나 비디오 촬영이 안에서는 금지되어 있다. 물론 프레스코화를 보는 것만으로도 은혜가 되었다.

바닷가 근처에 사도요한 세례터가 있어 둘러 보았다. 이곳에서 믿는 자들에게 침례를 베푼 것으로 알려져 있다. 폴리캅은 사도 요한의 제자이고 이레니우스는 폴리캅의 제자다. 폴리캅은 서머나에서 활동했고 이레니시우스는 이단을 막은 지대한 공헌을 했다. 점심을 먹고 호텔에서 주일 예배를 드렸다. 인솔자인 고신대학원의 선교학과 교수님이 주일예배 설교를 부탁했다. 사도 요한의 요한 계시록을 묵상하면서 이번 성지순례에 참여한 신대원생들과 장로님 권사님 집사님 일행들도 있어 "우리의 받은 소명을 다시 생각해보며 앞으로 남은 이후의 삶을 어떻게 살아야 할지?"에 대한 말씀을 나누었다. 하나님이 내게 주신 사명은 무엇일까? 은사는 각각 다르지만 분명히 주신 사명이 있다. 다시한번 하나님이 내게 주신 사명 감당할 것을 다짐해 본다.

사도 요한은 어떠한 인물인가? 베드로 야고보와 더불어 3대 제자에 속했다. 요한은 갈릴리에서 고기를 잡던 어부 출신이었다. 그러므로 노를 잘 저었고, 유력한 집안 출신이었던 것으로 전해진다. 밧모섬에서 18개월간 유배생활을 마치고(계 1:9) 이후 에베소(에게해 서쪽인 터키)로 건너와 99세로 죽을 때까지 요한복음과 요한 1,2,3서를 기록하였다. 그리스 정교(동방정교)에서는 5월 8일에 사도 요한을 기념하고 있다.

에베소 지역 가까이에 사도 요한의 무덤이 있다. 아마도 밧모섬에서 귀양이 풀린 뒤 예수 그리스도의 어머니 마리아를 이곳 에베소에 모셔와 죽을 때까지 모셨다고 한다. 가까이에 마리아의 모덤이 있고 마리아 기념교회가 언덕에 있어 카톨릭 교인들이 많이 찾는 곳이다. 하나님께서 다른 열두 제자(사도)들과는 달리 순교하지 않고 요한에게 주신 사명이 따로 있었다. 기록으로 남기는 사명과 예수의 어머니 마리아를 돌보라는 사명이었다. 나의 사명은 무엇일까?

은사(달란트)를 땅에 묻어만 두고 사용하지 않는 것도 죄다.
"지하철 전도"로 알려진 고 최춘선 옹의 말이다. "사명은 각자각자다!"

괴테의 <파우스트>
<Faust> by Goethe

낯선 땅이란 없다.

단지 여행자가 낯설 뿐이다. <로버트 루이스 스티븐슨>

괴테는 시인, 작가, 고전파의 대표자다. 프랑크푸르트 암 마인에서 출생. 부친에게선 엄한 기풍을, 모친에게서는 명랑하고 상상력이 풍부한 예술가적 기질을 이어 받았다. 괴테는 주옥 같은 시를 다수 지었다. 그 중 널리 알려진 <들장미>를 음미해보자. 이 시를 베르너와 슈베르트가 곡을 붙여 더욱 유명해졌다.

괴테는 어떠한 사람이었을까? 괴테는 <젊은 베르테르의 슬픔>으로 처음 세상에 알려졌고, 이후 <파우스트>를 통해 작가로서 그의 문학성과 진가를 인정 받았다. 요한 볼프강 폰 괴테는 독일의 작가이자 철학자 과학자로 바이마르 공화국에서 재상을 지내기도 했다. 아버지의 나이 38세에, 어머니는 17세에 결혼을 하였다. 그는 부유한 집안 출신으로 왕실 고문관을 지낸 아버지와 프랑크푸르트 시장의 딸인 어머니 사이에서 첫째로 태어났다.

세계적인 박람회가 많이 열리는 프랑크푸르트. 메인 암 프랑크푸르트 강가를 끼고 다운타운으로 들어간다. 보슬비가 살포시 내린다. 축제로 인해 발 디딜틈도 없다. 이방인들로 가득 차 있다. 공원마다 축구공을 갖고 묘기를 부리는 젊은이들이 눈에 띈다. 커피보다 맥주가 저렴해 맥주를 훨씬 즐기는 나라가 바로 독일이다. 주차 공간도 협소하고 차선도 작은 편이다. 프랑크푸르트의 랜드 마크인 뢰머 광장에서 5분 거리에 있는 괴테하우스. 입장료 7유로를 내고 입장한다.

1층에는 일부 그림이 걸려있는 방을 지나면 부엌과 식당을 볼 수 있다. 2층에서는 피아노가 놓여있고 가족들이 이 방에서 파티와 음악을 연주했다고 한다. 괴테가 태어난 이곳 2층 방에서는 아버지의 서재와 세계적으로 값비싼 골동품 시계가 놓여 있다. 이곳 박물관에는 괴테가 살았던 시대의 가구 의자 침대 그릇 악보 책 등이 각 방마다 전시되고 있었다. 바닥이 목조로 구성되어 있어 발을 뗄 때마다 삐꺽 거리는 소리가 난다. 낡은 마루바닥을 조심스럽게 밟고 다니며 각 전시실에서 볼 수 있는 것은 약간의 사진들과 집기들이 전부다.

괴테는 '독일의 대문호로, 독일의 세익스피어'로 불린다. 누구나 한번쯤은 파우스트가 되고 싶은 마음이 있지 않을까? 내가 하고 싶은 일, 내가 갖고 싶은 욕망에 나의 영혼 따위는 누구에게나 줘보려도 된다는 안일한 마음. '이 땅에서나 잘 살아야지', '죽어서의 일까지 생각할 필요가 있을까?' 하고 말이다. 그러다보니 인간은 그 욕심 때문에 결국 파멸하고 만다. 구태여 파우스트가 아니어도 톨스토이에 단편 〈사람은 얼마만큼의 땅이 필요할까〉에 등장하는 욕심 많은 농부도 있고 〈마이더스의 손〉의 잘 알려진 그리스 신화의 마이다스 왕도 있다. 성경은 '욕심이 잉태하면 죄를 낳고 죄가 장성하면 사망을 낳는다'고 했다. 신이 인간에게 자유도 주었지만 더불어 절제라는 열매도 주었다. 자유에는 반드시 절제가 따라야 한다.

　자신의 삶에 만족하지 못하는 사람은 스스로 불행하다 여긴다. 톨스토이의 말처럼 '가장 행복한 사람은 자신의 현재 삶에 최선을 다하는 사람이다.' 그리고 자족하는 것이다. 사람이 살면서 먹고 싶은 것, 갖고 싶은 것, 가보고 싶은 곳을 다 다녀보는 사람은 없다. 물론 그러한 욕망을 다 충족하더라도 행복은 오지 않는다. 소크라테스는 어떠했을까? '배부른 돼지보다 배고픈 철학자를 꿈꾸고 악법도 법'이라며 죽음을 받아들였던 그의 삶은 행복했을까? 자족하지 못하는 사람은 자존감이 낮은 사람이다. 행복하지 못하다고 느끼는 사람들은 공통점이 있다.

　사람들의 본능상 금지하면 자꾸 더하고 싶어하는 성향이 있다. 중고생 시절에 머리 기르지 말고 화장하지 말라고 하면 더 하고 싶어하는 마음과 같다. 괴테의 장편소설 〈파우스트〉에서도 주인공은 자신의 영혼을 팔아 자신이 하고 싶은 일을 하나하나 성취해 나가지만 이는 바른 방법이 아니다. 파우스트(뜻은 행운) 박사는 자신의 삶에 만족하지 못한 채 인간의 한계를 넘고 싶어 악마와 영혼을 담보로 계약을 한다. 소설에서는 해피엔딩으로 마치지만 흑마술로 자신이 하고 싶은 일을 다 누리다가 결국은 악마에게 영원히 저주를 받는다.

　하나님이 우리에게 준 성령의 열매가 있다. 우리가 지켜야 할 덕목이다. 그중 오래참음과 절제가 있다. 사랑은 오래참고 끝까지 견디는 것이다. 순간을 참지 못하면 나중에 후회한다. 가인도 사울도 다윗도 삼손도 후회했다. 어떻게 살아야 할까? 파우스트의 마음을 품어야 할까? 그리스도의 사람들은 정과 욕심을 십자가에 못박았다. 최선을 다하되 하나님께 모든 것을 맡겨야 할 것이다.

어떠한 경우에도 악마와(달콤한 유혹) 타협하지 말아야 한다.

그런즉 너희는 하나님께 복종할지어다
마귀를 대적하라 그리하면 너희를 피하리라. (약 4:7)

하이델베르크 논쟁 & 보름스
Heidelberg Controversy & Worms

여행은 정신을 다시 젊어지게 하는 샘이다. 〈안데르센〉

마틴루터 종교개혁 500주년을 맞이하여 독일의 마틴 루터, 스위스의 장 칼뱅, 쯔빙글리, 체코의 얀 후스 등 종교개혁가들의 유적지와 생가 박물관 문화탐방을 통해 그들의 종교개혁 정신과 발자취를 더듬어 보고 있다.

마틴 루터는 독일의 카톨릭 수사이자 신학교수였다. 본래 아우구스티누스 수사였던 루터는 카톨릭의 전통과 잘못된 가르침을 거부하였다. 그는 1517년 비텐베르크 대학 정문에 95개 논제(테제)를 게시함으로서 1518년 로마카톨릭 교황인 레오 10세로부터 이미 파문을 받았지만 황제에게 신변 안전을 담보로 변호할 기회를 얻게 된다. 1521년 신성로마제국 카를 5세 황제로부터 자신의 모든 주장을 철회하라는 요구를 받았으나 루터는 역시 거부하였다. 이후 루터는 교황에 이어 황제로부터 삭탈관직을 당하고 선제후의 보호아래 은신생활을 하게 된다.

마틴 루터는 카톨릭의 교리(면죄부, Indulgence)를 거부하고 성서의 권위만 강조하였다. 그리스도에 대한 믿음과 하나님의 은혜를 통한 구원을 말했다. 이것은 "오직 믿음, 오직 은혜, 오직 성서만으로(Sola fide, sola gracia, sola scriptura)"라는 말로 요약이 된다. 비텐베르크 일정은 추후에 소개하기로 한다. 우선 프랑크푸르트에서 보름스로 이동했다. 약 한 시간 소요가 된다.

보름스에는 로마네스크 양식의 보름스 대성당(돔이라 부른다)이 웅장하다. 보름스는 루터가 종교개혁 기치를 내건지 4년이 지나 황제 카를 5세가 소환을 해서 가게 되었다. 친구들은 만류했지만 루터는 참석하여 재판에서 황제의 명령을 거절한다. 루터가 재판을 받은 표지석에는 "1521년, 마틴 루터가 황제와 제국 앞, 이곳에 서 있다."라는 문구가 새겨져 있다. 마틴 루터의 대담한 믿음과 용기가 결국은 자신이 생각한 것 이상으로 엄청난 영향력과 유럽의 여타 국가에서 종교개혁의 도화선이 되었다. 영국의 역사학자 토마스 카알라일도 이러한 루터의 행동을 "역사상 가장 위대한 순간"이라고 표현했다.

이곳 보름스에는 루터를 비롯한 종교개혁가들의 동상이 있는 보름스 광장이 있다. 대성당 및 개혁교회를 비롯한 유적지들이 걸어서 10분 내에 위치해 있다. 목숨을 내걸고 종교개혁을 일으킨 마틴 루터의 동상을 비롯 얀 후스, 사보나롤라, 존 위클리프 등 총 12명의 위대한 영적 거장들의 흔적이 그들의 이름과 함께 이곳 보름스 광장에 깊이 새겨져 있다. 그 앞에서 잠시 묵상하는 시간을 가져본다. 복음을 위해 생명을 내던진 그들의 삶에 큰 도전을 받는다.

"우리는 보름스에 입성할 것이다. 지옥의 모든 문들과 하늘의 모든 권세들이 막으려고 할지라도… 거기서 우리의 사명은 마귀를 쫓아내는 것이다."

"성서의 증거함과 명백한 이성에 비추어 나의 유죄가 증명되지 않는 이상 나는 교황들과 교회 회의의 권위를 인정하지 않겠습니다. 사실 이 둘은 오류를 범하여 왔고 또 서로 엇갈린 주장을 펴왔습니다. 내 양심은 하나님의 말씀에 사로잡혀 있습니다. 나는 아무것도 철회할 수 없고 또 그럴 생각도 없습니다. 왜냐하면 양심에 반해서 행동하는 것은 안전하지도 못할 뿐만 아니라 현명한 일도 아니기 때문입니다. 하나님이여, 이 몸을 도우소서, 아멘!"

하이델베르크는 독일 라인 강의 지류, 네카르 강변의 대학도시, 관광도시다. 인구는 약 14만 5천명이다. 1386년에 창설된 하이델베르크 대학이 있으며 아름다운 고성 하에델베르크 성이 고즈막하다. 다운타운에서 케이블 카를 타고 올라갈 수도 있지만 필자는 자동차로 올라갔다. 하이델베르크 대학 출신으로 약 55명의 노벨수장자가 배출되었으니 얼마나 전통이 있는지 추측할만하다. 하이델 베르크 성은 고딕양식부터 바로크양식까지 다양한 건축양식이 혼합되어 있다.

보름스에서 하이델베르크는 짧은 거리다. 하이델베르크 시에서 마침 장애인 마라톤이 열리는 날이라 다운타운을 통과하는 모든 차량들이 통제되어 교통체증이 심했다. 일정을 조정해야만 했다. 먼저 외곽으로 하이델베르크 고성으로 올라가 2차세계대전 중에도 가장 잘 보존이 잘 되어있다는 성에서 하이델베르크 시내를 내려다보며 세계에서 가장 큰 와인통(약 10만 명이 마실 수 있다는)과 의약박물관 등을 둘러보았다. 아래쪽에는 하이델베르크 대학, 성령교회 등이 있다. 생각같아서는 트레킹도 하고 싶었지만 짧은 일정이기에 포기해야만 했다. 많은 시민들이 여기저기 하이델베르크 성 주변으로 난 좁은 길을 따라 걸어 오르고 있었다. 휴양림처럼 그늘이 우거져 시민들의 휴식처로 추천할만 하다. 학생감옥이나 슈테판 수도원 등은 다음기회로 미뤘다.

더불어 2km정도 뻗어있는 철학자의 길은 칸트, 괴테, 헤겔, 야스퍼스, 하이데거 등이 교편을 잡으며 산책했던 곳으로 유명하다. 중고등학교 시절 역사 시간에 배웠던 학자들 이름이 떠올랐다. 이곳 하이델베르크출신이거나 이곳 대학에서 교편을 잡았던 인물들이다. 칸트가 산책을 한 다리를 건너가 강가를 바라보았다. 칸트가 산책을 할 때면 그 시간이 얼마나 정확한지 시민들이 칸트의 산책 시간에 맞추어 시계를 맞출 정도였다고 전해진다. 칸트는 행복의 3가지 조건을 다음과 같이 말했다.

첫째, 할 일이 있다
둘째, 사랑하는 사람이 있다.
셋째, 희망이 있다.

이런 사람이 가장 행복한 사람이라고 칸트는 말했다. 나는 나의 할 일, 즉 사명이 있음에 감사하고 사랑하는 배우자가 함께 옆에 또한 행복하고 나아가 미래에 대한 희망이 있음에 하나님께 감사를 드렸다.

특히 아우스부르크 수도회와 종교개혁 논쟁을 벌였던 것을 기념한 명판이 하이델베르크 대학 광장의 바닥에 새겨져 있다. 이때 루터의 사상을 비판한 이들도 있었지만 오히려 더 많은 사람들 즉 학생과 직원들이 루터의 사상에 동조하고 종교개혁의 출발점이 된 곳이 바로 이곳이다. 루터는 이곳에서 십자가 신학을 주장하고 후대에는 웨스터민스터 신앙고백과 더불어 1563년 칼뱅교리를 기초로한 하이델베르크 요리문답이 개신교의 핵심

교리가 된다. 아름다운 도시 하이델베르크에서 마틴 루터의 숨결을 느끼며 다시한번 개혁신앙을 돌아보게 된다.

역사상 가장 위대한 순간은 언제일까?
보름스에 새겨진 열 두 명의 믿음의 거장, 그 숨결을 느껴본다.

사랑 안에 두려움이 없고 온전한 사랑이 두려움을 내쫓나니 두려움에는 형벌이 있음이라 두려워하는 자는 사랑 안에서 온전히 이루지 못하였느니라. (요일 4:18)

장 칼뱅의 종교개혁(제네바)
The Reformation by Jean Calvin (in Geneva)

인간은 자신이 필요로 하는 것을 찾아

세계를 여행하고 집에 돌아와 그것을 발견한다. 〈조지무어〉

어제는 독일 하이델베르크에서 스위스 베른으로 아우토반을 타고 네 시간 이동했다. 이번 여행에서 가장 많이 운전대를 잡은 듯하다. 자동차에 장착된 GPS는 거의 무용지물. 대부분 스마트폰 지피에스로 목적지를 찾아가고 있다. 렌터카는 오백 킬로미터 뛴, 거의 새 차라 잘 달린다. 캐나다와 독일은 밤과 낮을 바꿔서 세 시간 시차다. 한국과 비슷하게 시차적응까지 해야만 했다. 몸과 마음이 다 지쳤다.

오전에 베른에서 알프스 산맥을 넘어 샤모니 몽블랑 마을에 두 시간 만에 도착했다. 꼬부랑 산길이었지만 도로가 잘 닦여 있어 운전하기에는 무리가 없었다. 샤모니는 제1회 동계 올림픽이 열렸던 곳이다. 몽블랑을 풀이하자면, 몽은 '마운틴(산)'이고 블랑은 흰색으로 "하얀 산"이라는 뜻이다. 그런데 샤모니 몽블랑은 이름에서 풍겨나듯이 프랑스 지역에 속한다. 산세와 정취가 캐나다 록키와 다르지 않다. 내가 얼마나 행복한 곳에 살고 있는지 실감했다.

샤모니에서 꼭 봐야 할 곳을 두 곳 정했다. 에귀디 미디 전망대와 몽땅베르 얼음동굴이다. 에귀디 미디 전망대는 지구상에서 '가장 높은 곳에 위치한 곳'으로 무려 케이블카를 두 번이나 갈아타야 한다. 여름에도 자켓은 필수다. 3820m까지 올라가니 안개가 자욱하다. 아니 자세히 보니 구름이다. 안개 위로 자태를 드러난 알프스는 말 그대로 천상의 경치다.

캐나다 밴프에 있는 설퍼 마운틴보다 두 배는 더 높은 듯 하다. 아찔하다. 5000m 정상까지 올라보는 것은 처음이다. 순간 머리가 어지럽고 귀가 멍멍해진다. 고산증인가? 잠시 안정을 취했다. 역시 알프스산맥을 오르는 게 보통은 아니다. 오후에는 몽탕베랑 산악열차를 타고 메르디 글라스 즉 빙하계곡 탐험을 한다. 얼음동굴이다. 산악 열차를 타고 다시 케이블카 타고 내려가 또 계단을 걸어 내려가는 코스다. 체력이 약하신 분은 추천하지 않는다. 절벽에 설치된 수많은 계단을 통해 얼음동굴까지 내려가는 데에 족히 삼십 분이 걸린다. 땀이 절로 흐른다. 동굴에 들어가니 서늘하다. 돌아올 때는 계단이 이다지도 많았는지 몰랐다. 힘에 겨워 발걸음이 잘 안 떨어진다. 다시 땀으로 젖는다. 알프스는 흔히 스위스 영토로 알고 있지만 사실은 다르다. 스위스 프랑스 이탈리아 오스트리아 4개국에 걸쳐 있다. 갑자기 한 가지 의문이 든다. 왜 록키산맥은 스위스와 같이 관광개발을 하지 않을까? 환경보호 때문일까?

오후에 바로 스위스 제네바로 향한다. 유럽에서도 스위스는 중립국에다 유러존에 가입하지 않아 독자적으로 프랑을 사용한다. 물가가 살인적이다. 스위스하면 칼, 초컬릿, 용병, 적십자 등이 유명하다. 제네바 대학교 후문 바스티용 공원에 도착하여 종교개혁가인 파렐, 칼뱅, 베제, 녹스의 리포메이션 월(종교개혁가 동상)을 찾는다. 10미터 동상(Reformation Wall) 앞에 서서 묵상에 잠겨본다. 구석에 벌거벗은 다윗이 골리앗의 머리를 발로 밟고 있는 동상이 있다. 어떤 의미일까? 교정을 걸으며 종교개혁의 의미를 되새겨 본다.

개신교의 로마로 알려진 제네바. 칼뱅은 프랑스태생이다. 칼뱅은 종교개혁에 지지를 하다가 목숨을 부지하기 위해 스위스로 피신했다. 그는 바렐에서 〈기독교강요〉를 쓰고 학문과 저술에 소명을 갖고 조용한 곳에서 살기를 원했다. 그래서 스트라스부르라로 가는 도중에 제네바에 들렸을 때 기욤 파렐을 만났다. 종교개혁에 동참하지 않으면 저주를 받을 것이라는 그의 말에 찔림을 받아 제네바에 주저앉아 종교개혁에 나서게 된다.

칼뱅에 대한 일부 부정적인 평가도 있지만 대체로 루터 쯔빙글리와 더불어 종교개혁을 완성한 개혁주의 신학자로 인정하고 있다. 그의 전통을 따르는 이론을 칼빈주의 또는 개혁주의라 부르고 〈기독교 강요〉라는 저서가 유명하다. 제네바 대학교 바스티용 광장이 지금은 시민의 휴식처로 이용되고 있다. 칼뱅의 제자 녹스는 스코틀랜드로 건너가 개혁주의를 태동시켰다. 파렐은 칼뱅의 동료로 제네바로 부른 장본인이었고 베자는 칼뱅의 후계자로서 제네바 대학의 총장이 되었다.

제네바는 애초 자유스러운 분위기의 도시였다. 그러나 칼뱅은 타락한 도시를 재건하기 위해 강력한 도덕 규범과 신앙 훈련을 요구했다. "예를 들면, 춤, 도박, 주정, 술집 출입의 횟수, 방종, 사치, 접대 행위, 지나치게 화려하거나 분수에 넘치는 의복 착용, 음란하거나 비신앙적인 노래 등에 금지, 혹은 비난, 구금형을 가하였다…. 주민들의 교회 참석 여부를 감독하는 사람이 파견되었으며, 교회법원의 사람들이 가정을 1년에 한 차례씩 찾아가서 신앙상태를 점검 하였다. 이상과 같은 엄격한 규율은 네덜란드와 스코틀랜드, 그리고 영국의 퓨리턴 등에 그 전통이 이어지고 있다."

종교개혁자 칼뱅은 가톨릭교회의 가르침을 상당 부분 개혁하였다. "그는 미사를 폐지하였고, 교회제도를 장로제도로 바꾸었으며, 교회의 성 미술을 우상이라며 배척하고 파괴하였다." 유럽 전역으로 확대된 종교개혁은 개혁주의 또는 칼뱅주의로 불린다. 칼뱅주의의 핵심 다섯 가지 주장은 칼뱅이 만든 것은 아니고 훗날 개혁주의에 반대하는 알미니안주의자들의 이론에 반박하기 위해 도르트 총회에서 정해진 것이다. 다섯 가지는 "전적 타락, 무조건적 선택, 제한 속죄, 불가항력적 은혜, 성도의 견인"이다.

다음 날 오전에 제네바 대학교 교정을 가로질러 생 피에르 교회로 향한다. 제네바 대학교의 리포메이션 월(Reformation Wall) 과 더불어 제네바에 오면 꼭 봐야 할 명소. 바로 생 피에르 교회(성 베드로)다. 장 칼뱅이 시무하며 설교했던 교회다. 그가 앉았던 의자도 보인다. 스테인드 글라스는 카톨릭의 흔적이지만 근사하다. 정면의 모습이 대영박물관과 비슷해 보인다. 홈리스 한 명이 구석에 앉아 있다.

교회 지하로 들어가는 고고학 박물관이 있는데 생각보다 규모가 컸다. 오디오 영어로 가이드 들르며 곳곳을 둘러보았다. 터키에서 보았던 지하 도시 데린구유가 생각났다. 우물. 세례터. 예배. 공동터전. 가르치던 현장. 토기와 사람의 뼈 등 다양한 유적의 현장을 둘러보았다. 신앙을 지키기 위해 죽어간 영혼들에 대해 침묵의기도를 드린다. 다시한번 주님이 내게 주신 사명을 되새겨본다. "사명"이라는 노래와 함께.

● 키 포인트:
칼뱅(영어로는 칼빈)이 하나님의 도성으로 만들려고 했던 제네바
칼빈주의, 개혁주의, 〈기독교 강요〉, 리포메이션 월(종교개혁가 동상), 고고학 박물관(지하에 위치한 카타콤), 성피에르 교회(칼빈의 의자), 제네바 대학교정, 제네바 호수.

사명

주님이 홀로 가신 그 길 나도 따라가오
모든 물과 피를 흘리신 그 길을 나도 가오
험한 산도 나는 괜찮소 바다 끝이라도 나는 괜찮소
죽어가는 저들을 위해 나를 버리길 바라오
아버지 나를 보내주오 나는 달려가겠소
목숨도 아끼지 않겠소 나를 보내주오
세상이 나를 미워해도 나는 사랑하겠소
세상을 구원한 십자가 나도 따라가오
생명을 버리면서까지 나를 사랑한 당신
이 작은 나를 받아주오 나도 사랑하오

쯔빙글리, 블링거(취리히)
Zwingli and Blinger (Zurich)

세계는 한 권의 책이다.
여행하지 않는 사람은 그 책의 한 페이지만 읽는 것과 같다. 〈아우구스타누스〉

독일 보름스와 하이델베르크에서 마틴 루터의 종교개혁 흔적을, 스위스 제네바에서 장 칼뱅과 존 낙스의 흔적을 돌아본 후 세 번째로 취리히에서는 쯔빙글리와 블링거의 흔적을 돌아보고자 한다. 루터울리히 쯔빙글리는 취리히 토겐부르그에서 농사를 지었지만 부유한 집안 출신이었다. 그는 언어에 재능이 뛰어나 그리스어와 히브리어 원문 성경을 읽었다. 마리냐노 전투와 흑사병에서 살아남은 후, 그는 성경이 가장 중요한 종교적 도구라고 생각했다. 그는 1519년 취리히의 교회에서 개혁을 실행했고 개신교를 설립했다. 쯔빙글리는 이미지, 유물 경배에 반대하는 설교를 했고 독신주의와 성체를 반대했다.

1523년 취리히 시의회에서 열린 공개토론은 가톨릭 교회측을 곤경에 빠뜨렸다. 회중 가운데 한 사람은 교황의 특사에게 왜 성경적인 근거가 없는데 왜 결혼한 사제들을 감옥에 보내느냐고 물었다. 이에 대해 특사가 '독신주의'가 성경에 있다고 주장하자, 쯔빙글리가 '성경의 장과 절을 대라'고 응수하였다. 결국 토론회는 쯔빙글리의 승리로 끝나게 되었다. 공개토론을 통해서 시민들은 참된 종교와 그릇된 종교를 분별할 수 있게 되었다. 시의회는 쯔빙글리와 그의 설교를 합법적으로 인정하고 사제들에게 쯔빙글리의 가르침을 따르되 반드시 성경에 근거한 것만 설교하도록 명하였다. 쯔빙글리는 성경만이 최종적인 권위를 갖는다는 전제에 근거하여, 신조의 초반 15개 조항에 복음의 본질, 중보자 그리스도, 교회의 의미에 대하여 설명하고, 후반에서는 교황, 미사, 면죄부, 고해성사 등 가톨릭 교회의 관행을 비판하였다.

1529년 10월 1일 헤센의 영주 필립이 로마 가톨릭교회의 탄압에 맞서 개신교 연맹을 조직하고 교회 연합을 추진하기 위해 독일과 스위스의 종교개혁가들을 그의 영지에 초대하였다. 쯔빙글리는 여기에서 루터에게서 신학적 도움을 받았다. 그러나 성찬에 대한 문제에 서로 견해가 달라 합의를 보지 못하였다. 쯔빙글리는 그리스도가 이 지구상에 계신 것이 아니라 하늘에 계시므로 그 분이 떡과 함께 있다는 것은 미신이며, 그리스도인은 성찬을 통해 그리스도와의 영적인 교제를 가질 뿐이므로 단지 상징일 뿐이라고 주장하였다.

파킹을 하고 나서 쯔빙글리가 시무했던 그로스문스터 교회를 찾아 나섰다. 골목길로 들어서니 기념품 샵들이 즐비했다. 거대한 출입문이 성경의 내용으로 새겨진 동판이 열기도 무겁고 독특했다. 스테인드 글라스마다 예수 그리스도와 성경 구절이 새겨져 있었다. 두 개의 돔 탑이 독특했다. 전망대에 올라 취리히 시내 뷰를 보려고 했으나 다섯시에 문을 닫아 아깝게 보지 못했다. 시계를 보니 5:35분이었다. 맞은 편에 위치한 프라우다 교회와 고즈막한 경치를 자랑하는 강가를 돌아보았다. 쯔빙글리는 직설적인 개혁으로 적이 많았다. 아쉽게도 그는 개혁을 마무리하지 못하고 47세의 나이로 카톨릭과의 전투에서 숨지고 말았다. 그러나 그는 취리히의 하인리히 블링거와 제네바의 칼뱅 등에게 종교개혁의 바톤을 넘겨주었다.

취리히에서는 블링거를 빠뜨릴 수 없다. 하인리히 블링거는 쯔빙글리의 후계자다. 쯔빙글리가 용장이라면 블링거는 덕장이다. 그는 루터 칼빈 쯔빙글리에 비해 덜 알려졌지만 그의 영향력은 결코 뒤지지 않는다. 그는 가정에 헌신적이었고 온유한 목회자로 수많은 이들에게 상담을 통해 위로하고 도시에 전염병이 돌았을 때도 퇴치에 앞장섰다. 그는 전염병으로 아내와 세 딸과 처남을 잃고 자신도 죽을 고비를 넘겼다. 그는 그의 적은 수입에도 불구하고 고아 과부 이방인 망명자들에게 아무 조건 없이 대접하고 음식과 의복 등을 제공했다. 그 결과 베자는 "모든 기독교 교회들을 돌보는 만인의 목자"라 했고, 펠리칸은 "하나님의 영광과 영혼 구제를 위해 하늘로부터 은사를 풍성하게 받은 하나님의 사람"이라 평했다.

임종 직전에 도시의 지인들을 자신의 병상에 불러들여 자신이 참되고 사도적이고 정통적인 교리를 끝까지 고수했음을 밝히고, 사도신경을 암송한 후, 그들에게 성결한 삶을 살고 동료들과 조화를 이루고 세속 권력자에게 순종을 당부했다. 그리고 방종, 질투, 미움에 빠지지 말 것, 친절에 감사하고 자신의 사랑을 전하며, 감사의 기도와 찬송 몇 소절을 부르고 끝을 맺었다. 1575년 9월 17일 몇 편의 시편(51, 16, 42), 주기도문을 암송한 다음 가족들이 지켜보는 가운데 평화롭게 죽음을 맞이하였다.

제네바와 취리히는 도시 규모에 비해 국제도시로 알려져 있고 제법 복잡한 도시다. 페스탈로찌 공원 및 골목 곳곳을 둘러보는데 아담하고 짜임새가 있어 보인다.   종교개혁의 후광을 입은 도시들이 지금은 세속에 젖어 신앙의 명맥을 잊지 못함이 아쉬울 뿐이다.

다하우 수용소(뮌헨)
Dachau Concentration Camp (in Munich)

인생은 짧고 세상은 넓다.
세상탐험은 빨리 시작하는 것이 좋다. 〈사이먼 레이본〉

뮌헨은 최초 예정된 여행 일정에서 빠져 있었다. 그러다 퓌센에서 짤츠부르크로 가는 중간에 위치한 뮌헨 정보를 써칭하면서 이곳을 추가했다. 다하우(다차우) 강제수용소가 있다는 이유로 말이다. 뮌헨(뮌첸, 뮌히)은 독일 남쪽 지방에서 가장 큰 도시다. 독일 전체로도 베르린, 함부르크에 이어 3번째 큰 도시다. 약 142만명이 살고 있고 1972년에 뮌헨 올림픽도 열렸다. 마리안 광장을 중심으로 프라우엔 교회, 시청사, 레지던츠 박물관, 피나코텍 미술관 등이 볼만했다. 님펜부르크 궁전과 BMW 박물관, 올림픽 공원, 영국 정원 등은 건너 뛰었다.

시청사 시계탑에서 인형극 공연에는 벌떼처럼 사람들이 몰려 들었다. 유럽 도시의 시계탑 공연 중 최고의 구경거리를 제공한다. 레지던츠 박물관은 죽기 전에 반드시 봐야 할 곳이라고 해서 관람을 했는데, 생각보다는 아니었다. 이미 대영박물관, 루브르 박물관, 스미소니언 박물관 등을 보았기 때문일까? 오히려 노이에 피나코텍 미술관에서 밀레, 고흐, 세잔, 모네, 마네, 로댕, 고갱, 르노와르 등 인상파 화가들의 그림을 감상할 수 있어 좋았다. 세 개의 피나코택 미술관 중 고전, 근대, 현대 화가들의 그림을 취향대로 골라 감상이 가능하다. 전반적으로 날씨가 더워서(무려 33도) 걸어 다니는 자체가 힘들었다. 파김치가 되었다. 출퇴근시는 물론 평상시에도 독일 사람들은 자전거를 많이 타고 다닌다. 특히 짧은 치마나 정장 차림에도 자전거를 타고 다니는 여자들이 신기했다.

일단 다하우 수용소는 뮌헨 북쪽으로 조금 떨어져 있다. 지피에스로 손쉽게 찾아갈 수 있었다. 무엇보다 다하우 수용소는 입장료가 공짜다. 독일의 치부라고 할 수 있는 이곳을 잘 정비(?)해서 관광객들에게 공개하는 독일도 다르게 보였다. 때로는 감추는 것보다 공개적으로 사과하고 다시는 부끄러운 일을 되풀이 하지 않는 게 중요하다. 독일 사람들은 확실히 일본 사람보다는 과거사 구명이나 사과 배상에 적극적이고 솔직했다. "다시는 과거를 잊지 말자!"는 문구가 베를린 시내에도 걸려 있다. 우리도 일제시대와 6.25를 잊지 말고 반면교사 삼아야 할 것이다.

다하우 수용소는 1933년 6월 세워진 나찌 독일 최초의 수용소다. 처음에는 사상범들이 많이 갇혔으나 나중에는 유대인들도 많이 수용했다. 폴란드의 악명 높은 아우슈비츠 수용소(오랜 기간 각국에서 열차를 타고 지친 상태에서 도착한 유대인들에게 샤워를 하고 커피를 맛볼 수 있다고 들여보낸 후 독가스로 집단 질식사 시켰다. 주로 노동력이 없다고 판단되는 아이들이나 여자, 노인들이 주 대상이었다) 보다는 덜 유명하지만 이곳 다하우 수용소는 한번 들어오면 다시는 나갈 수 없는 곳이었다. 최소 30개국 20만 명 이상의 죄수들이 수용되었는데 유대인이 1/3이었다. 여기에서 질병 등 여러 이유로 2만 5천명 이상의 사람들이 죽었다. 미군이 수용소를 인수할 때도 열차 칸마다 시체들이 100구씩 발견되었다.

다하우 수용소(독일어로 Konzentrationslager (KZ) Dachau) 정문을 들어가면 이런 문구가 새겨져 있다. "노동이 자유롭게 하리라." 정말 그랬을까? 한번 들어가면 다시는 살아나올 수 없는 곳이었는데. 32여 개의 막사 중 개방된 곳을 들러보았다. 3층 침대에 모든 게 공동으로 사용할 수 있도록 설계되었다. 수용자들의 사용했던 침대, 그릇, 용구들도 보였고 더불어 잘 먹지 못해 영양실조와 티푸스에 걸리고 대부분 뼈만 남은 채로 발견된 사람들이 대부분이었다. 수용소는 크게 두 개 지역으로 나뉜다. 수용소(막사, KZ)지역과 화장터(소각장)다. 수용소 막사는 총 32개였다. 주로 사상범이었고 그 중에서도 반체제적인 개신교 목사들과 의학실험대상자들이 포함되어 있었다. 카톨릭 사제들도 3천여 명 수용되었다고 후에 밝혀졌다. 전기철조망과 7개의 감시탑이 있었고 탈출하다가 잡히면 즉결 처형되었다. 심지어 포로생활을 견디다 못해 전기철조망으로 다가가 자살하는 경우도 있었다.

해방 후 아이젠하워 장군은 이곳에 20곳의 막사(캠프 한 곳당 1600명 수용)에 약 32,000명이 수용되어 있다고 밝혔다. 실제는 250명 수용하도록 설계되었는데 1600명이 수용되었다니 상상하기 어려울 정도다. 음식이나 물이 거의 떨어져 수용자들이 발견될 시 대부분 영양실조였다고 한다. 위생시설도 취약하고 발진티푸스로 많이 죽었다. 노동력 착취는 물론 얼마나 인간 이하의 취급을 받았었는지 알 수 있다. 또 다른 곳은 희생자들을 위한 기념탑과 교회도 세워져 있었다. 잠시 그들을 위한 기도를 드렸다. 워싱톤의 홀로코스트 뮤지엄을 볼 때와 또 다른 느낌이다. 더 마음이 아팠다.

이곳에 강제 수용된 사람들 중 빅터 프랭클 신경정신과 의사, 카를 라이스너 카톨릭 사제와 마르틴 니뮐러 개신교 신학자, 노벨 물리학상 수상자인 조르즈 사르파크, 프란츠 할더 전 육군 참모총장, 아론 밀러 랍비, 시의회 의원, 법률가, 프랑스 장군, 저널리스트, 히틀러 암살 가담자 등이 있었다. 소각장 밖에 세워진 표지판에는 "우리가 어떻게 죽었는지 생각해 보라."는 문구가 새겨져 있다. 유대인 남자 3백만, 여자 2백만, 아이들 1백만 도합 600만 명이 죽었다. 물론 프랑스, 소련군 등 많은 유럽인들도 희생을 당했지만 유대인만큼은 아니었다.

오스트리아의 심리학자이자 홀로코스트의 생존자인 빅터 프랭클은 아우슈비츠 수용소에서 깨진 유리 조각을 주워 매일 아침 면도를 했고 감옥에서도 살아 남았다. 희망이 최고의 선물이다. 빅터 프랭클은 '인간이 존재하기 위해서는 의미를 갖는다'고 했다. 그는 프로이트, 아들러에 이어 "의미치료"라는 제3정신요법을 창시했다. 그는 수용소의 사람들을 면밀히 관찰한 결과 다음과 같이 말했다.
"인간이 살아가는데 문제가 되는 것은 자신을 기다리는 운명이 아니라 그 운명을 받아들이는 방법이다."
"미래를 보아야 살 수 있는 것인 인간의 특성이다."
"고통이 아무리 크더라도 의미를 찾아낸다면 이겨낼 수 있다."
"삶의 의미를 찾지 못한 사람들은 삶을 쉽게 포기하거나, 짐승과 같이 행동하거나, 완전히 폐인이 되어버리곤 했다."

처참한 수용소
다시는 과거를 잊지말자.
고통이 없는 삶은 존재하지 않는다.
사람은 미래(희망)를 먹고 사는 동물이다.
어느 누구에게라도 의미없는 삶은 없다.

이것을 너희에게 이름은 너희로 내안에서 평안을 누리게 하려함이라
너희가 세상에서는 환난을 당하나 담대하라 내가 세상을 이기었노라. (요 6:33)

위클리프와 얀 후스(체코)
John Wycliffe and Jan Hus (Prague)

익숙한 삶에서 벗어나
현지인들과 만나는 여행은 생각의 근육을 단련하는 비법이다.
〈이노우에 히로유키〉

체코 타보르는 프라하에서 1시간 정도 소요된다. 타보르는 얀 후스의 박물관과 지하동굴(카타콤) 성당(피에타) 얀 지누카 장군의 동상 등 후스의 종교개혁과 관련 프라하보다 훨씬 둘러볼 게 많다. 후스의 친구 제롬도 카톨릭을 거부하고 화형을 당했다.

무엇보다 타보르는 애꾸눈 지누카 장군이 유명인이다. 지누카는 카톨릭과의 전투에서 적은 병력, 농민들, 농기구만을 가지고 신출귀몰한 전략으로 연전연승하여 한국의 이순신으로 불린다. 타보르 광장이나 후스 박물관에 가면 그의 모습을 쉽게 볼 수 있다. 박물관 규모가 생각보다 크다. 박물관 입구 지하 우측 계단으로 내려가는 카타콤은 가이드와 함께만 투어가 가능하다. 그들이 살았던 생생한 현장을 약12km 촘촘히 뻗어 내려간 동굴 길을 따라 걸으며 설명을 들었다. 밖으로 나오니 박물관 옆에 위치한 성당 앞에서 피에타가 보인다. 당시 카톨릭과의 전쟁에서 패퇴한 후스 파 지지자들은 거의 죽음을 당한 것으로 밝혀졌다.

얀 후스는 체코의 기독교신학자이자 종교개혁가였다. 루터 보다 100년 전에 탄생한 얀 후스, 얀 후스보다 100년 전에 나타난 위클리프는 모두 로마카톨릭을 비판하고 강하게 저항을 한 종교개혁가였다. 얀 후스는 성서를 유일한 권위로 인정하고 카톨릭의 부패와 개혁을 요구했다. 1411년 교황 요한 23세에게 파문을 당하고 콘스탄츠 공의회의 결정에 의해 1415년 화형에 처해졌다. 이후 그를 따르는 사람들을 후스파로 부르고 박해를 피해 난쪽 타보르에 모여 살았다. 일부는 헤른후트로 피신했다. 그의 사상을 계승한 사람들은 보헤미안 공동체를 만들고 이후 진젠도르프가 이들에게 자신의 땅인 헤른 후트를 개방하면서 모라비안교도 그리고 경건주의 운동으로 맥을 잇게 된다. 모라비안 교도의 신앙은 당시 웨슬리의 회심에도 영향을 주었다.

얀 후스는 영국의 개혁자였던 존 위클리프의 사상에 심취하고 훗날 마틴 루터에게 영향을 미친다. 영국의 철학자이자 신학자였던 위클리프는 세속 권력보다 우위에 있다고 하는 카톨릭의 부패와 권위를 비판하고 영국 전체의 1/3 소유를 보유하고도 세금을 내지 않는 것은 잘못이라며 이들의 토지를 모두 몰수해야 한다고 주장했다. 더불어 라틴어성경을 영어로 번역한 최초의 사람이 되었다. 위클리프는 수도원 폐지, 성상, 미사, 성찬을 배격했다. 위클리프는 교회론과 성만찬에 있어 후스에게 큰 영향을 주었다.

후스 역시 위클리프처럼 체코어로 신구약 성경을 번역하고 일반인들이 성경을 읽도록 중심 역할을 하였다. 더불어 카톨릭의 성직자들의 부패를 공격하였고 '머리카락이나 유물을 만지고 헌금을 하면 하나님의 은혜가 임한다'는 교리를 비판했다. 이후 위클리프와 후스는 교황에 의해 콘스탄츠 공회에서 이단으로 정죄되고 화형을 당했다. 그는 사형 직전 교황에 대한 비판을 철회하면 목숨을 살려주겠다고 제안을 받았지만 거절했다. 양심을 거스르니 차라리 한 줌의 재를 선택했다. 후스는 체코어로 "거위"라는 뜻이다. 마지막 그의 남긴 말이다.

"오늘 당신들은 볼품없는 한 마리의 거위를 불에 태우지만 100년이 흐른 뒤엔 영원히 태울 수 없는 백조가 나타날 것이다. "

프라하는 세계적인 관광지로 각광을 받는 곳이다. 도시전체가 유네스코 유적지로 지정되어 있어 아름답게 느껴진다. 도시의 경관은 물론 체코 개혁가들의 신앙의 흔적을 엿볼 수 있기 때문이다. 프라하에서는 틴교회, 베들레헴교회, 얀 후스 동상이 볼거리다. 또한 〈프라하의 연인〉으로 유명해진 프라하의 성과 카를교 볼타강 야경도 놓칠 수 없다. 까를교는 사람만이 건너는 다리다. 중간중간에 거리의 악사는 물론 서커스를 선보이고 양쪽 다리건너로 보이는 바츨라프 광장, 틴교회, 프라하의 성 등이 눈과 귀를 즐겁게 해준다.

먼저 바츨라프 광장으로 가는 가운데 위치한 틴교회는 후스의 종교개혁을 가장 먼저 지지했던 교회로 성경대로 성만찬을 할 것을 강조한 도구를 전시해 놓았다. 후에 종교개혁이 실패로 돌아가자 카톨릭에서 마리아상으로 바꾸고 바로크 양식을 화려하게 치장해 버렸다. 두 번째 베들레헴 교회는 후스가 체코어로 설교를 했던 유일한 교회로 성도들에게 빵만 나누었던 기존의 관례를 깨고 포도주까지 직접 나누며 성만찬을 거행한 개혁교회의 상징으로 남아있다. 얀 밀리치가 사제로 있다가 카톨릭에 의해 사형을 당한 이 교회에서 후스는 거리의 창녀들에게 고해성사를 주관했고 나중에는 라틴어를 모르는 그들에게 체코어로 직접 설교 은혜를 끼쳤다.

세 번째로는 바츨라프 광장의 얀 후스 동상이다. 물론 시계탑이나 주위 경관 때문에 모르면 쉽게 지나칠 수도 있는 곳이다. 그 밑에 "서로 사랑하십시요, 그리고 모든 이들에게 진리를 요구하십시요. 나의 민족이요 부디 살아 남으십시요. 당신의 나라가 당신에게 돌아올 것입니다." 구절이 체코어로 적혀 있다. 더불어 광장 바닥에 그려져 있는 27개의 하얀 십자가다. 후스의 종교개혁을 지지하던 농민들이 타보르에서 배배한 후 1621년 27명의 귀족들이 화형을 당했다. 그들의 목을 잘라 카를교에 걸어 놓았다고 한다. 이들의 죽음을 기념하기 위해 구시청사 앞바닥에는 1621년이라는 날짜 표시와 27개의 하얀 십자가가 새겨져 있다.

체코의 종교개혁에 있어 얀 후스 외에 얀 밀리치, 얀 지누카, 얀 제롬를 잊지 말아야 한다. 비록 실패로 돌아간 종교개혁이었지만 훗날 체코 개혁교회는 후스에 의해 역사에 이름을 남기게 된다.

프라하에서 드레스덴까지는 약 세 시간, 다시 이곳에서 두 시간을 더 가야만 하는 헤른후트(젠젠도르프 백작이 중심이 된 모라비안 교도들의 공동체, 핍박을 피해 숨어 살았던 체코의 개신교도 마을)는 시간관계상 둘러 볼 수 없어서 아쉬었다. 대신에 드레스덴에서 만만 지인과 함께 루터동상, 성마리엔교회, 성당, 왕궁 등을 둘러보았다. 알고보니 드레스덴은 음대와 공대가 유명하고 한국의 경주(신라시대의 유적지)라고 불리는 곳이었다. 개혁주의의 숨결을 느껴보는 곳이었다.

앞서가는 사람은 언제나 외롭다.
앞서가는 사람은 언제나 힘들다.
앞서가는 사람은 때로는 오해를 받는다.
앞서가는 사람은 때로는 공격을 받는다.

영적 리더는 겸손, 존중, 배려가 있어야 한다.
영적 리더는 도울 자(협력자)가 필요하다.
영적 리더는 한발 앞서가야 한다.
영적 리더는 기도하는 사람이어야 한다.

진리를 사랑하고, 진리를 말하고, 진리를 행하라.
(얀 후스 동상에 새겨있는 글귀)

진리를 알지니 진리가 너희를 자유케 하리라. (요 8:32)

모라비안 공동체(헤른후트)
Moravian Community (Hernhut)

여행과 장소의 변화는 정신에 활력을 준다. 〈세네카〉

　모라비안을 얘기하려면 먼저 카톨릭과 신교간의 30년 전쟁을 언급해야 한다. 이 전쟁에서 유럽 인구의 1/2이 죽고 모든 것이 파괴됐다. 베스트팔렌 조약으로 카톨릭의 약화, 신교의 인정, 신성로마제국의 해체, 독일인구의 1/3~2/3 사망했다. 그리고 이후 체코의 보헤미안 모라비아 지역의 신교도들이 핍박을 받았다. 박해를 피해 독일의 작센주로 도피했다. 그곳에는 진젠도르프 백작의 영지가 있었다.

　진젠도르프 백작은 1700년 태어났다. 일찌기 〈경건의 소원〉을 쓴 슈패너의 만나 경건주의에 영향을 받게 된다. 루터파 교인으로 변호사 상담을 하면서 복음의 열정을 갖고 있었다. 그는 "나에게 한가지 열정이 있다면 그것은 예수님이시다, 바로 오직 예수이시다."라고 고백했다. 그는 정기적으로 묵상의 시간을 가졌고, 변호사 일을 하면서도 주일 마다 집회를 인도하며 주님만을 증거했다. 그는 다섯 살에 "자신을 위해 삶을 준분을 위해 살고 다른 사람들을 예수에게 인도할 것을" 결심했다.

　루터의 종교개혁 100년 전에 체코의 얀 후스는 카톨릭 교회지도자들의 부패를 비판하고 성서를 체코어로 번역하고 성경중심의 믿음을 주장하다가 파문을 당하고 화형을 당했다. 이후 후스의 사상을 이어받은 이들을 후스파, 형제단으로 부르다가 1722년 데이빗이 신앙의 박해를 피해 진젠도르프 백작의 영지로 왔다. 진젠도르프는 물론 그들을 환영했고 1727년 모라비안 교회가 탄생하게 된다.

모라비안 하면 떠오르는 게 경건주의, 존 웨슬리의 회심에 영향을 주었고 그들의 지도자가 진젠도르프 백작이라는 것이다. 그들은 루터나 칼빈은 자기 나라를 위해 일했지만 모라비안 교도들은 세계선교에 일찍 눈을 돌렸다. 개신교 선교의 아버지라 불리우는 윌리엄 캐리가 인도에 가기전에, 중국 선교의 아버지라 불리우는 허드슨 테일러가 중국으로 선교하러 떠나기 오래 전에 먼저 모라비안 교도들이 그곳에 들어가 있었다. 그들만의 깊은 영성과 폭넓은 선교는 당시 유럽교회가 200년 만에 해야 할 일을 모라비안 교회는 20년 동안 더 큰 일을 해내었다.

특히 웨슬리는 모리바인 교도와 밀접한 관련이 있다. 감리교의 창시자 웨슬리는 1736년 미국 조지아로 가는 배를 승선했다. 배가 풍랑을 만나파선 직전에 있자 모든 사람들이 두려워했다. 그러나 한 무리들은 아무런 동요없이 평온하게 찬양을 부르고 있었다. 그들이 바로 모라비안 교도들이었다. 웨슬리는 깊은 감명을 받는다. 이후 모라비안 교도들의 집회에 정기적으로 참여하며 그들의 경건과 묵상 선교에 대한 열정에 영향을 받았다. 그러나 나중에 그들의 지나친 경건주의와 성화에 대한 의견 차이로 갈라서게 된다. 어떻든간에 웨슬리 한 명의 회심이 엄청난 교회사적 역할을 하는데 모라비안 교도가 있었다는 것이다.

모라비안 교도들은 공동체 생활을 했다. 경건주의의 특징은 첫째, 성경으로 돌아가자. 둘째 성령의 조명으로. 셋째 거룩한 삶 추구였다. 모라비안 교도들은 선교중심, 교회연합, 자립을 강조했다. 그들은 24시간 기도생활을 했다. 성찬을 하다가 오순절 성령체험을 하기도 했다. 이곳을 헤른후트(주님의 망대 또는 주님의 지키심)라 불렀다. 약 200여명이 거주했다. 그들은 기술을 배웠고 공동체를 통해 저축을 했다. 그리고 이자로수많은 선교사를 후원하는데 사용했다.

모라비안 교도들이 지금도 헤른후트에 모여 예배를 드리며 거룩한 영성을 추구한다. 헤른 후트는 작센주의 드레스덴에서 약 두시간 거리에 위치해 있다. 모라비안 교도의 거룩한 영성, 세계선교에 대한 열정은 YWAM, GMP, WEC, OM선교회, CCC, 프론티어스, 위클리프 성경번역선교단체 등 수많은 단체와 교회들에게 영향을 미쳤다. 1930년까지 세계 14개국에 3,000 명 이상의 선교사를 파송했다. 모라비안 교회는 성도와선교사의 비율이 12:1이었다. 당시 유럽교회가 5,000:1이었고, 1987년 한국 교회도 13,600:1이었으니 모라비안 교도들의 선교에 대한 열정과복음화는 아무도 따라갈 수가 없을 정도다.

물론 정신적 지주였던 진젠도르프 백작의 사후 핍박도 사라지고 민주적인 리더쉽의 영향으로 그 영향력이 소멸되고 말지만. 모라비안 교도들, 그들은 성경중심이었고, 성령의 실제사역을 경험하고 땅끝까지 이르러 복음을 전하라는 주님의 말씀대로 세계선교의 열정을 가졌고 실제 전세계로 수많은 선교사를 파송했다. 아직도 그들의 영향력은 여전하다.

모라비안 교도(경건주의)들의 3대 특징은 지금도 유효하다.
〈성경으로 돌아가자〉, 〈성령으로 조명하자〉, 〈거룩한 삶을 추구한다〉.

마르틴 루터(비텐부르크)
Martin Luther (in Wittenburg)

여행과 변화를 사랑하는 사람은 생명을 가진 사람이다. 〈바그너〉

마틴 루터는 신부, 교수, 종교개혁가이다. 원래 아우그스티노회(어거스틴) 수사였던 그는 로마 카톨릭의 부패와 면죄부 판매 등 그 잘못을 지적하고 오직 믿음으로 의롭게 되는 '이신칭의'를 주장했다. 1517년 10월 31일 비텐부르크 성당에 95개조 반박문을 게재했다. 원래는 신학자들과 토론하기 위해 준비했던 것인데 구텐베르크의 인쇄술로 삽시간에 독일 전국으로 퍼져 나갔다. 이후 귀족은 물론 농민, 수녀, 사제들까지 루터의 종교개혁을 지지하고 나섰다. 이어 교황이 파견한 도미니크 수도회 수사인 요한 테첼과 맞섰지만 그는 물러서지 않았다. 로마 카톨릭의 비성경적 가르침을 거부하고 오직 성경의 권위만을 인정했다. 예전에 영국의 위클리프와 체코의 얀 후스도 그랬던 것처럼 말이다. 물론 위클리프와 후스는 화형을 당해 개혁은 실패로 돌아갔지만 루터의 경우 달랐다.

교황은 분노하여 칙사를 파견했다. 한편으로 루터를 위협하고, 한편으로 회유를 했지만 루터는 단호히 거부했다. 하이델 베르크와 라이프찌히에서 논쟁을 했지만 결론이 나지 않았다. 결국 1521년 독일 황제 카를 5세의 신변 보호 아래 보름스 의회에서 최종 변론을 가졌다. 친구들이 가지 말라고 만류했지만 루터는 담대하게 보름스 의회에 참석했다. 루터는 혹시 자신의 잘못을 인정하고 카톨릭의 전통(연옥교리, 고해성사, 면죄부 판매 거부)을 인정했더라면 좀 더 편안한 생활(교황이 추기경 제안)을 할 수 있었을지도 모른다. 그러나 루터는 교황의 제안을 끝까지 거부했다.

마틴 루터는 로마 카톨릭 교회의 부패와 잘못된 교황의 권위에 맞서 싸웠다. 카톨릭의교리와 전통을 거부하고 오직 성경의 권위만 인정하고 그리스도의 십자가 신학을 강조했다. 그는 오랫동안 성경을 연구하면서 바울의 신학을 통해 하나님의 의를 깨달았던 것이다. 이 주장은 "오직 믿음만으로, 오직 은혜만으로, 오직 성서만으로!"(sola fide, sola gracia, sola scriptura)라는 말로 함축된다. 사실 루터는 '스스로가 시작한 이 일을 종교개혁'으로 생각지 않았다. 그는 교수로, 성경 연구를 하는 설교가를 인정받기 원했다. 귀족과 농민의 지지를 얻어 시작된 종교개혁은 이후 농민반란 이후 루터는 정치적인 상황 때문인지 제후 편을 들고 농민들을 제압하기를 원했다.

루터는 1483년 독일 작센주 아이스레벤에서 태어나고 죽었다. 그의 아버지는 광산업에 종사했기 때문에 경제적으로는 부유한 편이었다. 어머니도 검소했고 아버지는 정직하고 양심적인 삶을 자녀들에게 보여 주었다. 아버지는 루터가 법률가가 되길 원했다. 루터가 친구와 함께 슈토테르하임에서 에르푸르트 대학교로 돌아가는 길이었다. 갑작스런 벼락에 친구가 죽음을 당했다. 루터는 놀라 "성안나여, 나를 도우소서, 신부가 되겠나이다."라는 서원을 했다. 이후 아버지의 반대에도 불구하고 그는 신학으로 진로를 바꾼다. 어거스틴 수도원에서 기도와 묵상을 통해 하나님의 뜻을 알고자 했다.

1511년-12년 어거스틴수도회 대표로 로마를 방문하고 여러 곳을 돌아보았다. 그는 로마 카톨릭 지도자들의 사치와 방종, 부패에 실망하고 말았다. 이후 대학에서 로마서를 강해하며 연구하다가 어느 날, 로마서 1:17절을 중심으로 깊은 깨달음을 얻었다. "오직 의인은 믿음으로 말미암아 살리라." 이것이 종교개혁의 기본핵심이었다.

보름스 국회가 열렸던 곳 그리고 비텐부르크 광장에 세워져 있는 루터와 멜랑히톤 등 종교개혁가들의 동상 앞에서 묵상을 해본다.
"아, 쉽지 않은 일이었을텐데."
"어찌 감히 교황, 추기경들과 대항을 할 용기가 있었을까?"
"루터는 자신의 당할 모든 불이익을 알고도 시작한 싸움일까?"
소신을 굽히지 않은 결과 루터는 사제로서 모든 성직과 지위를 박탈당했다.

루터가 사제 서품을 받았던 에르푸르트, 수도원 생활을 했던 어거스틴 수도원, 성경번역을 했던 바르트부르크 성, 교수 생활 및 종교개혁 일으켰던 비텐부르크 등을 돌아보았다. 마틴 루터 동상은 물론 루터하우스나 기념관도 볼만했다. 살례(할레)에는 음악의 어머니로 불리는 헨델 하우스를 방문했다. 이전의 괴테하우스나 모짜르트 하우스보다 훨씬 규모도 크고 시설이 현대적이다. 헨델은 아버지의 반대로 영국에서 음악활동을 했다. 독일은 당시 종교음악을 하고 있었고(국가적으로), 헨델은 오페라를 통해 출세와 돈을 원했기 때문이다. 헨델의 메시야는 너무나도 유명하다. 헨델의 "아베 마리아"를 음악 감상실에서 헤드폰을 끼고 들으며 감동에 빠져든다. 아이제나흐에는 루터 하우스와 바흐 하우스가 있다. 바흐의 생가와 하우스 또한 지금껏 본 것들 중 최고였다.

종교개혁은 갑자기 일어난 것이 아니다. 루터의 오랜 묵상과 깊은 성경 연구를 통해 밑바침이 되고 선제후, 멜랑히톤 등 지지 세력이 있었기 때문이다. 타협하지 않는 그의 용기와 믿음을 본받아야. 고단한 삶의 여정 속에서 어떤 선택을 해야 할까?

"누가 나를 위해 갈꼬"
"주여, 나를 보내소서!"

제로 그라운드
Zero Ground

여행은 그대에게 적어도 세가지의 유익함을 가져다 줄것이다.
하나는 타향에 대한 지식이고 다른 하나는 고향에대한 애착이며
마지막하나는 그대 자신에 대한 발견이다. <브하그완>

 '뉴욕 이즈 어메리카. 어메리카 이즈 뉴욕.' 미국의 자랑이라 일컫는 뉴욕의 월드 트레이드 센타가 테러의 공격으로 무너졌다. 2001년 9월 11일. 아침에 CNN브레이킹 뉴스를 보다가 깜짝 놀랐다. 비행기 자폭 테러로 인해 국방부인 펜타곤까지 당해 미국은 물론 세계가 충격에 빠졌었다. 킬링필드나 홀로코스트와는 또 다른 상황같아 보이지만 무고한 인명을 상대로 무차별 공격한 것은 인간으로서 할 일이 아니다.

 당시 월드트레이드센타는 쌍둥이 빌딩으로 1200개 기업과 5만 여명의 직원이 상주하고 있었다. 9.11 테러 당시에는 3만 4천 여명이 근무하고 있었는데 쌍둥이 빌딩 폭파로 인해 무려 3천 여명의 사람이 사망했다. 특별히 뉴욕의 소방관들 300여명이 인명 구조 활동을 벌이다가 그대로 목숨을 잃었다. 얼마나 안타까운 일인가? 가족들이 평생 마음에 품어야 할 고통과 아픔은 어찌하리. 세월호 사건으로 인해 안타깝게 목숨을 잃은 300여 명은 물론 그 가족들의 눈물은 누가 닦아줄까? 몇 년 전 한국 방문 시에 광화문을 지나갔다. 마침 세월호 희생자를 위한 공간이 광화문 네거리에 설치

되어 있었다. 희생자들 관련 사진 및 편지를 들러보고 마지막으로 분향소에서 아픈 추억을 되새겨본 적이 있었다.

마침 뉴욕에 컨퍼런스가 있어 참석했다가 시간을 내어 9.11메모리얼 파크와 메모리얼 뮤지엄을 방문했다. 월드트레이드센타가 무너진 현장을 그라운드 제로라고 부른다. '그라운드 제로'의 원 뜻은 무엇일까? '원폭이나 지진의 진앙지'를 말하지만 요즘은 '9.11 테러의 현장'을 뜻하는 용어가 돼 버렸다. 월드트레이드센타 건물이 붕괴되면서 주위에 다 피해를 입었는데 유독히 살아남은 한 그루 나무가 있었다. 당시 피해로 밑 둥만 남았는데 잘 관리를 해주어 지금은 90인치까지 무성하게 자라났다. 더불어 400그루의 참나무를 심어 메모리얼 파크를 조성했다. 이곳엔 두 개의 큰 풀이 있다. 사우쓰 풀, 노우쓰 풀, 가운데 메모리얼 뮤지엄이 위치한다. 희생자 2982명의 이름이 거대한 풀 즉 사각형 모양의 담벼락 위에 아로새겨져 있었다. 간간히 노랑 장미꽃도 놓여져 있었다.

각 풀 마다 다시 지하로 내려가는 거대한 폭포가 조성되어 이곳을 방문한 사람들이 희생자들의 눈물이라는 것을 깨닫게 해준다. 폭포의 면적은 약 1220평, 1분에 약1만 1400리터의 양을 아래로 내려 보낸다. 이곳 메모리얼 파크(기념공원)를 설계한 사람은 이스라엘 출신의 마이클 아라드다. 그는 국제공모전에서 5,200:1의 경쟁률을 뚫고 그의 샘플이 당선되었다. 당시만 해도 미국 비자도 만료되고 실업자 상태였다. 그가 제출한 제목은 〈부재의 반추(Reflecting Absense)〉로 의도가 있는 침묵, 목적을 가진 공백을 만들고 싶었다고 말한다. 더불어 양쪽 거대한 폭포 사이에 있는 메모리얼 기념관은 당시 처참한 현장의 잔재와 흔적 그리고 희생자와 가족들의 사진, 편지, 육성이 담긴 비디오 등이 곳곳마다 구비되어 있어 이곳을 방문한 사람들은 눈물을 흘리며 희생자들을 추모한다. 역사를 잊지 말자.

사람은 왜 이리도 잔혹할까? 하나님께서는 왜 그렇게 비극적인 상황을 허락하시는 것일까? 어떠한 질문을 던져도 답은 없다. 아니 하나님은 다 알고 계시면서 인간에게 허락한 자유의지대로 하게 내버려 두신다. 아, 고통스럽다. 전쟁 지진 기근 테러 등으로 인해 죽은 사람들 그리고 살아남은 사람들이 겪어야 할 아픔과 비통함. 워싱톤에 있는 알링톤 국립묘지를 방문했다. 그곳에서 1,2차 세계대전, 6.25전쟁, 베트남 전쟁, 그리고 9.11 테러로 인해 목숨을 잃은 사람들의 묘소와 비석을 둘러보았다. 죽은 자는 말이 없다. 그러나 살아남은 이들의 고통은 누가 위로해 줄 것인가? 욥의 경우처럼 아무런 이유 없이 당하는 고통은 심히 외롭고 극한적이다. 어떠한 말로도 어떠한 경제적 보상으로도 그 사람의 상처를 아물게 하지 못한다.

비행기에서 또는 월드트레이드 센터에 있는 건물에서 미처 빠져 나오지 못한 사람들의 메시지가 나중에 공개 되었다. 죽기 전에 가장 많이 했던 단어들이다.

"사랑해(I love you!)".

"지금 상황이 안 좋아. 살아남을 가능성이 없을 것 같아. 당신을 만나 행복했었어. 잘 살아. 정말 사랑해!"

내가 사랑하는 사람이 지금 옆에 있는가? 가장 행복한 사람은 누구인가? 현재 옆에 있는 사람이다. 그 사람은 배우자 일 수도 있고 가족일 수도 있다. 때로는 친구일 수도 있다. 사건 당시 월드트레이드센터 84층에 출근해 회의를 하고 있었던 한국인은 비행기 폭격을 당한 후에 간신히 빠져 나왔다. 이후 트라우마로 '회사를 뉴욕에서 홍콩으로 옮기고 가족들과의 시간을 갖기 위해 주말 출장은 절대 가지 않는다'고 했다.

마지막으로 9.11 테러 시 순직한 300여 명이 넘는 소방관 그리고 그 유가족들에게 감사와 위로를 전하고 싶다. 3천여 명의 희생자 중 1/10이 넘는 수치다. 미국에서 가장 존경 받는 직업이 과연 무엇일까? 2007년 통계에 의하면 소방관 과학자 교사 의사 군인 간호사 경찰관 성직자 농부 엔지니어 순이었다. 한국에서 2015년 초등학생 대상으로 꼭 필요한 직업이 무엇이냐는 질문에 '소방관과 경찰관'이라고 답변했지만 무엇이 되고 싶냐는 질문에서는 '연예인과 운동선수'라고 답했다. 미국 캐나다에서는 소방관이 부동의 1순위다. 슈퍼 히어로다. 가장 존경을 받기도 하지만 보수도 괜찮은 편이다. 9.11 테러에서 자신을 희생한 소방관들이 북미에서 존경을 받는 이유다.

남을 위해 자기를 희생한 사람을 의인이라 부른다. 즉 이수현, 안수현 씨처럼. 월드트레이드센타에서 희생한 300여명의 소방관들처럼. 이 천년 전에 예수님도 나의 구원을 위해 이 땅에 오셨고 죽으셨다. 도스토예프스키가 마지막에 집필한 소설 〈카라마조프 씨네 형제들〉에 인용된 말이 9.11 메모리얼 기념관을 나서며 깊은 울림을 준다. "한 알의 밀 알이 땅에 떨어져 죽지 아니하면 그대로 남고 죽으면 많은 열매를 맺느니라." 호랑이는 가죽을 남기고 사람은 이름을 남긴다는데, 나는 무엇을 남길 것인가?

속도보다 방향이다.
사람은 떠난 자리가 아름다워야 한다.
웰빙(잘 사는 것, 풍요로운 삶)보다 웰다잉(잘 죽는 것)다.

한 알의 밀 알이 땅에 떨어져 죽지 아니하면 그대로 남고 죽으면 많은 열매를 맺느니라. (요 12:24)

홀로코스트 메모리얼 기념관에서(워싱톤)
Holocaust Memorial Museum (Washington D.C.)

행복하게 여행하려면 가볍게 여행해야 한다. 〈생텍쥐페〉
여행은 언제나 돈의 문제가 아니고 용기의 문제다. 〈파울로 코엘료〉

　어떤 사회학자가 인생을 유익하게 보내려면 다음 세 가지가 필요하다고 했다. "여행. 운동. 만남." 필자는 여기에다 독서(책 읽기)를 하나 추가해 보고 싶다. 평소에도 책을 끼고 산다. 여행을 하는 비행기 안에서 또는 숙소에서 짬을 이용해 큰 방해 없이 독서를 할 수 있다. 이번에도 책 세 권을 갖고 갔는데 두 권을 읽었다. 바로 〈창〉, 〈누가 죄를 상관없다 하는가〉였다.

　워싱톤에서 가장 보고 싶었던 곳은 링컨 기념관과 홀로코스트 박물관이었다. 역시 실망시키지 않는다. 숙소에서 다운타운까지 메트로를 탔다. 함께 간 아들이 아빠보다 길을 더 잘 찾는다. 아들 뒤만 따라 다녔다. 워싱톤은 런던과 같이 모든 박물관이 입장료를 받지 않는다. 한마디로 공짜다. 얼마나 감사한지. 링컨 기념관을 먼저 둘러 본 후 홀로코스트 뮤지엄으로 발길을 향했다. 마침 내셔날 벚꽃 축제기간이라 발디딜 틈조차 없을 정도로 사람이 많았다. 아름답게 펼쳐진 넓디 넓은 호수가를 따라 벚꽃 감상을 하면서 목적지에 도착했다. 학생들, 가족 단위 등 단체로 온 사람들로 가득 찼다. 입구를 통과할 때 모든 가방 등 모든 소지품을 꺼내어 엑스레이 검사를 한다.

미국의 모든 빌딩은 테러 때문에 이런 검사가 일반적이다. 스미소니언 박물관 등 모든 박물관 입장할 때도 엑스레이 통과는 기본이다. 그리 오래 걸리지는 않는다. 1993년4월 21일 오픈한 홀로코스트 메모리얼 기념관. 아이러니하게도 미국 원주민들이 홀로코스트 기념관 건립 시에 가장 거세게 반대를 했다고 한다. 그 땅을 빼앗긴 상처와 고통은 북미주 원주민들도 역시 다르지 않았을 것이라 생각한다.

홀로 코스트 뮤지엄에서 첫번째 "다니엘의 일기." 방을 들어섰다. 엄마와 여동생은 헤어진 후 죽었다. 아빠와 게토(임시 수용소)에 갇혀 지냈던 일들을 꼼꼼히 일기처럼 기록한 내용들이 아이의 소품, 어린 시절의 방. 게토의 일상, 추억의 사진 등을 엿볼 수 있었다. 어린 아이가 겪어야 했던 그 고통과 아픔이 그대로 느껴진다. 이별 학대 배고픔 철조망 눈물.... 그렇다. 죽은 이보다 살아남은 이들의 고통이 훨씬 크다는 것을. 다니엘은 생생히 목격했고 증언하고 있었다.

2차세계대전 당시 유럽에서 유대인 인구는 900만이었다. 이 중 남자 300만, 여자 200만, 아이 100만 등 모두 600백만 명이 나찌에 의해 학살당했다. 유대인이라는 이유 하나로 하루 아침에 모든 재산을 빼앗기고 수용소로 보내져 대부분의 노약자 즉 아이, 여자, 노인, 장애인 등은 70%의 사람들이 가스실로 향하고 죽음을 당했다. 그때 총알도 아깝다고 여겨 치클론 B라는 독가스로 한꺼번에 1500명씩 죽였다고 한다. 치클론 B는 밀폐된 공간에서 방역을 하는 살충제였는데 우연하게 발견된 후 대학살이 이뤄진 것이다.

두 번째 이층으로 올라갔다. 나치에 의한 학살관련 살아남은 자들의 육성 증언 등 비디오 자료 및 조각 회화 자료들을 돌아본다. 킬링필드로 유명한 캄보디아 방도 따로 구성되어 있었다. 그 참혹한 학살의 현장. 역시 살아남은 사람들의 증언. 사진과 소지품이 전시되었다. "I want Justice." 큰 메시지가 눈에 띈다. 휴식을 취하면서 조용히 희생자들을 기리는 방도 있었다. 때로는 성경 구절도 눈에 띄었다.

우리나라 역시 일본에 의해 생체실험을 당했던 적이 있었다. 그 유명한 하얼빈, 만주의 731부대. 애초는 물 사정이 좋지 않아 급수부대를 창설했는데 이시이 시로가 지휘관으로 부임하면서 포로들을 대상으로 생체실험을 하는 부대로 바뀌었다. 더불어 생화학무기 개발도 병행하였다. 731부대에서 자행된 사건들은 그 만행이 너무 악랄해 아시아의 아우슈비츠라 불릴 정도다. 731부대 안에서는 아무런 인권이 없었고 탈출이나 소동을 일으킨 자는 즉시 생체실험 대상이 되었고 여기에는 여자, 아이 등 이유가 없었다.

731부대 에서는 전쟁이 끝날 때까지 운영이 되었는데 마지막에는 모든 포로들을 잔인하게 죽였다고 기록하고 있다. 물론 대부분의 희생자들은 중국인 이었고 만주 등지에 있던 조선인과 일부 외국인 포로도 생체실험에 포함되었다고 증언한다. 731부대는 생체실험대상을 마루타(일본어로 통나무)로 불렀다. 말 그대로 인간이 고통을 못 느끼는 통나무로 취급하면서 생체실험을 했다. 그래서 마루타는 실험대상 또는 실험에 의해 희생된 사람들을 뜻하는 말이 되었다.

세 번째. 3층으로 올랐다. 지하에서 4층 전시장까지 꽤 볼거리가 많았다. 일부 부쓰는 단체 관객들이 너무 많아 아쉽지만 스킵했다. 역사의 현장을 생생하게 기록해 놓은 기록물. 소지품. 그림. 조각들이 어울려 나찌의 학살 자행과 유대인들의 고통을 잘 깨닫게 해주었다. 우리나라도 병천에 독립 기념관과 용산에 전쟁 기념관이 있지만 이곳과 비교해 보면 기록들이 적은 편이다. 무엇보다 빅터 프랭클, 영화 "쉰들러 리스트"에 나오는 오스카 쉰들러의 사진과 약력 그리고 "안네 프랑크의 일기"로 널리 알려진 안네의 소지품과 관련 기록물이 잘 전시되어 있었다. 막내에게 그때마다 부연설명을 하려 하니... 막내의 대답 "I know(나도 알아)." 요즘 아이들이 너무도 똑똑하다.

영화〈쉰들러 리스트〉에 주인공 쉰들러가 등장한다. 유대인들이 수용소로 끌려가 죽음을 당할 때 이를 알고 한 사람이라도 구하려고 도와준 독일 출신 쉰들러. 그는 나치에 동조한 부패한 기업가로 호색한으로 알려졌으나 이유없이 죽어가는 유대인들을 보고 생각이 바뀐 것 같다. 독일군에게 하사 받은 군수공장을 통해 수많은 유대인들을 일꾼으로 데려와 보호하였다. 전쟁 말기에 아유슈비츠 수용소로 끌려갈 때에도 자신의 모든 재산을 털어 독일군에게 뇌물을 주면서까지 한 명의 유대인을 구하려 노력했다. 그 결과 약 1200명의 유대인들은 자신의 고향으로 무사히 돌아가게 되었다. 쉰들러는 유대인들에게는 영웅이요, 나찌 출신으로는 유일하게 예루살렘 시온산 묘지에 묻힌 인물이다.

안네 프랑크 가족 역시 미처 탈출을 하지 못했다. 공장을 이중 벽으로 만들어 이년간 여덟 명이 살다가 누군가(도와주었던 사람 중 하나)의 밀고로 전원 체포되어 수용수로 감금되었다. 이 중 대부분 수용소에서 죽고 안네의 아버지 오토 프랑크만 수용소에서 살아남아 딸의 일기장을 책으로 편찬하게 되었다. 인간이 인간이하의 대우를 받고 살다가 죽어간 비극의 역사에 마음이 무거워진다. 무언의 침묵으로 홀로코스트 기념관을 나선다.

이 땅에 악은 왜 존재하는 것일까?
왜 신은 사람들(우리)에게 이토록 큰 고통을 허락하시는 것일까?
하나님은 우리가 감당치 못할 시험을 주지 않는다.
하나님은 피할 길을 허락하시는 분이시다.

주신 자도 여호와시요 취하신 자도 여호와시오니 여호와의 이름이 찬송을 받으실찌니이다 하고 이 모든 일에 욥이 범죄하지 아니하고 하나님을 향하여 어리석게 원망하지 아니하니라. (욥 1:21-22)

토론토 선교기념관
Vision Fellowship Museum (Toronto)

바보는 방황을 하고 현명한 사람은 여행을 한다. <토마스 폴러>
좋은 여행자는 고정된 계획이 없고 도착이 목적이 아니다. <노자>

토론토에 있는 비젼펠로우쉽센타(Vision Fellowship centre) 방문했다. 작년에 지인으로부터 팜플렛을 받아 관심을 갖고 있던 터에 뉴욕에서 컨퍼런스 마치고 캘거리로 돌아가는 길에 들렀다. 경유지인 토론토에서 네 시간을 대기해야만 했는다. 동선을 보니 피어선국제공항에서 기념관까지 자동차로 십오분 거리였다. 무조건 택시를 잡아탔다. 간판이 눈에 띄였다. 자세히 보니 토론토한인교회 건물과 연결되어 있다. 을씨년스러운 날씨를 뒤로 하고 입구로 찾아 들어가니 한 분이 "어떻게 오셨나요?" 하면서 친절하게 안내를 해주었다.

캐나다 선교사의 이름과 발자취를 더듬어 오 년간의 준비 끝에 선교기념관을 개관한 최선수 장로님. 최 박사님의 수고와 열정으로 탄생한 선교기념관이다. 생각보다 크지 않았지만 나름 알차게 전시되어 있었다. 주3회 낮시간에만 오픈하는데 날씨가 쌀쌀해서 그런지 다른 방문객은 없었다. 대표이신 황 장로님께 차 한잔 대접받고 지하에 있는 기념관으로 내려가 구체적으로 설명을 들었다.

현재까지 밝혀진 캐나다 선교사만 해도 무려 182명. 연도별 교단별 지역별로 사진 자료를 일목요연하게 모아 놓았다. 우리에게 알려진 게일. 스코필드 박사. 하디. 로제타 홀 등 수많은 캐나다 선교사. 의사들이 우리나라에 들어와 교회를 세우고 병원 학교를 세워주며 복음을 전했다. 생각보다 캐나다 선교사가 많아서 놀랐다.

이들 중 게일 선교사는 돋보인다. 그는 선교 외에도 문학에 유달리 관심과 재능이 있어서인지 성경을 한글로 번역하고 한영사전을 발간하고 춘향전, 심청전 등 우리나라의 고전문학을 영어로 번역해 세계에 알렸다. 그는 스코틀랜드 출신의 부모를 두었고 캐나다로 이민을 왔다. 토론토대학을 졸업하고 무디의 영향을 받았다. 존 번연의 천로역정을 한글로 번역하고 문서선교에 뛰어난 업적을 남긴 평신도 선교사 출신이었다. 조선에서 아내를 잃고 40여년간 젊음을 바친 게일 선교사(한국명 기일) 그는 조선인보다 조선인을 더 사랑했고 탁월한 문학자로 평가된다.

이어 로제타 홀 선교사. 그녀는 의료 선교사로 43년간 한국을 위해 봉사했다. 평양에 최초 병원 설립, 맹인농아학교 설립, 점자도입과 한글용 점자 개발, 어린이 병동 설립다. 로제타 홀은 남편이 2년만에 죽고 딸마저 결핵과 이질로 잃자, 남은 아들과 함께 한국에 머물며 손자까지 한국의 복음화와 인권 질병퇴치 가난 문맹 개선을 위해 헌신한 가족이다. 캐나다로 돌아가 토론토대학에서 의대를 졸업하고 산부인과 출신 아내를 맞아 다시 한국으로 돌아와 크리스마스 씰도 발행하고 결핵 퇴치 운동에 전념했다.

맥컬리 역시 약혼자가 죽자 여자의 몸으로 한국 땅에 그의 삶을 바친 선교사다. 평양대부흥의 계기가 된 원산부흥회에서 회개하며 불길을 댕긴 하디 선교사. 3년간 열매도 없고 실패로 인해 자괴감에 빠져있던 하디는 선교사 모임에서 회개한 후 성령의 임재를 받았다. 통곡과 회개가 넘친 원산부흥운동은 1907년 평양 부흥운동의 불씨를 지피는 계기가 되었다. 아내와의 사이에서 두 딸을 낳았지만 어릴 적 다 잃고 양화진 묘소에 묻었다.

스코필드 박사는 워낙 유명한 분이다. 3.1만세운동과 제암리 참사현장을 촬영 필름을 몰래 숨긴후(다친 것처럼 해 붕대속에 감춰) 전세계에 알린 장본인이다. 그래서 34번째 민족대표로 불리우며 한국명 석호필 그는 국립묘지에 묻혔다. 고아와 인재양성에도 힘써 전 정운찬 국무총리도 스코필드 재단의 장학금을 받고 공부했다.

한국의 근대기는 한마디로 불확실성의 시대였다. 그때 알려지지 않은 가난하고 열악한 조선 땅에 수많은 선교사들이 들어왔다. 오직 복음을 위해 하나님의 사랑으로 의료 교육 구제 등 다방면에서 헌신한 캐나다 선교사들은 미국 선교사에 비해 덜 알려져 있는 편이다. 조선인보다 조선을 더 사랑한 숨겨진 선교사들의 일화와 그들의 흔적을 더듬어 볼수 있어 넘 좋았다. 관람시간은 공식적으로 화. 목(9-2:30). 토(8-12)며 그외는 미리 예약할 경우, 언제든지 관람이 가능하다. 감사하게도 기념관에 계신 장로님께서 공항까지 라이드까지 해주셔서 짧은 일정 잘 마칠수 있었다.

예수 그리스도, 복음, 사명 때문에
질병, 가난, 무지로 가득했던 조선땅을 밟았던 182명의 선교사.
병원, 학교, 구제 사역을 하다 순교했던 캐나다 선교사들의 숨은 이야기.

아, 가슴이 저려온다.
나는 어떻게 이 빛을 감당할 수 있을까?

오직 성령이 너희에게 임하시면 너희가 권능을 받고 예루살렘과 온 유대와 사마리아와 땅끝까지 이르러 내 증인이 되리라 하시니라. (행 1:8)

소록도 이야기(1) 문둥이 시인 한하운
Sorokdo story 1 (Leprosy poet, Ha-eun Han)

목적지에 닿아야 행복해지는 것이 아니라
여행하는 과정에서 행복을 느끼는 것이다. 〈앤드류 매튜〉

　소록도는 한센병 즉 문둥병으로 불렸던 환자들이 강제로 구금되어 지냈던 섬을 말한다. 소록도는 작은 사슴을 닮은 섬에서 유래가 되었다. 약 15만 평의 면적에 현재는 700여명의 환자와 200여명의 의료진이 주민들로 구성되어 살고 있다. 생각보다 깨끗한 자연환경과 해안의 아름다움이 관광객들의 발길을 붙잡고 있다. 소록도는 아침 아홉 시부터 오후 다섯 시까지만 개방이 되고 이후에는 숙박시설이 없어 반드시 섬에서 나가야 한다. "소록도는 관광지역이 아니다."라는 문귀가 어색할 정도로 지금은 전국에서 인파들이 몰려들고 있다. 주변 경관이 아름다워 최근 가족 휴양지로도 각광을 받고 있다.

　서울에서 소록도를 가는 길은 다양하다. 먼저 고속버스를 이용하면 녹동터미널까지 여섯 시간이 소용되고 편도 3만 5천원 정도다. 서울 - 순천간 KTX(고속전철)를 이용하면 3시간 10분 소요되며 특실 기준으로 60,200원이다. 물론 자가용을 이용해도 약 다섯 시간이면 서해안 고속도로를 타고 목포 방면으로 갈 수도 있다. 서울 - 목포 또는 서울 - 광주

KTX를 이용해도 역 근처에서 소록도 방면(고흥)으로 시외버스를 이용할 수 있다. 필자는 외국인 시민권자로 막내 아들과 함께 KORAIL 3 day pass를 사전에 예약했다. 3일간 무제한으로 이용할 수 있고, 연속으로 사용해야만 하는 단점이 있지만 무척 저렴하다. 어른 기준 97,000원 정도 아들은 youth로 20,000원 정도 저렴하다. 녹동 터미널에서 소록도 선착장까지는 걸어서 7분 거리고 소록도행 배는 20분마다 운행한다.

소록도에 가면 단종대 감금실 수탄장 구라탑 등이 슬픈 역사를 보여주고 있다. 25세의 나이에 정관수술을 강제로 당하는 심정을 기록해 놓은 글을 읽으면서 가슴이 울컥거리지 않을 수 없다.
"그 옛날 나의 사춘기에 꿈꾸던 사랑의 꿈은 깨어지고
여기 나의 25세 젊음을 파멸해 가는 수술대 위에서
내 청춘을 통곡하며 누워 있노라(중략)."
수탄장은 한센병에 걸린 부모들과 정상인 자녀들이 따로 격리되어 살다가 한 달에 한 차례씩 철조망을 사이에 두고 만나는 장소다. 부모자식간 함께 살을 부비며 살아도 모자랄 판국에서 철조망을 앞두고 얼굴만 멀뚱이 바라보다 다시 격리지역으로 돌아가야만하는 심정이 어땠을지 상상이 가고도 남는다.

학창시절에 귀동냥으로 들었던 소록도는 절망과 죽음의 땅이었다. 가끔 그 먼곳으로 봉사활동을 떠나는 친구들도 있었다. 소록도는 한센병에 걸린 환자들만의 세계였다. 소록도 하니까 성경에 등장하는 욥이 연상된다. 욥도 갑작스럽게 모든 재산을 잃고 아내는 저주하고 떠나 버리고 자신은 극심한 피부병(한센병으로 추정함)에 걸려 사면초가의 위기에 놓였다. 그러나 그는 끝까지 하나님을 경외하는 믿음으로 갑절의 축복을 받는다. 소록도는 상황이 다르다. 한번 소록도에 들어오면 외지로 나가기 하늘의 별따기란다. 많은 환자들이 배가 아니면 들어갈 수 없는 외딴 섬에서 탈출하는 방법은 수영을 하는 것 외에는 별도리가 없었다. 마치 소설 빠삐용과 비슷해 보였다.

무엇보다 소록도 국립병원과 중앙공원을 둘러보면 어떤 시비가 눈에 띈다. 한센병 환자(문둥이 시인) 한하운의 〈보리 피리〉다.
"보리 피리 불면 봄 언덕 고행 그리워 피 ㄹ 닐니리
보리 피리 불며 꽃 청산 어린 때 그리워 피 ㄹ 닐니리
보리 피리 불며 인환의 거리 인간사 그리워 피 ㄹ 닐니리
보리피리 불며 방랑의 기 산하 눈물의 언덕을 지나 피 ㄹ 닐니리."

더불어 〈전라도 길- 소록도로 가는 길〉시도 알려져 있다.

"가도 가도 붉은 황톳길
숨 막히는 더위뿐이더라
낯선 친구 만나면
우리들 문둥이기라 반갑다
천안삼거리를 지나도
수세미 같은 해는 서산에 남는데

가도 가도 붉은 황톳길
숨막히는 더위 속으로 절름거리며
가는 길.

세상속의 그리스도인

신을 벗으면

버드나무 밑에서 지까다비를 벗으면

발가락이 또 한 개 없어졌다.

앞으로 남은 두 개의 발가락이 잘릴 때까지

가도 가도 천리, 먼 전라도 길."

〈소록도 가는 길〉 등 그의 명시는 생각보다 일반인에게 알려져 있지 않지만 함경남도 출신으로 일본 명치대학을 졸업한 그는 자신의 직접 겪은 체험을 글로 써내려가 읽은 이들로 하여금 공감을 불러 일으킨다. 아픔과 고통 그리고 삶에애환이 담겨 있다.

한센병은 노르웨이의 의학자인 한센이 1873년에 이 병의 바이러스를 발견하면서 붙여진 이름이다. 예전에는 "문둥병"이라 불렀다. 또는 천벌을 받는 사람이 걸리는 병이라 해서 "천형병"이라 했다. 해마다 50~60명의 노인네 환자들이 돌아가신다. 관광보다는 마음의 여행을 하는 곳이 소록도라 생각한다. 세상에서 가장 슬픈 역사를 간직한 소록도. 어떤 시인은 피렌체에서는 단테의 생가를, 프랑크푸르트에서는 괴테의 생가를, 우리나라에서는 소록도를 가봐야 한다고 말했다.

필자는 특별히 이청준의 소설 〈당신들의 천국〉을 주목한다. 소록도를 배경으로 쓰여진 소설은 지배층(조백현 대령이자 원장)과 피지배층(환자들) 대립과 갈등을 기득권 지키기와 의심 용서 희망 회복의 키워드로 히든 메시지를 던져 준다. 권위주의적인 밀어붙이기가 희망보다 절망과 고통을 가져다 주는 것을 가진 자들은 모르는가보다. 이는 종교 권력에서 더 극명하게 드러난다. 천국과 지옥은 어떤 차이일까?

슬픈 역사를 간직한 소록도,
피렌체에서는 단테의 생가를, 프랑크푸르트에서는 괴테의 생가를, 한국에서는 소록도를 가봐야 한다.
'당신들의 천국'이 아닌 '우리들의 지옥의 모습' 그 자체였던 소록도.

수탄장, 단종대,
문둥이 시인 한하운의 시비
마가렛과 마리안느 수녀의 동상 놓치지 말아야 한다.

그러나 이 모든 일에 우리를 사랑하시는 이로 말미암아 우리가 넉넉히 이기느니라.
(롬 8:37)

게티 센터를 다녀와서(엘에이)
Getty Centre (L.A)

여행은 인간을 겸손하게 만든다.
세상에서 인간이 차지하는 영역이 얼마나 작은 것인가를 깨닫게 해준다. 〈프라벨〉

L.A 에 소재한 게티센타(Getty Center)를 다녀왔다. 엘에이에서 하루 어디를 다녀올까 고민했는데 지인이 게티센타를 추천했다. 2014년 트립어드바이저가 선정한 세계 4대 박물관에 뽑혔다. 알고 보니 엘에이에서 가볼만한 곳 순위1위다. 게티 센타는 폴 게티라는 석유 재벌이 자신의 사재를 털어 만든 미술관이다. 입장료가 무료라서 좋았다. 폴 게티가 멋있어 보인다. 영국 런던이나 미국 워싱톤 디씨에 가도 역시 대부분의 유명한 미술관 박물관등 모든 입장료를 받지 않는다.

자동차를 파킹하고 나서 트램(모노레일과 비슷한) 를 타고 5분 정도 올라가면 바로 미술관 정문에 내려준다. 외부에 설치된 조각품이 눈길을 끈다. 이곳에는 폼페이의 벽화, 5세기의 아프로디테 등 고대 그리스 로마의 조각품 그림에서부터 중세 유럽풍의 고가구 즉 침대 소파 병풍 등이 전시되어 있어 1년 내내 방문객들의 발길이 끊이지 않는다. 중세 유럽풍의 가구는 파리의 바르세이유 궁전에서 보았던 왕족이나 귀족들의 그것들과 크게 다를 바가 없었다.

네 개의 동서남북 전시관 및 특별전시관까지 돌아보려면 온종일 시간을 투자해도 모자랄 지경이다. 서쪽 전시관 앞에 시에라 네바다 산악지역에서 공수해온 암석 분수대에서 쉬어가도 좋고 그 아래 쪽으로 카페 및 센트럴 가든이 게티센타의 렌드마크다. 사막의 경치를 재현한 South Promontory와 구불구불한 시냇물을 건너며 소리나는 조각 작품을 구경할 수도 있다. 유명한 건축가 리처드 마이어가 설계한 게티센터의 대부분의 건물은 하얀 대리석으로 지어져 파란 하늘과 대조가 된다. 특히 대리석은 로마 트레비 분수에 조각된 대리석과 같은 재질이라고 한다.

특히 빛의 마술사로 불리우는 네덜란드 화가 렘브란트의 "웃는 얼굴 자화상", 역시 네덜란드 출신의 화가 빈센트 반고흐의 "아이리스(붓꽃)", 인상주의 화가 클로드 모네의 "봄", "꽃과 과일이 있는 정물화." 등 그림은 세계적으로 유명하다. "해바라기" 그림을 즐겨 그렸던 반고흐는 말년에 요양원에서 외롭게 보냈다. "아이리스"가 그때 마지막 작품이다. 폴 게티가 사들인 반고흐의 작품은 진품이다. 약 600억의 작품이라 하니 더욱 새롭게 보인다. 기타 낭만주의 신고전 주의 등의 작가들이 작품이 즐비하게 전시되어 있는데 대부분은 사진 촬영이 허락되지만 일부 전시실은 엄격하게 금지되어 있다. 그럼에도 불구하고 마구 카메라를 찍어대는 무리들이 있어 눈살을 찌푸리게 한다. 간혹 작품을 오랫동안 감상하면서 동시에 모사를 하는 사람들도 눈에 띈다.

예전에 지인과 함께 방문했던 게티 센타. 그때는 조금 아쉬웠는데, 이번에는 아내와 함께 방문을 하게 되어 더욱 좋았다. 예전에는 아버지학교 강사 지도자스쿨 때 지인과 방문했었고, 이번에는 코너스톤처치에서 주일예배를 마친 후 집사님이 편도 두 시간 가까이 소요되는데도 불구하고 라이드를 해주어 감사했다.

"영국에서 프랑스까지 가장 빨리 가는 방법은 무엇일까?" 하고 공모를 했는데, 답은 이렇다. "사랑하는 사람과 함께 갈 때." 가장 맛이 없는 밥이 혼자 먹는 밥이고, 혼자 가는 여행은 쓸쓸한 법이다. 지인과의 선약이 있어 오래 감상하지 못한 것이 못내 아쉽다. 가던날이 장날이라고 10년만의 더위가 찾아와 32도가 넘는 날이었다. 카페에서 차 한잔 마시지 못한 것도 섭섭했지만 산타 모니카 해변가를 걸으며 모든 아쉬움을 날려 버렸다. 신발을 벗었다. 고운 모래가 발바닥을 간지럽히는데 저절로 지압이 되었다. "끼룩 끼룩"하며 공중을 날아 오르는 수많은 갈매기떼를 보니 영화 "니모를 찾아서"의 한 장면이 오버랩되었다. 게티센타에서 가까운 산타 모니카 해변은 일출로 유명하다. 절대 놓치지 말자.

필자의 또다른 일터인 아웃오브스쿨(스쿨에이지 대상으로 하는 데이캐어 형태)에서 아이들은 수시로 그림을 그린다. 정말 순수하다. 남자 아이들은 주로 아빠나 자신이 좋아하는 스파이더맨과 같은 캐릭터를, 여자 아이들은 엘사와 같은 공주를 선호한다. 기대감이 충만하고 꿈이 많아서 좋다. 게티센타의 미술품과 비교할 수 없지만 말이다. 누가 알랴. 후에 유명한 화가가 탄생할지. 아이들은 내게 달려와 그림을 내민다. 칭찬해 달라고... 안아주고 칭찬해주면 아이들은 좋아한다. 아이들은 칭찬과 사랑을 먹고 자란다.

일탈(복잡한 삶을 잠시 벗어나는 것: 필자 주)이 때로는 충전이 되고 삶의 활력소를 안겨준다. 풍요속의 빈곤이라는 말이 있다. 삶의 질이란, 누릴 수 있는 자유보다 사랑하는 사람과 함께 할 수 있다는 공감대가 아닐까? 이번 여행에서도 많은 사람을 만나 풍성한 교제를 나누었다. 10년 만에 코너스톤 처치를 방문하여 이종용 목사님, 전달헌 집사님 등과 재회하여 예배도 드리고 성도들에게 인사도 하고 교제를 나누었다. 믿음의 청년과 가정을 이루어 L.A.에 살고 있는 자매도 오랜만에 볼 수 있어 좋았다. 산타모니카 해변 드라이브도 함께 하고 좋은 추억을 남기고 왔다.

세션 5

분별하는 그리스도인
A Discerning Christian
(미디어, 영화, 드라마)

추천사

혼자 걸으면 더빨리 갈수있다. 하지만 둘일 경우엔 더 멀리 간다.
〈아프리카 속담〉

　황폐한 세상을 하나님 나라로 만들어가며 그리스도안에서 살아 간다는 것은 끊임없이 거룩한 도전과 용기가 필요하다. 이진종 선교사는 20년 간 캐나다 록키산맥 아래에서 선교적인 삶을 통하여 세상 속에서 진솔한 면을 성경적으로 풀어 삶으로 보여주고 있다. 기독교적 시각에서 세상을 바라보는 삶을 펼쳐 나가며 하나님의 꿈을 갖고 고국의 떠난 이민자들의 애환을 시와 수필을 통하여 삶을 통하여 아름다운 세상적인 일들을 그리스도의 관점에서 풀어내며 우리에게 도전을 주며 많은 이들의 공감을 얻고 있다. 또한 이민생활 속에 많은 목회자들에게 진솔한 삶을 통하여 많은 귀감을 주고 있다. 무너져가는 가정의 아버지들에게 성경적으로 삶을 지도 하기도 하며 국제 NGO일원으로 북한 어린이 돕기 사역들을 통하여 세상 속에 그리스도인의 모범적인 삶을 체험하며 하늘나라를 보여지는 삶을 세상 속에서 보여주고 있다. 이진종 선교사는 세상 속에서 성경적인 삶을 통하여 하늘나라를 보여지기를 갈망하며 세상의 변화 시키는 모범적인 목회자의 상을 보여준다. 세상과 갈망하는 모든 기독교인들에게 세상을 분별하는 그리스도인의 삶을 성경적인 관점에서 해석하고 세상을 살아가는 삶의 지혜를 통하여 우리들에게 균형 있는 삶을 살아가게 하는 기독교인들의 지침서가 될 것이다.

전. 여의도순복음교회 장로, 영산 미주 선교회장,
현 시애틀 형제교회 장로　　　　　강윤규 장로

미디어 다스리기
Manage the Media

기계(機械)가 만들어지면 편리해지니 그 기계를 쓸 일이 생긴다.
기계를 쓰고 있으면 언제인지 모르지만 그 기계에 휘둘리게 된다.
즉 기계의 발달은 대단히 좋은 일이긴 하지만 기계에 휘둘리게 되면
사람의 마음의 부재를 초래하게 되는 것이다. -장자

요즘 세상에서 언론의 영향력은 여전하다. 특히 CNN뉴스는 세계적으로 주목을 한다. 현장에서 생생한 뉴스를 바로 보여주기 때문이다. 언론 방송 뉴스 미디어, 광고와 티비 인터넷 등 매스미디어의 파워는 놀랍다. 비근한 예로 '선생님이 아이에게 매를 대면,' 학급 친구들이 셀폰으로 촬영하고 곧바로 SNS에 올린다. 또한 권력에 맛을들인 사람일수록 미디어를 활용한다. 개인 역시 미디어의 의존도가 심해간다. TV, 영화, 비디오, 라디오, 신문, 인터넷, 셀폰, 광고 등은 현대인의 필수품으로 언제 어디서나 페북 카톡 이멜 확인은 물론 영화도 보고 영화표는 물론 열차 비행기 티켓도 예약을 한다.

미디어는 선한가, 악한가? 문화사역자 신상언 선교사에 의하면 미디어는 가치 중립적이다. 미디어 자체를 죄악시 할 필요는 없다. 우리가 어떻게 이용하는냐에 따라 달라질 뿐이다. 인디언 속담에 의하면 착한 늑대와 나

뿐 늑대 모두가 내 안에 있다. 가장 중요한 것은 내가 누구에게 먹이를 주느냐에 따라 달라진다는 것이다. 미디어 역시 다르지 않다. 성경적인 관점에서 잘 활용하면 하나님의 선물이다.

예전에 3S(Sex, Sport, Screen)란 키워드가 유행했었고 TV를 바보상자로 하고 집안에서 치워버리는 지인도 있었다. 혹자는 티비 시청 (주로 드라마 등 오락거리, 광고를 통한 소비심리 조장 등)으로 인한 폐해와 영적인 측면에서 전혀 도움이 안된다고 주장하기도 한다. 마틴 필드는 이를 코끼리 장님 만지기식으로 설명한다. 미디어는 중립적이다. 사실 미디어는 객관성과 공정성을 표방하지만 뒤로는 TV 쇼라는 영화와 같이 소수 권력자에 의해 지배되고 소비자를 우롱하고 지배하는 수단으로 전락되는 것도 부인할 수 없다.

콜롬비아 고교총기난동사건, 조모군의 VT공대 사건 등 배후를 캐보면 마치 미디어가 모방범죄의 결정적인 동기를 제공했다고 부산을 떤다. 그러나 사실 그들의 자라온 환경이나 부모의 영향 자신들의 사회부적응 그리고 반사회성 가치관이 더 큰 영향을 미쳤다고 본다. 그러나 미디어는 사실을 적당히 은폐하고 사회가 원하는 쪽으로 뉴스를 보도한다. 오락 쇼핑 스포츠 등 눈요깃거리 에 치중을 한다. 평범한 사람의 선행이나 성실한 삶은 묻혀 버린다. 사람이 개를 물어야 뉴스거리가 되는 세상이 되어버렸다. 특종을 찾아 헤메는 기자들, 충격적인 소재를 찾다보니 미디어의 역할이 왜곡되고 주종이 바뀐다.

미디어가 폭력 섹스 과소비 조장 등 모방범죄에 부정적인 영향도 미쳤지만 교양 교육 복음전도 측면에서 아직도 긍정적인 요소는 남아있다. 슈퍼볼같은 경기에 1초당 2억원의 광고비를 지불해도 아까워하지 않는다. 그만큼 수익이 나기 때문이다. TV 광고 등이 레저 오락 소유 샤핑을 통한 소비심리를 조장한다는 비판도 있다. 그러나 '구더기 무서워 장 못담는다' 말처럼 미디어를 교회가 포기해서는 안된다.

그렇다면 미디어에 대해 교회의 역할은 어떠해야 하는가? 바티칸은 물론 대부분의 교단에서도 미디어 참모를 따로 둔다. 미디어에 대한 교회의 반응은 두가지 반응이다. 긍정적인 반응과 부정적인 기류다. 기타 피아노 드럼 등을 교회 예배에서 배제하고 악마의 악기로 부르는 것과 마찬가지로 미디어 자체를 악으로 규정하는 일부 목사와 장로님들의 편견 때문에 부정적인 기류도 적지 않다. 그러나 교육 프로그램 외 기독교 방송 등 전도 측인 측면에서 찬성이 많은 것도 사실이다.

교회는 미디어시대에 SNS를 포기할 수도 없고 또다른 선악과처럼 다가오는 최첨단 매스미디어 시대에 지혜롭게 판단하고 대처해야 할 것이다. '미디어 다스리기'라는 책의 제목처럼 미디어를 부정적이고 파괴적인 매체라고 확정짓지 말고 부모와 자녀가 함께 미디어보기를 통해 기독교적인 세계관 시각에서 대화의 폭을 넓히며 그리스도인으로서 어떻게 다뤄야 할지 대안을 찾고 그 역할을 감당하는 동시에 기윤실이나 방송위 미디어감시단 방송국 등에 항의 편지나 멜 보내기 등 소극적인 행동에서부터 작가나 피디가 되어 미디어 흐름을 주도하는 적극적인 행동까지 책임감있는 역할이 필요하다.

마틴 필드에 의하면, 미디어는 실제의 모습을 보여주기보다 마땅히 그래야만 하는 모습을 보여주려 한다. 소수의 정치인, 독재자, 기업인에 의해 장악된 미디어는 폐해나 조작이 많을 수 밖에 없다. 그럼에도 불구하고 미디어 시대를 살아가는 우리로서는 하나님의 관점에서 바라봐야 한다. 파우스트나 사도 바울도 동일하게 고백했다. 내 안에 선과 악이 공존한다. 미디어에 대해 선악이라는 이분법으로 판단하지 말고 유혹이나 중독에서 벗어나 절제하고 분별하는 태도가 요구된다. 미디어를 분별하고 절제하지 못하면 미디어에 중독되고 끝내는 나쁜 늑대에 잡혀 먹히게 된다.

텍스트와 콘텍스트가 있다. 텍스트(Text)는 기록된 말씀, 사진, 그림을 말하고 콘텍스트(Context)는 상황 맥락 적용을 말한다. 즉 텍스트는 오늘날 우리가 살아가는 시대에 기준이다. 상황에 따라 변질되어서는 아니된다. 기준이 움직이면 안된다. 더해서도 감해서도 안되고 믹스해서도 안된다. 콘텍스트는 시대적인 상황에 따라 달라지기도 하고 또한 달라야 한다. 그시대마다 사람마다 적용점이 다르고 해석이 달라질 수 있다.

그리스도인에게 텍스트는 하나님의 말씀 즉 성경(Bible)이다. 하나님의 말씀을 기준으로 대중매체와 미디어를 바라보아야 한다. 미디어 콘텐츠 속에서 하나님이 우리에게 주시는 말씀이 무엇인지 해석해 내고 그 숨은 뜻을 발견해 내어야 한다. 캐나다 사회학자 및 미디어 비평가인 마셜 맥루한은 그의 저서 〈미디어 이해〉에서 "미디어는 메시지다."고 했다. 모든 대중 매체와 작품 속에는 그 작가가 의도하고 있는 숨은 뜻(hidden message)이 있다. 우리가 성경을 읽고 그 속에서 하나님의 뜻을 깨달아 우리 삶에 적용하여 거룩한 삶을 살아가는 것이 바른 신앙의 태도다. 바로 텍스트와 콘텍스트는 설교자들, 목회자들, 리더들이 혼돈하지 말고 반드시 알아야 할 기본적인 도구라 할 수 있다.

미디어는 가치중립적이다.
텍스트는 성경을, 콘텍스트는 상황, 적용을 말한다.

미디어는 메시지다.
세상속의 그리스도인은 히든 메시지를 찾아내야 한다.
하나님의 뜻은 무엇일까?

너희는 이 시대를 본받지 말고 마음을 새롭게 함으로 변화를 받아
하나님의 선하시고 기뻐하시고 온전하신 뜻이 무엇인지 분별하도록 하라.
(롬 12:2)

영화 <킹덤오브헤븐>
Movie <Kingdom of Heaven>

만약 문화라는 것이 인간의 생애에 대해서만이 아니라
그 공격 경향에 대해서도 대단히 큰 희생을 요구한다면
인간에겐 문화 속에 산다는 것이 행복하다는 생각은 아마 들지 않을 것이다.
-프로이트

    십자군 전쟁은 '이슬람이 저지른 신성모독과 그들의 세력 확장에 대한 견제에서 성지(예루살렘)를 탈환'하고자 시작한 데에서 유래된다. 교황 우르반 2세가 시작하여 200년 동안 9차 십자군 운동을 지속했지만 오히려 1차를 제외하고는 실패에 가까웠다. 배경으로는 교황권의 확대와 면죄부 조건을 이유로 많은 평민들이 참석했지만 오합지졸이었고 총 아홉 차례 십자군 전쟁에서 1,6차만 성공하고 나머지 전쟁은 패퇴했다. 이후 교황권의 약화, 봉건영주의 세력 약화, 왕권강화 및 상공업 도시 발달을 가져오게 되었다.

    <에일리언>, <글라디에이터> 등 리들리 스콧 감독의 영화는 대부분 흥행에 성공했다. <킹덤오브헤븐> 역시 2차 십자군 전쟁을 배경으로 예루살렘을 놓고 십자군과 이슬람 세력이 전면전을 벌인다. 살라딘은 최고의 지략가이자 이슬람의 영웅으로 꼽힌다. 살라딘이 일주일 동안 예루살렘을 공

격하지만 발리안 영주가 잘 막아낸다. 그러나 더 이상 버틸 수도 없던 차에 살라딘이 먼저 화친을 제안한다. 해질 때까지 성을 비워 준다면 모든 인명을 해치지 않고 안전하게 보내 주겠다는 말에 발리안 영주도 동의를 한다. 실제로는 비기독교인은 조건 없이 석방을 해 주었지만 기독교인의 경우 몸값을 지불해야만 살아날 수 있었다. 가난한 이들이 문제였지만 영주와 주교가 돈을 마련해 주었다.

예루살렘은 도대체 어떠한 곳일까? 예루살렘은 기독교인의 성지다. 더불어 이슬람, 유대교, 아르메니아, 기독교 등 네 개 종교의 구심점이 되는 곳이 바로 이곳 예루살렘이다. 현재 이곳은 공동 구역으로 어느 나라에도 속하지 않는 중립지역이다. 세계적으로 순례자들의 발길이 끊이지 않는 지역이기도 하다.

통곡의 벽이라는 곳이 있다. 이스라엘은 바벨론, 페르시아, 헬라, 로마에 이어 오스만 투르크(현재의 터키) 이슬람 국가에게 예루살렘을 탈취 당하고 성이 파괴됐다. 구약에 보면 무너진 성벽을 재건하기 위한 운동이 벌어지기도 한다. 에스라, 느헤미야, 에스더, 스룹바벨 등 지도자들에 의해 성벽은 회복이 되지만 다시 무너진다. 1948년 이스라엘이 건국이 된 후 요르단과 동서를 나누어 반반씩 통치했으나 아랍과의 수 차례 전쟁을 통해 예루살렘 전체를 차지했다. 서쪽에 있는 성벽이라 해서 '통곡의 벽(Western Wall)'이라고도 불린다. 이스라엘 입장에선 선조들의 땅을 되찾은 것이라 감격스럽겠지만, 팔레스타인 입장에선 수백 년을 살아온 영토를 어느 날 갑자기 이스라엘에게 빼앗긴 터라 감정의 골이 깊다. 피의 복수, 악순환이 그치지 않고 있어 안타깝다.

통곡의 벽 입장을 하려면 이스라엘 군인들이 검문을 한다. 남자와 여자 역시 들어가는 입구도 다르다. 이스라엘 사람들은 토라 경전을 읽고 기도문을 벽 틈에 끼어 넣은 후 기도를 한다. 필자도 통곡의 벽을 방문 시 두 나라의 평화를 위해 기도했었다. 최근 미국의 트럼프 대통령이 예루살렘을 이스라엘의 수도로 공식 인정하자 아랍권에서 난리가 났다. 아랍권이 강력하게 반발하면서 트럼프가 판도라의 상자를 열었다는 혹평이 나오고 있다. 1947년 유엔은 예루살렘을 국제법상 어느 국가에도 속하지 않는다고 발표했다. 예루살렘 구시가지는 현재 4대 종교가 평화적으로 공존하고 있는 도시다. 예루살렘의 뜻은 평화(샬롬, 이스라엘 사람들의 일반적인 인사: 필자 주)이지만 실제로 언제 이 평화가 정착될지 많은 이들이 지켜보고 있다.

예루살렘 성은 들어가는 문들이 총 여덟 개다. 이 중 두 개는 현재 사용하지 않고 있다. 이곳을 아랍사람은 "쌍둥이 문"으로, 유대인은 "자비의 문 또는 통회의 문"으로 부른다. 그 문을 막아 놓은 이유는 유대인의 메시야가 이 문을 통해 예루살렘으로 들어가 이 땅을 차지하지 못하도록 하는데 있다. 이 문이 골든게이트 즉 황금의 문이다. 주변 감람산(겟세마네 동산)에서 예루살렘 성 전체가 훤하게 보인다. 이곳은 미문으로 앉은뱅이가 앉아 있던 곳으로 베드로와 요한이 들어가려다 그의 병을 고쳐 준 곳이다.

예루살렘은 솔로몬에 의해 성전이 세워진 곳으로 주위에 예수 그리스도가 활동했던 성묘교회가 있다. 이슬람이 이곳을 점령하면서 모스크를 새로 지었다. 황금돔 사원은 기독교의 성지가 아닌 이슬람의 사원이다. 이곳은 현 후세인 요르단 국왕의 아버지가 금 200킬로그램을 하사해 현재의 황금돔이 되었다. 이 모스크를 황금돔 사원 또는 바위돔 사원으로 부른다. 무슬림들은 이 바위에서 아브라함이 이삭을 제물로 바친 곳(모리아산, 무슬림은 성전산으로 부르며 아브라함이 이삭이 아닌 이스마엘을 제물로 바쳤다고 주장: 필자 주)이자, 무함마드가 천마를 타고 내려와 꾸란(코란)을 받은 곳으로 메카, 메디나에 이어 제3의 성지로 여기고 있다. 만약 급진적 유대인들이 이곳 황금돔 사원을 파괴한다면 어떠한 일이 일어날까? 생각만 해도 끔찍할 것이다.

다시 영화로 돌아가보자. 예루살렘은 어떠한 곳일까? 유럽인들이 십자군 전쟁을 일으킨 목적이 구원을 위함이었고 영화 속의 주인공 발리안 역시 구원을 얻기 위해 예루살렘 성지를 탈환하기 위해 살라딘과 싸웠다. 발리안이 살라딘에게 묻는다.
"예루살렘은 어떠한 곳인가?" 살라딘은 답한다.
"아무 것도 아니지, 그러나 모든 것이기도 해!" 살라딘과 발리안 둘 다 인물이다. 그들은 백성을 사랑했고 백성을 구하고자 불필요한 전투를 자제했다.

지구상에 가장 불행한 전쟁이 바로 종교전쟁이다. 고대로부터 현대에 이르기까지 가장 큰 피해가 컸다. 유럽의 개신교와 카톨릭의 전쟁으로 수천만이 죽었다. 지금도 이라크와 북부 쿠르드족, 시리아와 터키, 이스라엘과 팔레스타인 등 전쟁은 계속 되고 있다. 누가 승리자인가? 승리자 없는 전투이다. 모두가 피해자 일뿐이다. 때로는 공존하는 지혜가 필요하다. 발리안과 살라딘이 싸움터의 한복판에서 깨닫는다. 예루살렘을 지키는 것이 무엇을 의미하는지 말이다. 그것은 성지가 아닌 백성이었다.

오늘날도 일부 지도자(영적 지도자 포함)들은 자신들의 기득권 세력을 지키기 위해 백성들을 이용한다. 백성들의 안위는 생각지 않고 자기 밥그릇만 챙기는 위선자들이다. 백성 그리고 민생을 위하는 지도자가 아쉽다. 발리안 영주와 살리만 장군이 그리워진다. 오늘날 하나님이 원하는 것은 성지(땅이나 건물) 탈환일까? 아니다. 그의 사랑하는 백성이다.

나는 어떤 리더인가?
백성과 사람 vs 땅과 건물인가?
나는 선한 목자인가 삯군 목자인가? 양떼, 소떼, 뇌물, 건물, 명예, 권력…..
사역보다 사람이 우선시 되어야 한다.

나는 지금 무엇에 관심을 두고 있는가?

나는 선한 목자라 선한 목자는 양들을 위하여 목숨을 버리거니와 삯군은 목자가 아니요 양도 제 양이 아니라 이리가 오는 것을 보면 양을 버리고 달아나나니 이리가 양을 물어 가고 또 헤치느니라 달아나는 것은 그가 삯군인 까닭에 양을 돌보지 아니함이나 나는 선한 목자라 나는 내 양을 알고 양도 나를 아는 것이 아버지께서 나를 아시고 내가 아버지를 아는 것 같으니 나는 양을 위하여 목숨을 버리노라.
(요 10:11-15)

<신과 함께: 죄와 벌>
영화와 그리고 책 <신과 나눈 이야기>
Along with the God (Crime and Punishment) and story with God

나는 신이 어떤 원리에 기초해서 이 세계를 창조했는지 알고 싶다.
그 의외의 것은 하찮은 일이다. – 아인슈타인

작년 12월 영화 <신과 함께>를 봤다. 이미 웹툰으로 유명해진 작품으로 영화는 1,2편이 함께 촬영됐고 2편은 올해 8월에 개봉예정이다. 요즘 대한민국 가장 뜨는 따끈따끈한 영화다. 현재 캘거리와 에드몬튼에서도 상영 중에 있다. 이 세상이 아닌 저 세상을 소재로 한 작품이기에 사람들의 관심도 높은 편이고 개봉 결과 호응이나 평도 좋은 편이다. 캐스팅된 배우들의 연기력도 뛰어났다. CG 처리로 한 지옥의 모습이 볼만 했지만, 어린 아이들이 보기엔 무서운 장면이 많아 추천하지 않는다.

<신과 함께> 부제: 죄와 벌은 인간의 죽음 이후 저승법에 따라 저승 세계에서 49일 동안 펼쳐지는 일곱 번의 재판 과정 동안, 인간사 개입이 금지된 저승차사들이 어쩔 수 없이 인간의 일에 동참하게 되면서 벌어지는 일들을 그린 영화. 하정우가 망자의 환생을 책임지는 삼차사의 리더 강림을, 주지훈이 망자와 차사들을 호위하는 일직차사 해원맥 역을, 김향기가 강림과 함께 망자를 변호하는 월직차사 역을 맡았다. 이들은 인간의 죽음 이

후 일곱 번의 저승 재판에 동행하는 저승 삼차사 캐릭터다. 이어 차태현이 저승 삼차사와 49일 동안 일곱 번의 저승 재판을 받는 자홍, 이정재가 저승세계를 총괄하는 염라대왕 역을 맡았다. 49재와 7이라는 숫자도 기억할 만 하다. 살인, 나태, 거짓, 불의, 배신, 폭력, 천륜 일곱 개의 지옥에서 일곱 번의 재판을 무사히 통과한 망자만이 환생하여 새로운 삶을 시작할 수 있다. 첫 장면이다.

"김자홍 씨께선, 오늘 예정대로 무사히 사망하셨습니다." 화재 사고 현장에서 여자아이를 구하고 죽음을 맞이한 소방관 자홍, 그의 앞에 저승차사 해원맥과 덕춘이 나타난다.

저승으로 가는 입구, 초군문에서 그를 기다리는 또 한 명의 차사 강림, 그는 차사들의 리더이자 앞으로 자홍이 겪어야 할 일곱 번의 재판에서 변호를 맡아줄 변호사이기도 하다. 염라대왕에게 천년 동안 49명의 망자를 환생시키면 자신들 역시 인간으로 환생시켜 주겠다는 약속을 받은 삼차사들, 그들은 자신들이 변호하고 호위해야 하는 48번째 망자이자 19년 만에 나타나는 의로운 귀인 자홍의 환생을 확신하지만, 각 지옥에서 자홍의 과거가 하나 둘씩 드러나면서 예상치 못한 상황을 맞이한다. 차사들 조차 예상치 못한 자홍의 어두운 과거가 드러나면서 귀인이 아닌 악인으로 낙인 찍히고 지옥으로 떨어질 위기에 처하게 된다. 이때 헬퍼역할을 하는 차사들의 활약으로 자홍을 위한 여러 증거물을 수집해 오면서 각 지옥의 재판 과정에서 어렵사리 통과하게 된다.

소방관이 저질렀던 잘못된 일이었지만 선행을 하다 보니 어쩔 수 없이 따라온 부산물이라 정상참작이 된다. 특히 영화 말미, 어머니의 연기로 관객들의 눈물샘을 자극한다. 가족을 위해 희생하는 어머니, 불효자식이 대표적인 소재다. 특히 벙어리 엄마가 두 아들을 끔찍히 사랑하는 장면들이 우리나라 어머니의 헌신적인 삶을 그대로 재현한다.

특수효과인 CG 처리가 많지만 지옥이라는 우리에게 생소한 특수한 배경을 표현하기 위해선 당연히 받아들여야 한다. 다만, 지옥의 재판 과정에서 검사와 변호사의 법정 다툼을 단순히 코믹하고 감정적으로 처리해 넘어가는 것은 옥의 티라고 할 수 있다. 불교적 용어가 많이 등장한다. 우리나라만의 독특한 지옥을 표현하기 위해 불교의 용어, 환생이라는 코드가 영화에 담겨있다. 물론 기독교에선 윤회나 환생과는 다르게, "사람이 한번 죽는 것은 하나님의 정하신 이치요, 그 후에는 심판이 있다"고 말한다.

김용화 감독답게 영화는 반전에 반전을 가져오기에 끝까지 긴장하면서도 중간중간 코믹한 캐스팅으로 무서운 지옥의 공포를 반감시켜 준다. 일단은 죄를 짓는다면 지옥에 가게 되고 일곱 가지 재판을 받아야 한다는 두려움으로 죄에 대한 방어기제 역할을 했다는 긍정적인 측면도 있다. 불효자였지만 참회하며 살아가던 차태현, 그의 숨겨진 선행이 판사의 마음을 뒤흔들고 결국 진실이 이긴다는 명제를 심어주는 영화다.

〈신과 나눈 이야기〉 1,2,3 시리즈로 책을 구입해 읽어 보았다. 무신론자인 도킨스보다 형편없는 주장에 허무맹랑한 느낌만 받았다. 도킨스는 그래도 성경공부의 필요성을 역설했지만 닐 도널드 월시의 책은 요리도 비유하자면 짬뽕이다. 기독교의 요한복음과 주기도문 등 성경구절을 자주 인용하면서도 불교의 윤회, 인도의 환생, 범신론, 뉴에이지, 범세계단일정부 등 세속주의고 혼합주의 성격이 짙기 때문이다. 월시는 다섯 번의 이혼 경력에 지역방송 라디오 프로그램 진행하다가 퇴직했다. 이후 자신의 삶을 비관하고 신에게 불평하던 어느 날 신이 들려주는 메시지를 듣고 이 책을 썼다고 말한다. 그는 천국과 지옥도 없으며, 히틀러도 지옥에 가지 않았다고 말한다. 신이 인간에게 허락한 자유의지를 갖고 하고 싶은 대로 살라고 책은 강조한다. 심지어 프리섹스, 변태, 동성애까지 신이 허락한다고 말한다. 책 세 권을 끝까지 읽어봤지만 그다지 추천하고 싶지 않다

오늘 날 다원주의에 대한 논란이 많다. 사람들의 다양한 생각과 가치관은 존중해 줄 필요가 있다. 생각이 다르다고 사람이 틀린 것은 아니기 때문이다. 그러나 범신론, 뉴에이지, 크리슈나므리티, 기독교, 불교, 힌두교 사상을 짜집기 하듯 다루는 책은 경계할 필요가 있다. 모두 다 인정하고 존중해야 할까? "다 좋은 것이다."라는 명제는 범신론에서 출발한다. 모든 것이 신이기 때문이다. 인도의 힌두교는 범신론이다. 모든 것이 신이므로 인도 사람들은 종교성이 강하다. 다른 어떤 종교보다 긍정적인 측면이 있다. 힌두교에서 말하는 환생과 불교에서 윤회는 다르다. 불교는 스스로 깨달음을 얻으면 부처 즉 신이 된다고 하며, 힌두교에선 모든 것 즉 쥐, 소들도 신이기 때문에 죽이지 않고 보호차원을 넘어서 경배한다.

기독교는 죽은 자의 부활을 가르치고 믿는다. 윤회는 그래도 윤리적인 측면이 있다. 그래서 착한 일을 하면 더 높은 직위로 태어난다고 믿고 악한 일을 저지르면 동물이나 해충으로 태어난다고 믿는다. 이에 반해 환생은 아무런 노력도 하지 않는다. 그래서 인도에 가면 거지가 많다. 아무 생각없이 놀고 먹다가 죽으면 더 좋은 신분으로 태어난다고 믿기 때문이다. 인도

의 거지들은 오히려 구걸을 하면서도 당당하다. "나에게 돈을 준 너희들이 복받으니 오히려 감사해야지!" 선행으로 인해 신에게 축복을 받는다고 생각하기 때문이다.

이 영화를 보고 난 뒤, 도스토예프스키의 〈죄와 벌〉, 단테의 〈신곡〉을 함께 읽어도 좋을 것이다. 주인공이자 가난한 대학생 라스콜리니코프가 세상에서 쓸모 없다고 생각하는 고리 대금업자 노파를 죽이고 죄의식에 사로잡힌다. 자수하여 시베리아 유형을 떠난다. 아이러니컬하게도 창녀 소냐를 만나면서 그의 인생은 회복이 된다. 저승 세계로의 여행을 주제로 한 책은 단테의 〈신곡〉에서도 나타난다. 주인공 단테가 베르길리우스, 베아트리체와 함께 지옥, 연옥, 천국을 여행하면서 수많은 사람들을 만나 대화를 통하여 기독교 사상에 바탕한 죄와 벌, 구원, 세계관을 보여준다.

환생, 윤회, 부활에 대해 어떻게 다른지 생각해보자.
짬뽕 퓨전 다양성도 좋지만 순수함은 잃지 말아야 한다.
죄의 대가는 혹독하다.
그리스도인은 죄에 대해 민감해야 한다.
베르길리우스와 함께 지옥여행을 떠나볼까?

한번 죽는 것은 사람에게 정해진 것이요 그 후에는 심판이 있으리니.
(히 9:27)

영화 <사일런스>와 엘리엘리라마사박다니

Movie <Silence> and "(Eloi Eloi lama sabachthani: Ἐλωΐ Ἐλωΐ λεμὰ σαβαχθάνι)"

진리를 발견하는 것보다 오류를 인식하는 것이 훨씬 쉽다.
오류는 표면에 나타나므로 손쉽게 처리할 수 있다.
그러나 진리를 발견한다는 것은 누구나 할 수 있는 일이 아니다. - 괴테

엔도 슈샤크의 소설 <침묵>을 원작으로 마틴 스콜세지 감독이 연출한 <사일런스> 영화가 출시되었다. 영화는 하나님의 침묵과 인간의 악함을 보여준다. 보통 그리스도인들이 느끼는 하나님의 부재에 대해 말해주는 영화. 나는 착하게 사는데도 여전히 가난하게 사는데 비해 주위에 악하게 사는 사람들은 오히려 성공하는(?) 인생을 사는 것 같은 생각에 고민을 한다.

과연 하나님은 존재하는가? 나는 신실하게 하나님을 믿고 있는데도 왜 고난이 그치지 않는 것일까? 교회 다니는 다른 이들의 모습을 보면 은혜가 넘쳐 보인다. 나만 예외다. 이런 착각은 누구나 한 번쯤 해보지 않았을까? 구태여 크리스천이 아니라도 상황은 비슷하다. 사회생활을 하면서 성실하고 열심히 일하지만 빽이 없고 연줄이 없는 사람은 만년 과장으로 머물다 승진도 밀리고 결국 명퇴하고 만다. 남는 게 없다. 쓸쓸하다.

첫 번째 로드리게스 신부의 결단에서 많은 이들이 가슴을 졸인다. 과연 어떤 선택을 내릴까? 그러나 우리가 기대했던 다른 모습에 이내 실망을 하고 만다. 주기철 목사, 손양원 목사처럼 "죽으면 죽으리라."라는 용기가 없어서였을까? 성상(후미에)을 밟고 가느냐 아니냐에 따라 신앙의 깊이를 판단하는 시대적 상황이었다. 성상을 우상으로 바라보고 바리새인적 경향으로 치부하는 사람에게는 큰 의미가 없을 것이다. 로드리게스의 신부의 배교에 누가 돌을 던질 것인가? 신부가 죽은 후 그의 아내가 손바닥에 십자가를 쥐어진다. 그리고 울지 않는다.

신부의 고민과 갈등 역시 오늘날 목회자의 모습과 비슷하다. 섹스, 물질, 권력에 쉽게 타협하고 유혹을 당하는 것이 순교와 배교 사이에서 고민하는 로드리게스 신부의 모습과 다르지 않다. 성상 앞에서 갈등하던 신부는 주님의 음성을 듣고 성상을 밟는다. "밟아라, 나를 밟고 지나가라, 나는 밟히기 위해 이 세상에 왔다."는 말을 듣고 성상을 밟으며 고뇌하는 신부의 모습이 오히려 진솔하게 느껴진다. 더 많은 이들을 살리기 위해 선택한 로드리게스에게 누가 손가락질 할 것인가? 예수님의 마음을 읽고 순종(?)하는 신부의 모습에서 "나라면 과연 어떤 선택을 내렸을까?" 같은 고민을 해본다.

두 번째로 툭하면 고해성사하고 툭하면 믿음을 저버리는 기치지로. 배신과 회개를 끊임없이 반복하는 주인공 기치지로의 모습이 우리와 다를 바 없다. 순간순간 좌절하고 하나님의 뜻대로 살지 못하는 모습과 스스로 실망하는 우리 그리스도인들의 삶이 동일하게 영화에서도 그려진다. "고난이 내게 유익이라"고 하지만 현실은 다르다. 연약하고 연약한 인간의 적

나라한 모습이 기치지로와 신부에게서 그대로 나타난다. 기치지로는 가룟 유다일 수도, 나일 수도 있다. 로드리게스 신부는 선택과 믿음을 강요하는 지옥 문 앞에서의 나이기도 하다. 수없이 낙심하고 넘어지는 나, 그러면서도 살아남으려 안간 힘을 쓰는 나의 모습이 이중적이다. 그래도 기치지로와 신부는 좁은 길을 걸어간다.

고난주간을 넘어 부활절로 나아가고 있는 시기다. 바꾸어 말하면 어둠의 시기와 침묵을 지나 희망의 세계로 나아가고 있는 것이다. 누구에게나 아픔과 상처는 존재한다. 고난을 비켜나갈 수 없다. 고난이 존재하지 않는 곳은 공동묘지뿐이다. 자신을 비하하거나 다른 사람을 조롱한다고 자신의 삶이 달라지지 않는다. 가장 중요한 것은 있는 그대로 나의 모습을 인정하고 수용하는 것이다. 더불어 현재의 고난을 극복해 나가는 삶의 과정이 나의 삶을 성숙하게 해줌을 믿어야 한다. 아픈 만큼 성숙해지고 하는 말도 있다. 우유부단했던 기치지로는 우여곡절 끝에 믿음을 포기하지 않는다. 하나님의 마음을 알게 된 그는 순교의 현장으로 담대히 나아가는 용기를 보여준다.

욥 요셉 다윗 요나 아브라함 등 수많은 선지자들이 동일한 고난과 비슷한 여정을 걸어왔다. 자신이 원치 않았음에도 불구하고 그들은 구덩이에 던져졌고 물고기 뱃속에 들어갔으며 모든 것을 잃고 극심한 피부병에 걸리기도 하였다. 그러나 그들의 공통점은 "하나님의 침묵"에 절망하지 않았다. 끝까지 자신의 믿음을 지켰다.

엔도 슈샤크의 〈침묵〉에서와 같이, 하나님의 침묵이 하나님의 부재를 의미하지 않는다. 하나님의 침묵을 통해 하나님의 뜻을 분별하고 더 깊이 하나님 은혜를 체험하는 계기가 될 수도 있다. 생각을 바꾸면 된다. 〈신은 없다〉라고 외치는 순간부터 그렇게 외치는 사람들의 삶은 공허하고 자신의 정체성을 잃어버리게 된다. 하나님께서 악인도 잠시 동안 형통하게 해주지만 "나중에는 선악간에 심판이 있다."고 분명하게 말씀하셨다. 악인의 행사를 부러워하지 말자. 하나님은 분명 가장 좋은 것을 내게 허락하시는 분이시다.

시22편과 마27:46절에 나오는 시인의 처절한 고백과 외침을 이번 고난 주간에 묵상해본다. "하나님이여 어찌하여 나를 버리셨나이까?"(엘리엘리라마 사박다니)라고 외치는 주님. 주님은 철저히 버림을 당했다. 그냥 고난이 아니다. 예수님은 십자가에서 고통을 당하고 죽기까지 하나님은 철저히 외면하셨다. 그의 절망과 고통은 말로 다 할 수 없을 정도였다. 그러나 하나님은 역전의 하나님이다. 주님의 여정은 실패로 끝나는 듯 하다. 그러나 하데스 광야를 통과한 주님께서는 결국 승리하시고 부활하셨다. 뺀질이 요나가 다시스로 도망가다가 물고기 뱃속으로 들어가고 이삭은 아브라함의 요구에 묵묵히 제단 앞에 희생하기로 순종한다.

순종과 불순종은 나의 선택이다. 내가 주님을 선택한 것이 아니고 주님께서 나를 선택하셨다는 것을 깨닫기 전까지는 수많은 세월이 흐른다. 신약은 구약의 그림자고 구약은 신약의 예표다. 이삭은 "마지막 어린양으로 세상 죄를 지고 가는" 주님의 모형이고 요나는 물고기 뱃속에서 3일 후에 육지로 토해져 살아난 예수님의 부활을 상징한다. 곧 부활이 희망이다. 그래서 기독교는 부활의 종교이자 희망의 종교다.

침묵이 곧 사단의 승리를 뜻하지는 않는다. 예수를 십자가에 못박고 무덤 속에 들어간 순간 사단은 승리했다고 샴페인을 터뜨렸을 것이다. 지난 이천 년 동안 인본주의자들이 온갖 설로 부활신앙을 훼파해 왔지만 그들의 노력들이 다 수포로 돌아갔다. 사단의 권세를 무너뜨리고 예수 그리스도가 무덤에서 부활했기 때문이다. 부활신앙이 기독교의 핵심이다. 주님의 승리가 곧 나의 승리를 뜻하기 때문이다. 내가 죽어도 주님과 같이 부활할 수 있다는 믿음과 희망 그리고 약속이 있기에 말이다.

"주님의 부활은 '3D'를 '3L'로 바꾼 위대한 사건이다.
죽음(Death)에 대한 '생명'(Life)의 승리,
어둠(Darkness)에 대한 '빛'(Light)의 승리,
미움(Dislike)에 대한 '사랑'(Love)의 승리이다."

나의 삶은 아직도 고난으로 현재 진행형인가? 주님은 지금도 침묵하고 있는 듯하다. 그러나 영원히 침묵하지 않을 것이다. 왜? "우리를 고아와 같이 버려두지 아니하고 내가 세상 끝날까지 너희와 함께 하리라"고 약속하셨기 때문이다. 기치지로의 연약함, 로드리게스 신부의 고민은 오늘날 우리의 모습이다. 어떠한 환경에서도 믿음을 지킬 수 있는가? 세상 유혹에 마음을 빼앗긴 채 어리석게 살아가는 나약한 나는 아닌가 말이다. 사람을 기대하지 말고 하나님을 기대하자.

하나님께서는 왜 침묵하실까?
침묵 가운데 여전히 우리와 함께 하시는 하나님을 믿는가?
기치지로의 우유부단한 모습이 나의 모습이다.
로드리게스 신부의 변절을 어떻게 볼 것인가?

"더 원헌드레드(The 100)"와 미래세계
The 100 & future world

사람은 부족함을 깊이 깨달으면 깨달을수록 좋다. 그것이야말로 행복의 출발점이다.
- 빌리 그레이엄

　지난 봄 슈퍼컴퓨터 알파고와 인간의 바둑 대결로 세계적으로 화제가 되었었다. 구글이 개발한 인공지능(Artifical Intellgence) 바둑 프로그램 알파고의 5번기 대국에서 한국의 프로기사 이세돌이 인간을 대표하여 대결을 벌였다. 기대를 걸었지만 결과는 인간 이세돌이 1승 4패로 참패했다. 바둑에 관심이 없는 사람들조차 이번 세기의 대결에 높은 관심을 보였다. 이유는 인공지능(프로그램화된 기계)의 수준이 인간의 지능을 능가할 수 있는가 아닌가에 초점이 모아졌기 때문이다. 그후 세계 1인자 커제를 비롯해 몇 명이 슈퍼 컴퓨터에 도전을 했지만 전패하고 말았다. 갈수록 업그레이드되는 기계에 인간이 손을 드는 격이다.

　바둑은 몇 백 수 앞을 내다보는 지적인 게임으로 지구상 가장 뛰어난 프로그램으로 인정받고 있다. 바둑 한 판에 우주의 원리가 담겨있다. 알파고는 구글에서 만든 인공지능 바둑 시스템이다. 구글에서는 딥러닝(deep learning) 기술을 도입해 사람이 1천년 걸리는 100만 번의 대국을 단 4주만에 소화하는 능력을 알파고에 집어넣고 인간과의 지능게임을 벌였다.

인간의 패배로 끝났지만 여전히 많은 사람들이 인공지능 즉 슈퍼컴퓨터에 발달과 지능화에 관심을 갖는다.

　　IBM 지니 로메티 회장은 앞으로 인공지능 기능을 갖춘 기계가 미래사회를 이끌 것이라고 전망했다. 다보스 포럼에서는 인공지능의 발전으로 앞으로 5년 내 510만개의 직업이 사라질 것이라는 미래리포터를 내놓았다. 인공지능 관련 미래산업을 주도하는 대표적인 기업이 바로 IBM과 구글이다. 그들은 이미 하늘을 나르는 자동차는 물론 스마트안경 그리고 무엇이든 찍어낼 수 있는 슈퍼 주문형 프린터 등을 개발했다. 과학이 인간에게 주는 혜택은 엄청나지만 기계가 인간의 지능을 추월하는 날이 올까 두렵다. 의료 질병 청소도우미 로봇 간병인 로봇 수술용 로봇 등이 이미 개발되어 있고 적지 않은 나라들이 전투용 로봇과 드론을 개발해 실험 중에 있다.

　　순기능보다 역기능이 우려되는 부분도 있다. 전투용 로봇이 아군과 적군을 어떻게 구별할 것인가? 또한 드론으로 인해 무작위로 수많은 사람들의 사생활이 불법으로 카메라에 촬영되어 노출이 되고 있다. 드론(drone)은 무선으로 조종되는 소형헬기로, 인간의 접근이 어려운 자연재해지역 방송용 택배용으로 널리 확산되는 가운데 있다.

　　한국의 미래학자 최윤식 씨는 물론 많은 전문가들이 우리가 상상할 수 없는 미래시대가 오고 있으며 이에 대비해야 한다고 주장한다. 일례로 기존의 수많은 직업들이 사라지고 새로운 직업이 시작되고 있고 미래를 바라보고 준비하는 자만이 생존이 가능하다고 말한다. 인공지능에 대하여는 찬반론이 여전하다. 세계적인 과학자 스티븐 호킹, 슈트어트 러셀, 세계

최고의 부자 빌 게이츠 등은 인공지능에 대해 공개적으로 반대한다고 밝혔다. 인간이 언제까지 기계를 통제할 것인가? 인간은 슈퍼 지능을 콘트롤 할 줄 모른다. 프로그램화된 기계는 자기 방어 기능까지 갖추고 목표한 바를 이루어가고 생존하기 위해 인간과 대립할 것이라는 논리다. 즉 공상과학영화에 나오는 엄청난 일들이 현실화 될 것이라는 주장이다.

2014년에 나온 "원헌드레드(The 100)"란 공상과학드라마(S.F)란 미드가 있다. 지구의 핵전쟁으로 인해 우주 정거장으로 피신한 사람들이 아크(Ark)에서 살아간다. 아크는 노아의 방주를 상징한다. 그러면서 좁은 지역 때문에 중국처럼 출산도 1명으로 제한하다가 방주의 수명이 3개월 채 남지 않았다는 것을 알고 핵전쟁 후 100년이 지난 지구로 소년범 100명을 내려 보낸다. 인간이 지구에서 다시 생존할 수 있는지 여부를 확인하기 위해서이다. 이미 지구에는 지상인들("그라운더", 핵전쟁에서 살아남아 원시인처럼 살아가는 사람들 지칭)이 있고 그들과 생존을 다투고 더불어 "웨더마운틴"(핵전쟁후 지하벙커를 만들어 최첨단과학과 무기로 무장한 사람들)이라는 제국과 충돌한다. 웨더 마운틴의 리더는 지상인들을 잡아다 혈관투석을 통해 자신들의 생명을 늘이는 등 욕심에 가득찬 인간으로 등장한다. 이들과 싸우는 우주정거장에서 내려온 사람들은 "스카이 피플"이라 불린다.

무엇보다 시티오브라이트(city of light)이란 도시가 시즌 3에 등장한다. 이곳은 천국이라 불린다. 평화롭고 감미롭고 고통도 느끼지 않고 … 이곳에 들어가도록 사람들을 유혹 하는데 그것은 단지 천국의 열쇠를 입 속에 넣고 삼키면 된다. 그러나 사실과 다르게 그 열쇠를 삼키는 순간 그들은 로

봇처럼 조종당하고 기계처럼 살아가게 될 뿐이다. 자신의 의지도 없고 맹목적은 삶을 살아가는 인간들로 변한다. 이곳에는 슈퍼 컴퓨터가 있어 사람들의 뇌를 조종한다.

 인공지능 즉 프로그램화된 기계에 의해 오히려 인간이 세뇌당하고 복종당하는 미래 세계가 엿보인다. 그렇잖아도 복잡하고 힘든 사회에서 많은 사람들이 순간적인 유혹에 약할 수 밖에 없다. 좀더 편하게 살라고 하는 달콤한 속삭임에 쉽게 마음을 빼앗긴다. 분별하자. 키를 받아 삼키는 순간 그대의 삶은 끝이다. 파멸이다. 종속적인 기계로 전락하고 만다. 오직 저 하늘에 소망을 두고 세상의 헛된 것에 미혹당하지 말자. 하나님의 말씀으로 나를 무장하자.

알파고와 인간의 대결
스마트 안경, 로봇과 드론의 등장
기계가 주는 순기능과 더불어 악기능이 우려가 된다.

미혹당하지 말자.
인공지능 시대에 세상속의 그리스도인으로 어떻게 살아야 할 것인가?

"모든 지킬만한 것 중에 더욱 네 마음을 지키라 생명의 근원이 남이니라."
(잠 4:23)

영화 <택시 드라이버>를 보고 나서
Movie <Taxi Driver>

사람은 진정한 자신의 진가를 깨닫지 못하면 스스로에게 만족할 수 없다. - 마크 트웨인

　　1980년 5월 18-20일 전후로 난 고등학생이었다. 그때는 이미 계엄령이 선포되어 있었다. 광화문에 위치한 고등학교 앞에는 매일 대학생들의 데모가 이어졌다. 계엄군과의 대치로 최루탄 가스로 연기가 자욱했다. 도로 아스콘이 다 뜯어져 있었고 투석전이 난무하는 등 그야말로 난리도 보통이 아니었다. 청와대 앞으로 중무장한 수십 대의 탱크와 장갑차들이 몰려들고 있었다. 그 와중에 교복을 입고 책가방을 든 필자도 데모데로 오인받아 감옥에 끌려가기도 했다. 아니라고 했지만, 욕지거리를 하며 곤봉으로 내리쳤다. 밤 늦게 풀려나기는 했지만 아직도 좋지 않은 기억으로 남아있다. 다음날 신문에는 '전면으로 불타는 광주 사진과 함께 북한특수군과 폭도들로 인해 광주가 함락되었고 현재 계엄군이 진압 중'이라는 기사가 나왔다. 그때만 해도 5.18광주사태로 불려졌다. 신군부에 의한 동족상잔의 비극이었다.

　　이제는 세월이 흘러 정권이 달라졌다. 군부 독재정권이 물러가고 '5.18 광주사태도 광주민주화항쟁으로', 시민군 등 희생자들이 묻힌 망월동 묘지도 민주화 묘역으로 바뀌었다. 광주민주화항쟁기록은 유네스코에 인정

되기도 했다. 군부 독재는 쿠데타로 정권을 잡았고 계엄령을 내리고 정치인 지식인들을 모두 다 잡아들이고 가택 연금시켰다. 언론에도 물론 보도 지침을 내리고 군인이 직접 초고를 검사한 후에 정권에 불리한 기사는 모두 삭제해 버렸다.

기존에 5.18광주민주화항쟁을 소재로 영화화된 작품은 〈모래시계〉, 〈박하사탕〉, 〈26년〉, 〈화려한 휴가〉 등도 있지만 〈택시 드라이버〉와는 느낌이 다르다. 최민수 박상원 고현정 주연의 〈모래시계〉에서는 광주민주화운동이 다큐형식으로 삽입되고 〈박하사탕〉에서는 진압군으로 나선 설경구는 여고생을 죽이고 형사가 되지만 타락해진 주인공은 외환위기로 자살하고 만다. 웹툰을 기본으로 한 영화 〈26년〉은 상업성 위주로 제작되었고 복수극 스릴러라는 재미는 있었지만 기대에 못 미쳤고 〈화려한 휴가〉는 짜임새 있는 연출, 탄탄한 대본으로 5.18광주민주화항쟁을 실감있게 표현한 작품이다. 김상경, 이준기, 이요원, 송재호, 안성기 등 배우진도 괜찮고 흥행에도 성공했다.

이에 반해 〈택시 드라이버〉는 내부인 즉 광주사람이 아닌 외부인의 시각으로 바라본 영화다. 〈화려한 휴가〉에도 택시 기사가 주인공으로 등장하지만 〈택시 드라이버〉에서는 광주사람이 아닌 서울 사람이 주인공이다. 또 다른 주인공은 외국인 기자였다. 영화는 예상대로 천만 관객을 동원했다. 주인공으로 출연한 송강호와 유해진은 사상 세 번째로 천만 관객을 동원한 배우로 최고의 기분을 만끽하고 있다.

영화의 스토리는 이렇다. 일본에서 활동 중이던 독일 제1공영방송 ARD

카메라기자 위르겐 힌츠페터는 5.18광주상황을 듣자마자 택시기사와 함께 광주에 잠입한다. 결국 2박3일동안 광주의 참상을 목격하고 카메라에 담아 보도지침으로 한국은 물론 아무도 몰랐던 참혹한 현실을 전세계에 알렸다. 이때 협력한 택시기사가 바로 김사복이다. 물론 가명인 것으로 알려져 있다. 힌츠페터가 죽기 전까지 김사복을 만나고자 했지만 실존인물 김사복은 끝내 나타나지 않았다. 기자정신을 보여준 피터, 10만원의 보수와 딸 걱정을 뒤로 하고 광주로 다시 돌아가는 택시 기사 만섭이, 그리고 그 두 명을 극진히 대접해주고 잘 방송해 달라고 부탁하며 전라도 탈출에 적극 협조하는 광주 사람들의 후덕한 인심이 교차한다.

실제 신군부는 공수부대를 투입하여 무리하게 강경진압을 시도했다. 그것도 무기도 없는 학생들에게 무차별 구타를 했다. 이에 격분한 시민들이 동참하게 된 계기다. 택시기사들은 진압군과 맞서 전남시청 앞에서 수 백 대의 택시로 막아 섰다. 칼이 강하면 부러지는 법이다. 신군부의 강경진압작전으로 광주 도시 곳곳이 불타고 아수라장이 돼 버렸다. 80만 광주시민은 물론 대한민국 역사에 오점을 남겼다. 모든 지식인들은 입을 닫았다. 5.18광주민주화항쟁으로 시민군 대략 165명이 죽었고 5천여 명이 피해를 입었다. 물론 2005년 진상위원회 확인결과 부상여파로 사망한 사람이 600명이 넘었다.

오래 전 필자도 특전사에서 근무했다. 1980년 당시 진압군으로 활동했던 선배들의 생생한 얘기도 듣고, 5.18 당시 고등학생으로 광주에서 학창생활을 했던 친구들의 체험도 직접 들었다. 마치 '전쟁과 같았다'고 한다.〈화려한 휴가〉의 주인공 김상경도 특전사 출신이다. 31향토사단장 정웅과 전남도경 경찰국장 역시 진압하라는 명령을 거부한다. 후에 정웅 장군은 강제 예편 당한다. 안병하 경찰국장은 보임해직 당하고 보안사에 끌려가 고문을 당하는 등 고초를 겪다 후유증으로 세상을 뜨고 만다. 안병하 경무관은 "국가에 대한 충성은 국민의 생명과 재산을 보호하는 것"이라며 신군부의 명령에 반발해 총기를 회수하고 시민들을 돕다가 보임해직 되었다. 그가 이번에 5.18광주민주화에 기여한 공로로 명예회복이 되고 흉상이 건립된다고 하니 늦게나마 다행한 일이다.

파란 눈으로 바라본 기자 덕분에 광주의 봄 학살 현장의 진실이 밝혀졌다. 5.18 계엄령 이후 광주시내 백화점 및 상점에 도난이 일체 없었다고 한다. 학생들과 함께 일어선 광주시민들의 의연함과 질서 따뜻함 덕분에 비록 그 가족을 잃은 사람들에게는 평생의 상처가 되었지만 그나마 광주민주화가 앞당겨지는 초석이 되었다. 정웅 장군이나 안병하 경찰국장의 비겁하지 않은 용감한 결단이 오늘날 우리에게도 큰 교훈을 남긴다.

비겁한 자와 용감한 자는 한끝 차이다.
정의는 승리한다.

파란 눈의 기자, 힌츠페터의 투철한 직업 정신
광주출신 택시기사의 도우미 정신
정웅과 안병하의 생명을 우선하는 소신

만약 내 그 자리에 있었더라면 나는 어떤 태도를 보였을까?
그리스도인으로 어떤 결정을 내렸을까?

아무 것도 염려하지 말고 다만 모든 일에 기도와 간구로 너희 구할 것을 감사함으로 하나님께 아뢰라 그리하면 모든 지각에 뛰어난 하나님의 평강이 그리스도 예수 안에서 너희 마음과 생각을 지키시리라.

(빌 4:6-7)

영화 <터널> 이후
Movie <After Tunnel>

알고 있다고 생각하는 사람이 영리한 것이 아니라
자기가 모르는 것을 자각한 사람이 영리한 것이다. - 크라우디우스

33, 69,700 이 숫자는 어떤 의미를 갖고 있을까? 2010년 8월 5일 폐루의 구리광산이 붕괴되어 지하 700m에서 작업을 하고 있던 광부 33명이 갇혔다. 지하 갱도의 안전대피소에 보관되어 있던 음식이 있었다. 음식은 광부 10명이 48시간 먹을 수 있는 분량이 전부였다. 그마저 15일 째 되던 날 바닥이 났다. 생존율 2% 대부분 포기했지만 대통령은 가장 적극적으로 플랜 A, B, C를 동원하여 매몰된 광부들 구출작전에 나섰다. 구조작전 17일째 드릴 소리를 들은 광부들은 희망을 가졌다. 이후 69일 째 되던 날 700m 지하 갱도에 갇혔던 광부 33명은 전원 큰 탈없이 구출되었다. 그리고 그 사건은 세계적인 화제가 되었다. 뒷 얘기, 전세계에서 각종장비 무료지원이 구출에 큰 도움이 되었고 대통령의 인기는 올라갔다.

최근 캘거리에서 한국 영화를 자주 보게되니 한국에 와 있는 느낌이다. 현대인이 관심을 갖는 분야 중 하나가 바로 엔터테인먼트다. 영화 드라마 스포츠 등은 물론이고 리얼리티 프로그램 또는 오디션 프로그램이 단연 인기다. 스마트 폰이 보급된 이후 국민들의 삶의 태도 역시 달라지고 있다.

장단점은 있지만 영화에서도 역시 스마트폰이 희망의 연결고리가 되고 구원의 동아줄이 된다. 스마트폰이 밧데리가 80% 정도 남았는데 언제 꺼질지 모르다. 아직은 통화가 되지만 구조가 더딘 게 큰 걱정거리다.

주인공 하정우는 기아자동차 영업사원이다. 퇴근하면서 마침 딸내미 생일이라 맛있는 과일 케익을 산다. 새로이 개통된 터널을 지나가는 도중에 터널이 갑작스럽게 무너진다. 마치 성수대교가 무너지고 삼풍백화점이 붕괴되는 착각을 준다. 재난 영화 같으면서도 재난영화가 아닌 영화다. 주인공 1인이 터널에 갇혀 아무런 희망없이 구출되기를 바라는 심정. 당해보지 않는 사람은 아마도 모를 것이다.

한 지인이 영화를 보고 난 뒤 SNS에 올린 내용이다.
"물 두 병은 반드시 챙기자." "셀폰 밧테리도 여유있게 챙기자." 대충 기억하는 내용이다. 그냥 웃어 넘길 일이 아닌 것 같다. 덧붙여 자동차에 여분의 스낵과 담요 등을 평소 챙기는 습관도 가져야겠다. 내가 가진 셀폰도 3년이 지났는데, 하루도 채 못 가 방전이 된다. 고민하다 최근 새것으로 교체했다. 위급한 상황에 처했을 때 가장 중요한 것이 오랫동안 견딜 수 있는 음식과 외부에 다른 사람과 연결할 수 있는 셀폰이 아닐까?

사실 터널이 붕괴가 된 후 주인공 하정우는 매몰이 된다. 그가 할 일은 거의 없다. 외부 세계와 단절이 된 그가 유일하게 사용할 수 있는 것은 셀폰이다. 그것도 80% 용량뿐이 남지 않았다. 그 가운데 119에 긴급 구조 연락을 보내지만 언제 구조 작전이 시작되는지 또한 구조 작전이 시작이 이미 됐지만 언제 그가 매몰된 지역까지 정확히 매몰된 잔재들을 치우고 그를 구해낼지 모든 게 미지수다. 점차 지쳐가는 주인공. 오직 남은 음식은 딸의 생일 케익과 주유소에서 기름을 넣고 공짜로 받은 생수 두 병뿐이다. 금을 그어 넣고 조금씩 마시다. 결국은 자신의 오줌을 받아 마시는 지경에까지 이른다.

'과연 살아남아서 사랑하는 아내와 딸을 다시 볼 수 있을까?' 온갖 상상에 주인공은 점차 희망을 잃어간다. 무엇보다 정부 관계자와 국회의원의 반응이다. 기자들과 더불어 영웅을 만들고 특종내지 기사화하기에 바쁘다. 생명의 존엄성보다 자신들의 이익만 챙기는데 급급한 우리 사회의 자화상에 다시한번 씁쓸한 마음이다. 와중에 구조대장 오달수가 자신도 경험해보고자 커피를 쏟아 버리고 자신의 오줌을 받아 마시는 장면 그리고 셀폰의 밧데리가 나가 더 이상 외부세계와 통화가 단절이 된 상태에서 주인공의 부인도 어쩔 수 없이 포기하고 리디오 방송을 통해 마지막 사연을 읊조리는 장면이 슬프고 안타깝다. 하여간 구조대장 오달수는 최종적으로 작업 중단명령이 내려지고 구조대원들이 다 철수한 뒤에도 희망을 버리지 않고 홀로 금속탐지기를 갖고 지하로 내려간다. 마지막 희망을 안고 말이다. 결국 주인공 하정우는 오달수의 믿음과 용기로 인해 극적으로 구조가 된다.

한가지 더. 주인공 하정우가 매몰이 된 상황에서 또다른 생존자와 극적으로 만나게 된다. 전혀 움직일 수도 없는 젊은 여자는 주인공 하정우에게 물이 있으면 달라고 한다. 생수 두 병이 남아 있어 구조될 때까지 금을 그려가며 조금씩 아껴 마시고 있는 생명수와 같은 물이다. '조금 남은 물병을 갖다 줄까? 아니야.' 다시 똑같이 반반씩 나누어 죽어가는 여자에게 가져가 물을 먹여준다. 조금씩 마시면 좋으련만, 좀 더 달라고 할 때는 고민하는 주인공의 모습이 느껴진다. 그러나 주인공은 양심이 있었다. 생존자에게 최대한 자신의 음식을 나눠준다. '한 손은 나를 위해 다른 한 손은 이웃을 위해 사용하라.'

말년에 나눔과 베풂에 힘쓴 오드리 햅번. 강도 만난 이웃을 외면하지 않고 힘껏 도와준 이방인(우리) 즉 사마리아 사람이 있다. 진짜 그리스도인의 삶이란?

또 누구든지 제자의 이름으로 이 소자 중 하나에게 냉수 한 그릇이라도 주는 자는 결단코 상을 잃지 아니하리라 하시니라.

(마 10:42)

영화 <헥소고지>를 보고 나서
Movie <Hacksaw Ridge>

자기의 생명을 미워해도 사랑해도 안 된다.
그러나 살아있는 한 그 생명을 소중히 여기라. <밀턴>

　이 영화는 실화를 기초로 만들어졌다. 총 없이 전쟁영웅이 된 데스몬드의 생명존중을 그린 휴머니즘 영화다. 종교적 신념을 가진 한 청년이 군대에 자원 입대하여 벌어지는 일들을 그린 전쟁영화이면서 극히 전투 장면이 절제된 영화다. 멜 깁슨 감독이 10년 만에 메가폰을 잡은 이 영화는 "패션오브더크라이스트" 보다 종교색이 옅다. 멜 깁슨은 실화를 선호하고 영웅 만들기를 좋아하는 경향이 있다. 멜 깁슨답게 이번 영화도 관객들의 관심과 아카데미상 위원회에 눈도장을 받았다. 감독마다 그가 추구하는 중심 철학이 있고 일관된 흐름이 영화 속에 투영이 된다. 이 영화 역시 군복무에 관한 종교에 대한 신념을 보여준다. 물론 특정 종교를 옹호하는 것은 아니지만 소수자의 인권과 권익을 대변하는 감독의 의도가 읽혀진다.

　영화 속 주인공은 우연히 교회 안에서 행사를 준비하다가 밖에서 마차에 친 사고를 목격한다. 환자를 응급 지혈해 병원으로 이송한다. 의사는 "누가 지혈했냐?"고 묻는다. '조금만 늦었어도 큰 일 날 뻔 했다'며 '한 사람의 생명을 구했다'고 칭찬을 한다. 이후 주인공 데스몬드 도스의 삶은 바뀐다. 자신이 해야 할 일을 찾은 것이다. 사람의 생명을 구하는 것. 그는 군대에 자원 입대한다.

1차 세계대전에 참여했던 아버지는 반대를 하지만 아들의 의지를 꺾을 수 없었다. 기초훈련과정에 사격훈련이 들어있다. 그는 집총을 거부하고 교관이나 동료들에게 조롱과 함께 집단 린치를 당하기도 한다. 그는 그러한 가운데에서도 "누가 너를 이렇게 때렸느냐?"고 묻는 교관에게 "아무도 때리지 않았다."며 비폭력으로 대응을 한다. 마치 마틴 루터 킹 주니어 목사와 간디가 비폭력운동으로 일관했듯이 말이다. 물론 예수 그리스도 또한 "이에는 이, 눈에는 눈"은 구약의 율법으로 대하지 말고 모든 사람에게 "사랑으로 대하라"고 말했다.

핵소고지는 일본의 오키나와에 있다. 일본에선 '마에다 고지'라고 부르기도 한다. 오키나와 섬의 가파른 벼랑이다. 높이는 약 120미터로 그 모양이 날카로운 톱(Hacksaw)과 비슷해서 핵소고지라고 부른다. 이 전투에서 유일하게 총을 들지 않은 군인이 있었다. 그는 의무병이었다. 그의 무기는 총대신에 모르핀과 의약품이었다. 그는 어떤 폭력도 거부한다는 신념아래 군대에 입대했지만 집총하지 않는다고 군사재판정에 서기도 한다. 아버지의 증언과 편지로 의무병으로 복무가 결정이 된다. 나라와 민족을 위해 총이 없이 전투에 참여한 주인공 데스몬드. 물론 종군 기자들 역시 총을 들지 않았지만 신분이 다르다.

1945년 미군과 일본군의 격렬한 전투가 이곳 핵소고지에서 벌어졌다. 지휘관은 일진일퇴의 전투에서 고지를 사수할 수 없어 퇴각명령을 내린다. 그러나 데스몬드는 고민에 빠진다. "하나님 이순간 내가 어찌해야 합니까?" 순간 저 멀리서 구해달라는 목소리를 듣는다. 후퇴하는 전우들과 달리 그는 폭연의 전장터로 뛰어 달린다. 그리고 밤새도록 신음하고 죽어간 전우들을 들쳐 입고 구해낸다. "한 사람이라도 더." 외치며 부상당해 버려진 전우들을 밧줄에 매달아 절벽 아래로 내려 보낸다. 그렇게 구해낸 숫자가 무려 75명이다. 무엇보다 그는 미군은 물론 부상당한 일본인까지 치료하고 살려낸다. 이로 인해 데스몬드는 전후 명예훈장을 수여 받는다. 영웅이 탄생한 것이다.

대한민국의 정서는 국방의 의무로 인해 군대를 갖다 오지 않는 남자에 대해 부정적인 시각이 있다. 그러나 인권을 존중하는 면에서 소수의 양심 병역거부자들에 대한 대체복무를 정부가 제공해주는 것이 맞다. 이것은 시대적인 흐름이다. 특히 여호와증인이나 안식교 신자 그리고 메나노이트(재세례파)나 퀘이커 교도도 평화주의자로 군대를 거부한다. 필자가 군복무시에도 팀원 중에 한 명이 안식교도였다. 성품이 착하고 모든 일에 열정적이었던 그는 토요일에 예배를 드리게 해달라고 필자에게 부탁을 해 왔지만 당시에 군대 분위기는 주일(일요일)에만 종교의식을 허락했다. 미안하지만 군대에 있는 동안은 네가 수용을 하고 개인적으로 예배를 드리라고 권면한 적이 있었다. 물론 그 친구는 안식교도였지만 총을 잡았고 사격훈련도 참여했다. 결론적으로 병역을 거부하는 사람에 대해선 처벌하지 않고 대체복무(관공서)를 인정하는 것이 바른 정부의 역할이 아닐까?

어릴 적부터 아버지에게 학대를 받아온 주인공. 그가 의무병으로 군대에 입대를 하면서 내무반에서도 동료들에게 이지메(집단 괴롭힘)를 당한다. 그런 가운데 그는 폭력을 대물림 하지 않고 폭력으로 대응하지 않는다. 이는 마치 예수 그리스도가 이 땅에 와서 갖은 모욕과 채찍을 맞으며 십자가에 못박혀 죽기까지 그 모든 고통을 감내했듯이 주인공 데스몬드는 아버지의 학대, 동료들의 폭력과 비웃음을 사랑으로 승화시킨다.

무엇이 데스몬드를 그렇게 만들었을까? 그는 평범한 청년이었다. 불우한 환경에서 자라온 아버지, 고질적인 악습이 폭력으로 대물림되기 마련이지만 주인공은 그 악습을 끊어버렸다. 이곳이 종교의 힘일까? 통계적으로도 신앙을 가진 사람들의 행복지수가 그렇지 않은 사람들보다 높은 편으로 나온다. 극심한 환경, 고통 속에서 포기하는 사람들이 많지만 신앙을 가진 사람들은 쉽게 포기하지 않는다. 끝까지 견디어낸다.

성경에도 아흔 아홉 마리의 양을 내버려 두고 잃어버린 한 마리의 양을 찾아 나서는 양치기(목자)의 스토리가 나온다. 잃어버린 열 드라크마 그리고 잃어버린 아들을 되찾는 탕자의 이야기도 나온다. 성경은 죄로 인해 타락한 인간들의 삶인 동시에 그리스도의 희생으로 회복을 다루는 드라마틱한 책이다. 세상에서는 힘없고 소외된 사람들은 생존하기 쉽지 않다. 강한 자들만이 살아 남는다. 그러나 수단방법을 가리지 않는 사람들의 성공은 가치가 없다. 인간미가 없다. 주인공 데스몬드를 예수 그리스도에 비폭력과 희생정신에 비유한다는 것은 지나친 비약일까? 누가 자신의 죽음을 무릎 쓰고 아군과 적군 관계없이 죽어가는 사람들을 살릴 수 있을까?

대부분의 헐리우드 영화들이 온통 슈퍼히어로 관련 세계의 질서를 되찾는 강력한 영웅을 선호한다. 그런데 여기 극히 평범한 소시민이 등장한다. 마구간에서 태어난 평범한 나사렛 예수처럼 데스몬드 또한 자신의 삶을 희생하며 한 생명을 구해내는데 헌신한다. 나찌의 유대인 대학살(홀로코스트)에서 "한 사람이라도 더 구해냈어야 하는데." 하며 아쉬워했던 쉰들러의 한마디가 메아리처럼 울려온다.

"한 생명을 더 구해냈어야 하는데…."
쉰들러, 데스몬드, 트로메이, 바이츠, 틴에이지 아미, 조르조 펠라스카, 스기하라 치우네, 라울 발렌베리….

자신을 상습적으로 폭행한 아버지, 내무반 동료들의 폭력을
사랑으로 승화시켰다. 악습을 끊어버린 데스몬드의 삶!
무엇이 그의 삶을 가능케 하였을까?

나는 무엇를 위해 살고 있는가? 생명을 구하는 일에 관심을 두고 있는가?

사람이 온 천하를 얻고도 제 목숨을 잃으면 무엇이 유익하리요. (마 16:26)
도적이 오는 것은 도적질하고 죽이고 멸망시키려는 것뿐이요
내가 온 것은 양으로 생명을 얻게 하고 더 풍성히 얻게 하려는 것이라. (요 10:10)

영화 "귀향"을 보고 나서
Movie <Spirit's Homecoming>

인생은 짧고 권태로운 것이다. 우리는 이러한 인생을 끊임없는 바람 속에서 흘려 보낸다. 그래서 늘 평온하고 행복한 생활을 꿈꾸며 건강하고 혈기왕성한 좋은 시기를 보내버리는 경우가 많다. 행복은 우리의 이러한 바람 속에서 뜻하지 않게 찾아오는 것이다. 우리가 우리의 열정을 불태우고 삭히고 있는 현재, 우리는 이미 행복한 상태에 놓여 있는지도 모른다. 우리가 이를 깨달을 수 만 있다면 더 이상 바라기만 하는 삶을 살지 않아도 될 것이다. - 라 브뤼에르

얼마 전에 한국 영화 한 편을 보았다. 제목은 귀향. 제목만 보자면 고향으로 돌아가는 의미를 담고 있는 것 같지만 감독은 귀향(鬼鄕, Spirits' Homecoming)의 의미를 새로 담았다. 즉 귀신이 되어 고향에 돌아온다는 뜻이다. 영혼의 귀가.

나비가 날아가는 장면이 중간 중간 그리고 영화 후반부에 오버랩된다. 구약에서는 나비가 선지자를 상징하는데 영화에서는 위안부를 상징한다. 소녀 위안부들이 죽어서 나비가 되어 고향을 찾는 의미를 갖는다. 죽어서 자유를 꿈꾸며 꿈에 그리던 고향 땅에서 말이다. 그래서 나비는 자유를 상징하고 또한 희망을 뜻한다.

주인공 '정민'은 14세다. 그를 비롯해 일본군 위안부로 끌려온 대부분의

소녀들이 어린 나이에 수치와 폭행과 끔찍한 일을 당했다. 전라도 시골 땅에서 부모의 사랑을 독차지하며 친구들과 공기놀이와 술래잡기를 하는 평범한 소녀였다. 어느 날 일본군들이 전쟁에 참여할 군인들이 부족하자 한국인 소년들을 강제로 징용, 일본 군복을 입혀 총알받이로 사용한다. 이뿐 아니라 어린 소녀들을 강제로 잡아다가 '군인들의 노리개'(위안부)로 이용한다. 혹 탈출하다 발각이 되거나 병에 걸려도 총살이다. 일본군이 퇴각하면서 구덩이를 판다. 집단으로 구덩이에 집어 넣고 조준사격을 한 후 화형을 하는 장면에서는 뱃속 아래로부터 끌어오르는 분노를 참기 힘들었다.

정민의 엄마가 딸에게 노리개를 만들어 주는 장면이 있다. 친구들이 노리개를 갖고 있는 것을 부러워하자, 엄마는 밤새워 딸을 위해 노리개를 만들어 준다. 노리개는 하나의 상징(부적)이다. 일본군 위안부로 잡혀간 뒤 그곳에서 만난 친구에게 그 귀한 노리개를 준다. 또한 친구를 위해 대신 죽는다. 노리개는 나비와 함께 이 영화의 중요한 모티브로 작용한다.

더불어 무당 접신 칼춤 등이 등장한다. 조정래 감독은 크리스쳔이다. 자신이 섬기는 교회의 목사와 신학자들에게 충분히 감수를 받았다고 한다. 물론 영화의 특성상 필요했을지도 모른다. 특히 위안부의 고통과 상처를 과거로부터 현재로 끄집어 내고 다시 과거로 돌아가는 등 관객들에게 이 영화의 당위성 즉 소녀들의 아픔을 표현하고 상처를 달래기 위한 틀로 무당을 등장시킨다. 피해 할머니들의 한을 풀어줄 장치로 그만한 게 없다고 감독은 판단한 듯 하다. 필자가 보기에도 무당, 굿, 귀향(귀신이 집으로 돌아옴)이 약간 거슬리기도 했다. 내용에서는 썩 괜찮은 작품이라 생각한다.

영화평은 각양각색이다. 그동안 수익성이 없다는 이유로 지난 14년간 배급사로부터 외면 당했다. 최근 정부와 일본간 위안부 문제 협상이 이슈가 되면서 이제서야 세상에 나왔다. 우여곡절이 많았다. 다시 수많은 사람들의 조명을 받게 된 것이 그나마 다행이 아닐 수 없다.

무엇보다 위안부에 대한 우리 국민의 관심과 의식도 문제다. 이러한 감독의 의도는 전쟁관련 피해자들에 대한 상처를 다루고 있다. 평범하고 행복하게 살아가는 이들의 삶에 상처를 만들고 건드린 일본군의 만행과 사실을 고발하는 다큐멘타리 영화에 가깝다. 영화 속에서 복수하는 장면은 나오지 않는다. 물론 복수할 형편이 전혀되어 있지 않다. 14세의 꽃다운 소녀들이 고스란히 당한다. 약 20만의 위안부 피해자들 중 전쟁에서 살아 돌아온 이들이 한국에 250여명, 북한에 200여명이 있다고 한다. 물론 그들도 대부분 이 세상 사람이 아니다. 누가 그들의 상처와 한을 풀어줄 수 있을까? 가족이? 정부가 나서야 한다.

이 영화를 보는 국민들에게 '위안부 피해 할머니들의 아픔을 알아 달라는 것'이 감독의 의도다. 사실 이 영화는 구조적인 면에서 단단치 못하다. 그럼에도 불구하고 우리에게 시사해주는 의미가 크다. 소녀와 할머니를 오버랩 하면서 우리에게 던져주는 상징성. 위안부 피해 할머니들의 접수를 동사무소에서 받는 장면이 나온다. 마감일이 되도 아무도 접수하는 이가 없자 한 직원이 말한다. "누가 수치스러워서 감히 접수하러 오겠어?" 그렇다. 부끄럽게 누가 자신의 과거를 밝힐 수 있을까? 그러나 때로는 밝히고 고백하는 것이 회복의 첫관문이다.

영화가 끝나고 자막이 올라간다. 자막 상단부에 위안부 피해 할머니들이 그린 그림들이 함께 뜬다. 그들이 집단으로 심리치료를 받으면서 그린 그림들인데, 그것만 봐도 할머니들의 속마음과 비극상을 엿볼 수 있다. 현재 생존한 할머니들이 47명인데, 그 중 김복동 할머니의 그림이 참으로 애뜻하게 다가왔다. 영화는 상처를 겪었던 소녀들을 통해 위안부 할머니들의 아픔을 들여다 보고 있다.

헛된 욕망을 가진 일본군과 세월호 선장을 비롯한 관계자들, 그들로 인해 죽음을 당한 이들에게 무엇으로 용서를 구할 수 있을까? 그리고 타이타닉호에서 끝까지 노약자들을 탈출시키고 죽음을 맞이한 선장 및 선원들과는 비교가 된다. 참으로 부끄러운 일이 아닐 수 없다.

세월호 사건으로 가장 안타까운 피해자는 안산 단원고 학생들이다. 무려 304여명이 죽었다. 진도 앞 바다에서 배가 가라앉고 있을 때 선체에 갇혀서 속수무책으로 죽을 수 밖에 없었던 아이들의 외침이 가슴을 때린다. 그들의 죽음을 통해 그리스도인으로서 '내가 감당해야 할 일이 무엇일까' 곰곰히 생각해 본다. 영화 〈귀향〉은 위안부를 떼어놓고는 생각할 수 없는 영화다. 역사의 희생자였고 고통과 상처를 안고 살다가 나비처럼 날아가 버린 그들의 삶. 늦게라도 그들의 상처가 이 영화를 통해 다소나마 위안이 되었으면 한다.

귀향이란 영화 제목은 이중성을 내포한다.
나비, 노리개가 주는 상징은?

감독이 던져주는 히든 메시지(hidden message)는 무엇일까?

태평양 전쟁에 총받이, 위안부로 끌려가
모진 학대와 상처, 끝내 죽음으로 맞이한 그들의 삶.
자막이 올라가도 자리를 뜰 수가 없다.
가슴이 저며온다.
가슴이 먹먹하다.

상심한 자를 고치시며 저희 상처를 싸매시는도다. (시 147:3)

여호와의 말씀에 내 생각은 너희 생각과 다르며

내 길은 너희 길과 달라서 하늘이 땅보다 높음 같이

내 길은 너희 길보다 높으며

내 생각은 너희 생각보다 높으니라.

(사 55:8-9)

히어로 <앤트맨>
Hero, Antman

주의 깊게 듣고, 총명하게 질문하며, 조용하게 대답하며 말 할 필요가 없을 때는 입을 열지 않는 사람은 인생의 가장 중요한 의미를 깨달은 사람이다. - 라파엘르

　세상은 늘 영웅을 원한다. 남자들은 영웅심리가 있다. 영웅에도 여러 종류가 있다. <삼국지>의 조조, 손권, 유비는 물론 관우 장비 제갈공명 등 모두가 빼어난 영웅호걸이다. 이문열의 <우리들의 일그러진 영웅>에서 등장하는 허울좋은 영웅도 있고 타자를 위해 자신의 생명을 희생하며 사람들을 구하는 <안수현> 같은 영웅도 있다. 영웅은 탄생하는 것이 아니라 만들어진다. 겉만 뻔지르하고 자기 잇속만 챙기는 사람은 졸장부다. 사람을 소중하게 여길 줄 아는 사람이 영웅의 자격이 있다.

　혹 당신은 영웅이 되길 원하는가? 여자들은 남자에 비해 현실적이다. 여성들은 약한 척하며 남자들의 영웅심리를 교묘히 조종하여 자신들이 원하는 것을 얻어왔다. 생존이다. 가만히 보면 태평성대보다 난세에 영웅이 탄생하는 법이다. 나쁜 짓을 일삼는 악당들이 나타나지만, 그들을 물리치는 영웅도 나타난다. 배트맨, 스파이더맨, 엑스멘 등의 히어로는 이 시대의 해결사로 시민들의 환호와 박수를 받는다. 답답한 현실에 수많은 사람들이 영웅신드롬에 걸려있다.

얼마 전 막내와 함께 영화 〈앤트 맨〉을 보았다. 기존의 히어로 영화와 달리 코믹이 가미된 영화다. 영화 〈미션 임파서블〉에서처럼 스파이 역할을 하기도 한다. 특수 헬멧을 쓰게 되면 자기 마음대로 아주 작은 모습으로 변하기도 하며 곤충들과 의사 소통을 하고 그들을 조종하기도 한다. 독특한 캐릭터와 흥미진진한 스토리가 눈을 즐겁게 해준다. 다만 〈엔트 맨〉 주인공이 아내를 폭행하는 등 가정 폭력으로 인해 비판을 받고 있어 아쉬움을 남긴다. 공인은 도덕적으로 투명해야 한다.

2001년 9월 11일 월드 트레이드 센터가 비행기 테러로 인해 순식간에 무너졌다. 그때 당시 소방 공무원 288명이 인명 구조를 위해 투입되었다가 목숨을 잃었다. 미국만이 아닌 세계적인 비극의 현장이었다. 필자도 후에 뉴욕 방문 시 참사의 현장인 제로 그라운드를 돌아보았다. 당시의 참혹함이 눈에 선하게 그려졌다. 희생자가 5천명이 넘었다. 21세기의 가장 큰 비극이다. 자신의 맡은 바 임무를 다하다 희생한 그들이 영웅이다. 그들을 잊지 말자.

누군가를 기다리고 기대하는 것은 희망이 있다는 것이다. 죽음의 문턱에서, '아무도 나를 구해줄 사람이 없다는 것'은 참으로 안타까운 일이다. 답답한 현실 속에서 누군가 시원하게 일을 처리해주는(해결사) 드라마나 영화는 우리에게 카타르시스와 대리만족을 느끼게 해준다. 이른바 구원자 컴플렉스다. 이 참혹한 시대에 나를 구원해 줄 이가 있을까? 영화 속에서가 아닌 현실에서 말이다.

작가 로버트 블라이는 내면의 어려움을 회복하는 방법으로 야성의 회복을 강조한다. '외부에서 영웅을 찾을 것이 아니라 자신의 내면에 잠재되어 있는 영웅을 일깨워 자신도 구원하고 다른 이들도 돌볼 것'을 말이다. 현대는 모두가 바쁘다. 바쁘다 보니 정작 중요한 사람을 몰라본다. 바쁘다 보니 중요한 것을 놓친다. 사람보다 물질이 우선시 되는 경향이 있다. 자신이 모든 것을 다 잘 할 수 있다는 착각도 문제지만, 아무 것도 하지 않은 채 가만히 앉아서 기다리는 것 역시 어리석은 일이다.

여성상위 시대다. 인권을 중요시한 차별법이 제정되어 차츰 소외된 사람들이 대접을 받고는 있지만 아직도 현실은 갑갑하다. 일부 약삭빠른 사람들만 법을 이용해 혜택을 받고 있지 정작 받아야 할 대상자들은 아예 모르거나 빠져있는 경우도 상당하다. 수단과 방법, 절차와 과정을 무시하는 사람들이 영웅노릇을 하는 것을 막아야 한다. 진짜 영웅은 아무도 알아주지 않더라도 개의치 않는다. 묵묵히 자신의 일을 해내는 평범한 사람들이 사실 모두 영웅이다.

가족을 위해 묵묵히 일터에서 보내는 아버지.
가족을 위해 집안 일을 하면서 맛있는 음식을 준비하는 어머니.
주어진 일에 최선을 다하는 자녀들
누군가 알아주지 않아도 자기 자리를 지키는 사람들
그들이 영웅이다.
내가 생각하는 영웅은 누구인가?

그러므로 모든 악독과 모든 기만과 외식과 시기와 모든 비방하는 말을 버리고
갓난 아이들 같이 순전하고 신령한 젖을 사모하라
이는 그로 말미암아 너희로 구원에 이르도록 자라게 하려 함이라 (벧전 1:1-2)

에필로그

한 숨 푹 잤다. 얼마만의 단잠이었는지 모른다. 역시 진짜 휴가는 모든 것 내려놓고 푹 쉬는 것이다. 그동안 일에 대한 지나친 강박관념으로 스트레스가 심화되고 몸도 면역력이 약해져 작년 하반기에 고생을 많이 했다. 2018년도 들어 다시 결심한다. 무리하지 말자. 단순하게 살자. 작년에 플루(독감)로 인해 두 달간 고생도 했고 한달 간 코피까지 흘려 하루에 병원 응급실에 두 차례 다녀오는 등 마음고생이 심했다. 아무래도 하반기에 무리한 모양이다. 5년전 수술한 다리에 다시 혈전이 생겼다. 3개월간 약물치료와 운동을 병행한 결과 하나님의 은혜로 초음파 검사결과 깨끗이 사라졌다. 감사하다.

올해 목표는 당연 건강이다. 나이가 들수록 마음이 약해진다. 마음이 약해지다 보니 몸도 같이 약해진다. 마음을 편하게 갖자. 일도 줄이자. 일이 많다 보니 스트레스도 가중되는 것이다. 가능한한 약속을 많이 잡지 말고 무리하지 않으려 한다.

3년 만에 세 번째 책을 출간한다. 매번 책을 내는 것은 산고에 비유할 수 있다. 육체적인 것보다 정신적인 고통이 더하다. 그동안 써놓은 글들을 정리하면서 달라진 시기도 바꾸어야 했고 손봐야 할 내용들이 눈에 많이 띄었다. 글에 대한 가감도 있었고 지인들에게 추천사도 받아야 했고 무엇보다 목차 정리 및 전체적인 흐름을 맞추는 것이 쉽지 않았다.

글을 쓸 때마다 옆에서 큰 격려와 간식으로 챙겨준 아내에게 가장 큰 감사를 전하고, 하나님 안에서 건강하게 자라주고, 자기 몫을 해준 연주, 슬기, 사무엘에게 감사하다. 매주 고정 칼럼을 기고할 수 있도록 지면을 할애

하여 준 주간한국 대표님께 감사를 전한다. 추천사를 써주신 여의도순복음교회 이영훈 목사님, LA 코너스톤처치 이종용 목사님, 케냐 임은미 선교사님, 케냐 김영미 선교사님, 우크라이나 김미정 선교사님, 인도의 송도마 선교사님, 캘거리교협회장 조영석 목사님, 아버지학교국제본부장 김성묵 장로님, 시애틀형제교회 강윤규 장로님, 캘거리 한인회장인 서정진 장로님, 캘거리문협 초대회장을 역임한 이유식 시인님께 감사를 전한다.

꼼꼼히 감수를 해준 이기형 목사님과 오윤명 목사님께도 감사를 전한다. 시 게제를 허락해 준 캘거리한인문인협회의 운계 박충선님, 월당 서순복님, 유리 이화실님에게도 감사하다. 키네마인 출판사 대표인 손영선 님, 교정을 맡아준 손선영, 이다 감독님께도 감사를 전한다.

두 가지 F를 잊지 말자. 용서(forgive)와 잊자(forget). 짧은 인생이다. 사소한 것 때문에 나의 감정을 소모하는 것은 어리석은 일임을 뒤늦게 깨닫는다. 여행 길마다 귀한 분들을 만날 수 있는 것도 축복이다. 한분 한분을 축복한다. 매년 북한어린이 돕기 빈병 켐페인과 홈리스봉사활동을 통해 함께 동참해 준 지인들에게 감사를 전한다. "나는 행복합니다." 라는 가사처럼 나는 정말 행복하다. 알버타 경제가 계속 어려운 상황이다. 내가 일할 수 있는 곳이 있어 감사하다. 아내의 자주 흥얼거리는 노래말이 있다. 자이언티의 노래 "양화대교"의 가사, "아프지 말고 행복하자구." 건강하고 행복하게 살기를 소망한다.

가끔은 지랄용량이 충만한 사람들을 만나기도 하지만 에너지 소모하지 않으려 한다.

가능한한 상대방의 입장에서 생각해 보려고 노력한다. 어찌하든지 부딪히지 말고, 할 수 있거든이 화평하는 삶이기를 바란다. "하나님을 사랑하는 자에게는 모든 일이 합력하여 선을 이룬다고 했다." 나의 힘이 되신 여호와 하나님, 내가 주님을 사랑합니다. 하루하루 하나님 보시기에 부끄럼 없는 "세상속의 그리스도인"으로 살기를 소망한다.

독일 비텐부르크 광장에서

로키 다리

원주민 사역지 방문

세제자 묵상 모임 팀

부부세미나 레드디어 교회

위니펙 아버지 학교 강사로

홈리스 봉사팀

북한어린이돕기 기금 전달

데이케어 예배

양로원 위로 잔치

굿피플 출판 기념회 마치고

에배소에서 터키

선교대회 신학교 동기와

신학교 동기

브릿지 신문 배포

이종용 목사님과 엘에이 방문

시인 수필가로 활동

세례를 마치고

성찬식

로키 등산

원주민 사역지

출판기념회 두번째 책

세상 속의
그리스도인

초판 1쇄	2018년 7월 15일
지은이	이진종
펴낸이	손영선
펴낸곳	(주)키네마인
편집	방윤정

ISBN 978-89-94741-33-8

값 15,000원

잘못 만들어진 책은 교환해 드립니다.
본 저작물은 저작권법에 의하여 보호를 받는 저작물이므로 무단 전제와 무단 복제를 금합니다.